Rita Behrends
Textilpflege

Gut Haushalten

Rita Behrends

Textilpflege

Wäsche und Kleidung

93 Zeichnungen
Zahlreiche Tabellen

VERLAG
EUGEN
ULMER

Zeichnungen: Ingrid Hecht, Hannover
nach Angaben und Vorlagen der Autorin

Die Deutsche Bibliothek – CIP-Einheitsaufnahme

Behrends, Rita:
Textilpflege : Wäsche und Kleidung ; zahlreiche Tabellen / Rita
Behrends. – Stuttgart : Ulmer, 1994
  (Gut haushalten)
  ISBN 3-8001-2144-1

© 1994 Verlag Eugen Ulmer & Co.
Wollgrasweg 41, 70599 Stuttgart (Hohenheim)
Printed in Germany
Lektorat: Ingeborg Ulmer
Herstellung: Jürgen Sprenzel
Einbandentwurf: Salzer-Werbeagentur, Waiblingen
Satz: Steffen Hahn GmbH, Kornwestheim
Druck: Gutmann, Talheim
Bindung: Dollinger, Metzingen

Vorwort

Schon seit jeher ist gepflegte Wäsche ein Zeichen von Kultur. Früher waren dafür enorme körperliche Anstrengungen erforderlich; Wäschepflege war harte Arbeit unter meist ungünstigen Bedingungen. Auch wenn immer noch gewisse Anstrengungen nötig sind, ist die Arbeit leichter geworden: Fast alle Haushalte verfügen über moderne Maschinen und Geräte; Fasern und Gewebe sind pflegeleichter geworden und die Waschmittel tun ein übriges.

Trotz dieser Verbesserungen ist die Wäschepflege problematisch geworden, wenn man mögliche Umwelt- und Gesundheitsbelastungen bedenkt.

War in der Vergangenheit der Faktor »Kraft« das Problem, sind heute Chemie-, Wasser- und Energieverbrauch sowie Zeit und Kosten wichtige Gesichtspunkte, die zu unterschiedlichen Fragen führen:

Wie lassen sich Maschinen und Geräte richtig einsetzen, was sollte eventuell schon beim Kauf berücksichtigt werden?

Welches Waschmittel sollte man wählen, wie dosieren? Gibt es Alternativen zu herkömmlichen Mitteln?

Worauf ist bei Einkauf, Gebrauch und Pflege von Textilien zu achten?

Bei der Beantwortung dieser und ähnlicher Fragen will das vorliegende Buch Hilfestellung leisten.

Es gibt Antworten auf Fragen zur richtigen Pflege von Wäsche und Kleidung. Dazu ist es erforderlich, Fasern und Gewebe kennenzulernen und mit der Rohstoff- und Pflegekennzeichnung vertraut zu werden. Neben dem Umgang mit Maschinen, Geräten und Waschmitteln wird ausführlich die Praxis der Wäschepflege beschrieben. Der Praxisteil beschreibt neben dem Waschen und Bügeln der Wäsche auch das Nähen und Flicken als Bestandteil der Wäschepflege.

Um Zeit, Kosten und möglichst noch Kraft zu sparen, werden arbeitswirtschaftliche Gesichtspunkte behandelt und Arbeitsverfahren und -methoden detailliert vorgestellt. Dadurch eignet sich das Buch für junge Leute ohne besondere Vorkenntnisse, aber auch »Fortgeschrittene« werden sicher noch Tips und Denkanstöße für eine vernünftige und umweltgerechte Wäschepflege finden.

Sollten sich noch Fragen ergeben, sei auf Verbraucherverbände und -zentralen verwiesen, deren Adressen in jedem Telefonbuch zu finden sind. Die Autorin bedankt sich an dieser Stelle bei 40 Firmen und vielen Institutionen, die bereitwillig Informationsmaterial zur Verfügung gestellt und bei der Auswertung spezielle Fragen beantwortet haben.

Im Frühjahr 1994   Rita Behrends

Inhaltsverzeichnis

Textilfasern und Textilien

Grob wird unterschieden zwischen Naturfasern und Chemiefasern, wobei Naturfasern pflanzlicher oder tierischer Herkunft sein können. Bei Chemiefasern ist zwischen solchen aus natürlichen Grundstoffen und solchen aus synthetischen Grundstoffen zu unterscheiden (siehe Tabelle).

Überblick über die bekanntesten Textilfasern			
Naturfasern		**Chemiefasern**	
Pflanzlicher Herkunft auf Zellulosebasis	Tierischer Herkunft auf Eiweiß-basis	Zellulosische Ch.-Fasern aus natürlichen Stoffen (Holz, Baumwollabfälle)	Synthetische Ch.-Fasern aus synthetischen Stoffen (Erdöl, Kohle, Erdgas)
Baumwolle	Wolle	Viskose	Polyester
Leinen	Seide	Modal	Polyamid
Hanf	Haare	Cupro	Polyacryl
Jute		Acetat	Elasthan
Sisal		Triacetat	Polychlorid
Kokos			Polypropylen
Ramie			
Kapok			

Naturfasern pflanzlicher Herkunft

Baumwolle

Das internationale Baumwollzeichen eine stilisierte Baumwoll-Kapsel

Die Baumwollfaser wird aus dem Samenhaar der in tropischen Ländern beheimateten Baumwoll-Pflanze gewonnen.
Mako-Baumwolle ist eine besonders hochwertige Baumwollart aus Ägypten.

Eigenschaften

Haltbar und strapazierfähig: kochfest (weiß und bei echter Färbung), reißfest, besonders in nassem Zustand, scheuerfest, laugenbeständig,

mottensicher. Hautfreundlich: sehr saugfähig (Feuchtigkeit, Schweiß), atmungsaktiv, luftdurchlässig, weich und temperaturausgleichend.
Gut zu verarbeiten und auszurüsten oder mit anderen Fasern zu mischen, wodurch die meisten negativen Eigenschaften kaum oder nicht zum Tragen kommen.
Knittert leicht, nicht elastisch, läuft bei den ersten Wäschen ein (schrumpft), flust, beult aus, trocknet relativ langsam, nicht wärmend (außer aufgerauhte Stoffe, wie Biber, Flanell, Finette, Molton).
Häufige Ausrüstungsmaßnahmen: Mercerisieren, siehe Seite 30; Pflegeleicht-Ausrüstung, siehe Seite 31.

Verwendung

Unterwäsche, Nachtwäsche, Säuglingswäsche, Windeln, Bettwäsche, Tischwäsche, Küchen-, Hand- und Badetücher, Taschentücher, Socken, Hemden, Blusen, Kleider, Schürzen, Kittel, Freizeitkleidung, Popelinemäntel, Vorhänge, Möbelbezugsstoffe, Decken, Näh-, Stick- und Stopfgarne.

Pflege

Weiße und farbecht gefärbte Baumwolle: Kochwäsche bis 95 °C.   weiße Baumwolle
Farbige und pflegeleichte Baumwolle: Feinwäsche bis 40 °C oder Heiß-   farbige Baumwolle
wäsche bis 60 °C.
Baumwolle mit Mischfasern: Feinwäsche bis 40 °C.   Baumwolle mit
Noch feucht bei Dreipunkt-Einstellung bügeln.   Mischfasern

Leinen

Leinen ist eine Bastfaser aus den Stengeln der Flachspflanze. Es ist an seinen charakteristischen Knoten und Verdickungen gut zu erkennen. Nach internationalen Gütezeichen lassen sich unterscheiden:
Reinleinen (oder 100 % Leinen): Artikel müssen zu mindestens 98 % aus Leinen bestehen.
Halbleinen (Kette Baumwolle, Schuß Leinen): Artikel müssen mindestens 40 % Leinenanteil besitzen.

Eigenschaften

Sehr haltbar und strapazierfähig: kochfest, hitzebeständig, in höchstem Maße naßfest, besonders reißfest und scheuerfest, mottensicher, sehr saugfähig, luftdurchlässig.
Glatte Oberfläche bei Stoffen, dadurch schmutzabweisende, kühlende Wirkung, natürlicher Glanz, flust nicht, beult nicht aus.
Knittert, nicht elastisch, steifer Fall, trocknet relativ langsam, aber von den Naturfasern am schnellsten; läuft bei den ersten Wäschen etwas ein, »derber« Griff, nicht wärmend.

Verwendung

Küchentücher, Tischtücher, Servietten, Handtücher, Taschentücher, Dekorationsstoffe (Gardinen, Möbelbezugsstoffe), Bettwäsche, Handarbeitsstoffe, Kleider, Anzüge, Berufs- und Arbeitskleidung, Sommerschuhe, Leinenzwirn.

Pflege

weißes Leinen   Weißes Leinen: Kochwäsche bis 95 °C.
farbiges Leinen   Farbiges Leinen: Heißwäsche oder Feinwäsche. Bei möglichst niedriger Temperatur waschen, da es zum »Ausbluten« neigt.
Dreipunkt-Einstellung beim Bügeln; in feuchtem Zustand bügeln.
Zu beachten ist beim Waschen, daß Leinen beim Überladen der Waschmaschine und bei zu niedrigem Wasserstand zu Blanchissuren neigt. Das sind streifenförmige Faseraufrauhungen, wobei weniger gut durchgefärbte Garnpartien freigelegt werden. Deshalb ist bei Leinen tropfnasses Aufhängen dem Schleudern vorzuziehen.

Naturfasern tierischer Herkunft

Wolle

Reine Schur-Wolle

Schur-Wolle
mit Beimischung

Internationales Wollsiegel

Wolle wird vom Schaf gewonnen. Wolle von anderen Tieren als Schafen muß mit der Tiergattung gekennzeichnet sein.
Reine Schurwolle wird vom lebenden Schaf geschoren und dann verarbeitet. Nur qualitativ hochwertige Wolle darf das Wollsiegel führen. Die Hersteller unterliegen besonderen Qualitätskontrollen.
Das Wollsiegel steht für reine Schurwolle, das Combi-Wollsiegel für eine Mischung aus Schurwolle mit anderen Fasern.
Die Bezeichnung »Reine Wolle« oder »Wolle« darf für Reißwolle (aus bereits verarbeiteten, gereinigten Wollabfällen, alten Wollstoffen und -garnen) und für Mischungen mit Haaren anderer Tiere verwendet werden, sofern diese benannt werden.

Eigenschaften

Die Eigenschaften können je nach Herkunft und Verarbeitung der Wolle sehr variieren.
Im allgemeinen ist Wolle besonders dehnbar und elastisch, formbeständig, je nach Wollart strapazierfähig, knitterarm, voluminös und bauschig, mit der besten wärmeisolierenden Wirkung von allen Textilfasern; temperaturausgleichend, atmungsaktiv; fähig, bis ein Drittel ihres Gewichtes an Feuchtigkeit aufzunehmen, ohne sich feucht anzufühlen; schmutzabweisend, verschiedenartig auszurüsten.
Empfindlich gegenüber Laugen, filzt unter Einwirkung von Wärme, Feuchtigkeit und mechanischer Beanspruchung (Stauchen und Wrin-

10

gen); empfindlich gegen Schweiß; schrumpft bei den ersten Waschvor-
gängen, anfällig für Mottenfraß, trocknet langsam, wenig scheuerfest.
Spezielle Ausrüstung für Wolle: waschmaschinenfest, siehe Seite 29.

Verwendung

Strickwaren, Kleider, Röcke, Anzüge, Hosen, Mäntel, Kostüme, Socken,
Unterwäsche, Wolldecken, Steppdecken, Bettfüllungen, Vorhänge, Möbelbezugsstoffe, Teppiche, Handarbeitsstoffe, Stopfgarne, Strickgarne.

Pflege

Waschmaschinenfeste Wolle im Wollwaschprogramm bei maximal
30 °C (hell und dunkel trennen).   Wolle waschen
Nicht waschmaschinenfeste Wolle: Handwäsche bei maximal 30 °C,
siehe Seite 87 und 99.
Spezielles Woll-Waschmittel verwenden und niemals überdosieren.
Dampfbügeln bei Ein- bis Zweipunkteinstellung oder feucht dämpfen
mit Dämpftuch.
Oberbekleidung wie Mäntel, Jacken, Hosen, Röcke: Chemische Reinigung. Bei Wollwaren ist Lüften häufigem Waschen vorzuziehen.

Übrigens ...

Lambswool (Lammwolle) stammt aus der ersten Schur von noch nicht   Lambswool
einjährigen Schafen.
Die Begriffe Kammgarn und Streichgarn bezeichnen unterschiedliche
Spinnverfahren, siehe Seite 23, die Einfluß auf die Qualität der verspon-
nenen Wolle haben.

Haar

Haar wird von anderen Tieren gewonnen, zum Beispiel von Ziegen:
Kaschmir (Cashmere) und Mohair, von Schaf-Kamelen: Lama und
Alpaka, von Kaninchen: Angora, außerdem von Kamelen.
Kaschmir (Cashmere): sehr fein, flänzend, weich und anschmiegsam,   Kashmir
edel und teuer, Verwendung für feine Strickwaren und Gewebe.
Mohair: leicht gekräuselt bis glatt, feiner seidiger Glanz, wärmend.   Mohair
Stoffe für Damen- und Herren-Oberbekleidung, Decken.
Kid-Mohair: Haare junger Angoraziegen.
Kamel: feine bis grobe Haare, wertvoll, gut wärmend für Mantelstoffe   Kamel
und Decken.
Alpaka: weich, seidig, glänzend, grob bis fein, wärmend.   Alpaka
Lama: fein bis grob, weich, lang. Alpaka- und Lammhaar wird verwen-   Lama
det für hochwertige Decken, Lodenstoffe, Jacken, Strickwaren.
Angora: sehr fein, saugfähig, weich, wärmend; lädt sich elektrostatisch   Angora
auf; für Gesundheitswäsche, Strickwaren.

Pflege:

Unbedingt auf die Pflegekennzeichnung achten: Entweder schonende Handwäsche oder chemische Reinigung.

Seide

Die Seide ist das Produkt seidenspinnender Insektenraupen. Maulbeerseide, »echte Seide« ist sehr edel. Sie wird aus den Kokons gezüchteter Seidenraupen gewonnen. Von einem Kokon läßt sich durchschnittlich ein 2 km langer Faden abwickeln (abhaspeln). Seide unterscheidet sich nach Herkunft und Verarbeitungsverfahren.

Internationales
Seidenzeichen

Wildseide (Honan- oder Shantungseide) ist die von wildlebenden Seidenspinnern (zum Beispiel Tussahspinner) stammende Seide. Sie ist etwas gröber als Maulbeerseide und läßt sich an den leichten Fadenverdickungen erkennen.

Schappeseide wird aus den kürzeren äußeren und inneren Fäden des Kokongespinstes hergestellt.

Bouretteseide wird aus Abfällen gefertigt, die bei der Herstellung von Schappeseide anfallen.

Rohseide steht für zwei Begriffe: für die noch nicht entbasteten Seidenfäden oder für taftbindige Gewebe aus Wildseide.

Eigenschaften

Höchste Reißfestigkeit von allen Naturfasern, sehr elastisch und dehnbar, deshalb relativ knitterarm mit Ausnahme von beschwerter Seide; hautfreundlich, deshalb gute Eignung für Allergiker; schmiegsam, weich fließender Fall, temperaturausgleichend, (im Sommer kühlend, im Winter wärmend), sehr saugfähig, charakteristischer Glanz, weicher Griff, glatt und schmutzabweisend, geruchsneutralisierend, mottensicher.

Farben bluten oder bleichen leicht aus, Fasern leiden durch Lichteinwirkung. Empfindlich gegenüber Hitze, Schweiß, Laugen, Licht und Mechanik. Beschwerte Seide ist nicht mehr so reibe- und scheuerfest.

Besondere Ausrüstungen

Entbasten und Beschweren (Chargieren): Der an den Fäden hängende Leim wird bei der Verarbeitung entfernt, die Seide wird entbastet. Das geschieht durch Abkochen in Lauge und Bürsten.

Die Folge ist ein Gewichtsverlust (bis etwa ein Viertel). Ein zu geringes Gewicht des Fadens wäre von Nachteil bei der Weiterverarbeitung und für den erwünschten Fall des fertigen Kleidungsstückes. Beim Beschweren werden deshalb Metallsalze aufgetragen, so daß die Seide an Fülle und Volumen zunimmt. Hierbei müssen bestimmte Höchstgrenzen eingehalten werden, weil durch übermäßiges Beschweren die Seide knitteranfälliger und empfindlicher wird.

Verwendung

Hochwertige Damenblusen, Herrenoberhemden, Kleider, Schals, Tücher, Krawatten, Unterwäsche, Näh- und Stickgarne.

Behandlung und Pflege

Kleidungsstücke vor Schweiß schützen durch Einnähen von Schweiß-
blättern. Aufhängen und Lüften nach dem Tragen erspart häufiges Waschen und Bügeln.

Waschen von Hand bei maximal 30 °C (linke Seite außen) mit aufheller- und bleichmittelfreiem Fein- oder Wollwaschmittel; keine Weichspüler verwenden.

Seide waschen

Trocknen auf Frottiertuch oder Kleiderbügel, nicht im Trockner.

Maulbeerseide in feuchtem Zustand bügeln, eventuell von links, um Glanzstellen zu vermeiden. Einsprengen und Bügeln mit dem Dampf-bügeleisen ist zu unterlassen, sonst entstehen Wasserflecke. Einstel-lung: Seide (2 Punkte).

Seide bügeln

Tussahseide in trockenem Zustand bügeln. Trockenes Tuch zwischen-legen, um Abdrücke zu vermeiden.

In die Reinigung sollten diese Seidenstoffe: Brokat, Chiffon, Georgette, Organza, Satin, Taft. Auch Bouretteseide sollte man nicht selbst waschen.

in die Reinigung

Zellulosische Chemiefasern

Grundmaterialien zur Gewinnung zellulosischer Chemiefasern sind Holz und Baumwollabfälle, die mit Chemikalien behandelt werden. Dabei entsteht als Zwischenprodukt eine zähflüssige Lösung, die Spinnmasse, die durch Düsen gepreßt wird. Es bilden sich glatte, fortlaufende Fäden, die Filamente. Mehrere Endlosgarne zusammen ergeben ein multifiles Garn. Zum Verspinnen werden kurze, krause Spinnfasern verwendet, die durch Zerschneiden der Filamente entste-hen.

Zellulosische Chemiefasern werden häufig für Fasermischungen ver-wendet.

Viskose

Viskose ist die bedeutendste Chemiefaser auf Zellulosebasis. Die Her-stellung aus Holz erfolgt nach einem komplizierten Verfahren unter Zusatz von Natronlauge und Schwefelkohlenstoff. Viskose wird häufig als Mischfaser mit Baumwolle, Wolle oder synthetischen Chemiefasern verarbeitet.

Handelsnamen (Auswahl): Danufil, Enka Viskose, Brenkona, Danuflor, Fibranne, Viskose.

Eigenschaften

Sehr gutes Feuchtigkeitsaufnahmevermögen; weicher, geschmeidiger Griff bei Stoffen, verschiedenartig ausrüstbar (z. B. pflegeleicht, knitterarm), hautfreundlich, antistatisch.
Kann baumwoll-, leinen-, woll- oder seidenartig hergestellt werden.
Besitzt nur eine geringe Naßfestigkeit, deshalb ist starke mechanische Belastung zu vermeiden. In trockenem Zustand strapazierfähiger; nicht elastisch, knittert leicht, läuft ein.

Verwendung

Kleider, Blusen, Futterstoffe, Sport- und Freizeitkleidung, Jacken, Röcke, Hosen, Unterwäsche, Heimtextilien (Vorhänge, Bezüge), Bettwäsche, Tischwäsche, Nähgarne.

Pflege

Waschen als Fein- oder Heißwäsche bei 30–60 °C, möglichst im Schonwaschgang.
In fast trockenem Zustand bügeln bei Ein- bis Zweipunkt-Einstellung, je nach Pflegekennzeichnung.

Modal

Modal ist, wie Viskose, eine regenerierte Zellulosefaser, die aber weiterentwickelt (modifiziert) und in ihren Eigenschaften verbessert wurde.
Handelsnamen (Auswahl): Aviron, Avril, Colvera, Danudur, Vincel, Lenzing, Modal.

Eigenschaften

Modal hat ähnliche Eigenschaften wie Baumwolle. Es besitzt eine höhere Naßfestigkeit als Viskose, ist reiß- und scheuerfester und formbeständiger; weniger knitteranfällig als Viskose; läuft nicht ein, ähnlich gutes Feuchtigkeitsaufnahmevermögen wie Baumwolle.

Verwendung

Hemden, Blusen und Kleider, Unterwäsche, Bettwäsche, Tischwäsche, Vorhänge (häufig als Mischung mit Baumwolle oder anderen Chemiefasern).

Pflege

Wie Viskose, bei Bedarf auch bei höheren Temperaturen als 60 °C. Verträgt aufgrund seiner Knitterbeständigkeit das Waschen im Normalwaschgang. Bügeln bei Zweipunkt-Einstellung, da weniger hitzeempfindlich als Viskose.

Cupro

Cupro-Fasern werden in Deutschland aus Kosten- und Umweltschutz-
gründen nicht mehr hergestellt. Lediglich als Importware können
Cupro-Produkte zum Käufer gelangen. Rohstoffe sind Baumwollabfälle
(Linters), die in einem Bad aus Kupferoxid und Ammoniak gelöst
werden.

Eigenschaften

Seidenähnliches Aussehen; weicher, geschmeidiger Griff; schöner, weicher Fall; hohe Naßfestigkeit, sehr gute Saugfähigkeit, sehr feinfädig.
Hitzeempfindlich, nicht knitterresistent.

Verwendung

Seidige Unterwäsche, Krawatten.

Pflege

Feinwäsche bei 40–60 °C, (Schonwaschgang oder von Hand).
Bügeln mit Ein- bis Zweipunkt-Einstellung oder dämpfen, je nach
Pflegekennzeichnung.

Acetat

Ausgangsprodukt ist Zellulose in Verbindung mit Essigsäure, gelöst in
Aceton.
Handelsnamen (Auswahl): Acetate, Rhodia.

Eigenschaften

Acetat ähnelt in seinen Eigenschaften den synthetischen Chemiefasern,
aber auch der Seide.
Auch ohne Ausrüstung formbeständig und wenig knitteranfällig; Knitterfalten hängen sich aus. Einlaufsicher; matter, seidiger Glanz;
geschmeidig-weicher Griff, eleganter Fall, leicht, schnelltrocknend.
Nicht besonders saugfähig; hitzeempfindlich, geringe Scheuerfestigkeit,
leicht entflammbar.
Acetat wird von Aceton aufgelöst, deshalb ist Vorsicht geboten beim
Umgang mit Nagellackentfernern oder acetonhaltigen Fleckentfer-
nern.

Verwendung

Kleider, Blusen, Futterstoffe, Schals, Krawatten.
Häufig als Mischung mit Naturfasern oder Synthetics, mit Wolle für
Oberbekleidung.

Pflege

Als Feinwäsche bis 30 °C im Schonwaschgang waschen (wegen geringer Scheuerfestigkeit), nicht schleudern.
In halbtrockenem Zustand bügeln bei niedrigen Temperaturen (Einpunkt-Einstellung). Zur Vermeidung von Glanzstellen kann auch von links gebügelt werden. Nicht dampfbügeln, um Fleckenbildung zu vermeiden.

Triacetat

 Triacetat ist eine Weiterentwicklung des Acetats und wird ebenfalls aus Zellulose und Essigsäure hergestellt, gelöst wird es in Dichlormethan. Handelsnamen (Auswahl): Arnel, Tricel.

Eigenschaften

Triacetat hat ähnliche Eigenschaften wie Acetat, ähnelt aber noch mehr den synthetischen Chemiefasern. Es ist gut färbbar und verträgt höhere Temperaturen als Acetat.
Von Natur aus ist Triacetat pflegeleicht: knitterunempfindlich und formbeständig, unempfindlicher gegen mechanische Beanspruchung als Acetat. Weniger saugfähig als Acetat.

Verwendung

Abendkleider, Blusen, Schals, Krawatten, Plüsche, Wildlederimitate.

Pflege

Waschen bei 30–40 °C, sonst wie Acetat, jedoch etwas höhere Einstellung beim Bügeln (Zwei Punkte).

Synthetische Chemiefasern

Ausgangsmaterial zur Herstellung synthetischer Chemiefasern sind chemische Verbindungen aus Erdöl, Erdgas und Kohle. In komplizierten chemischen Verfahren (Synthese) wird die Spinnmasse gewonnen, die, in geschmolzenem Zustand durch Düsen gepreßt, die Endlosfäden (Filamente) ergibt. Spinnfasern entstehen durch Kräuseln und Schneiden der Filamente. Sie können, ähnlich wie Wolle, versponnen werden.
Die Eigenschaften können bei der Herstellung von synthetischen Chemiefasern voll auf den späteren Verwendungszweck ausgerichtet werden. Grundsätzlich laufen synthetische Fasern nicht ein, sind mottensicher, nicht filzend, leicht, strapazierfähig und pflegeleicht. Weitere Eigenschaften sind unter der jeweiligen Faser zu finden.
Eine häufige Ausrüstungsmaßnahme ist Texturieren, siehe Seite 32.

Polyester

Polyester ist mit über 40 % der Weltproduktion die am häufigsten verarbeitete synthetische Faser.
Er wird oft in Verbindung mit anderen Fasern verarbeitet, wie etwa Baumwolle, Viskose oder Wolle.
Handelsnamen (Auswahl): Diolen, Trevira, Dacron, Enkalene, Pontella, Setila, Tergal, Terital, Terlenka, Terylene, Tetoron, Wistel.
Crimplene, Diolen-Loft, Diolen-texturiert, Teryloft, Trevira texturé.

Warenzeichen
für Fasern und Gewebe
aus Polyester

Eigenschaften

Sehr haltbar, reiß- und scheuerfest, hohe Elastizität, knitterunempfindlich, formbeständig, sehr lichtbeständig, nicht einlaufend, schnell trocknend.
Polyestergarne: geschmeidig, weich.
Polyester-Spinnfasern: flauschig, wärmend.
Sehr geringes Feuchtigkeitsaufnahmevermögen, hitzeempfindlich, elektrostatische Aufladbarkeit.

Verwendung

Idealer Gardinenstoff (hohe Lichtbeständigkeit), Nähgarn (sehr elastisch), Röcke, Hosen, Pullover, Anzüge, Sport- und Berufskleidung, Kinderkleidung, Badeartikel, Bettwäsche, Teppiche, Füllmaterial für Steppmäntel, -jacken und -hosen, Steppdecken, Schlafsäcke, Betten und Kissen.

17

Pflege

Waschen im Schonwaschgang.

Weiße Textilien: Feinwäsche bei 30–40 °C, gelegentlich bis 60 °C mit Vollwaschmittel.

Gardinen: bis 40 °C mit Gardinenwaschmittel.

Farbige Textilien: Feinwäsche bei 30–40 °C mit Feinwaschmittel.

Bügeln mit mäßig temperiertem Bügeleisen (Ein-, Zweipunkt-Einstellung) je nach Pflegekennzeichnung, kann häufig entfallen.

Polyamid

Polyamide stehen an zweiter Stelle der Weltproduktion, ihr Anteil beträgt etwa die Hälfte von Polyester.

Polyamid-Spinnfasern werden häufig mit einem Anteil von 15–20 % als Beimischung zu Baumwolle und Wolle verwendet, um deren Gebrauchseigenschaften zu verbessern.

Handelsnamen (Auswahl): Dorvivan, Perlon, Bri-Nylon, Dederon, Delfion, Enkastat, Fabelnyl, Helion, Meryl, Nylon, Qiana, Rhonel, Supplex, Tactel, Trilenka.

Agilon, Enkalon elastic, Helanca, Helion texturé, Rhodialon, Softalon.

Warenzeichen
für Fasern und Gewebe
aus Polyamid

Eigenschaften

Sehr haltbar: verrottungs-, chemikalien- und mottensicher, sehr reiß- und scheuerfest, formstabil, sehr elastisch, knitterarm, schnelltrocknend.

Nicht sehr saugfähig, aber höchstes Feuchtigkeitsaufnahmevermögen aller Synthetics; vergilbt, vergraut; hitzeempfindlich.

Verwendung

Feinstrumpfhosen, Strümpfe, Socken, Unterwäsche, Miederwaren, Badeartikel, Gymnastik- und Sportbekleidung, Skianzüge, Nähgarne, als Fasermischung in Strickgarnen.

Pflege

Waschen im Schonwaschgang.
Weiße Textilien: Feinwäsche bei 30–40 °C, gelegentlich Heißwäsche bis 60 °C mit Vollwaschmittel.
Farbige Textilien: Feinwäsche bei 30–40 °C mit Feinwaschmittel ohne optischen Aufheller.
Nicht in praller Sonne trocknen.
Bügeln kann meist entfallen, sonst im niedrigen Temperaturbereich (Einpunkt-Einstellung).

Polyacryl (Polyacrylnitril)

Polyacryl (Kurzform: Acryl) steht in der Weltproduktion nur geringfügig hinter der von Polyamid zurück. Aufgrund seiner Eigenschaften wird es häufig als Fasermischung mit anderen Natur- oder Chemiefasern für Strick- und Wirkwaren verwendet.
Handelsnamen (Auswahl): Dolan, Dralon, Dunova, Acribel, Acrilan, Courtelle, Crilenka, Crylor, Leacril, Orlon, Redon.
Acrylon, Suprapan, Ultrapan.

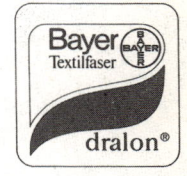

Warenzeichen
für Fasern und Gewebe
aus Polyacryl

Eigenschaften

Leicht, weich, wärmend und je nach Art sehr bauschfähig und voluminös, elastisch, ausgesprochen lichtbeständig, knitterarm, schnelltrocknend.
Starkes elektrostatisches Aufladevermögen, empfindlich gegen feuchte Wärme (knittert), in geringem Maße saugfähig. Neigung zur Pillingbildung (kleine Knötchen bei Strickwaren).

Verwendung

Strickwaren, Handstrickgarne, Heimtextilien wie Vorhang- und Möbelstoffe, Schlafdecken, Schlafsäcke, Tischdecken, Damen- und Herrenbekleidung.

Pflege

Waschen im Schonwaschgang.
Weiße und farbige Textilien (getrennt): Feinwäsche, möglichst nicht über 30 °C, Farbiges mit Feinwaschmittel, Weißes mit Vollwaschmittel.
Bügeln: bügelfrei oder bei Einpunkt-Einstellung.
Kleine Knötchen, die sich beim Tragen bilden, können abgeschnitten werden.

Elasthan

Elasthan, eine Faser mit einem Polyurethan-Anteil von mindestens 85 %, besitzt eine besonders hohe Elastizität. Es wird selten allein verarbeitet, sondern mit anderen Fasern gemischt.
Handelsnamen (Auswahl): Dorlastan, Enkaswing, Lycra, Vyrene.

besonders elastisch

Eigenschaften

Hohe Formelastizität, praktisch ohne Ermüdungserscheinungen, hohe Zugfestigkeit, sehr haltbar, licht- und alterungsbeständig, relativ unempfindlich gegenüber chemischen Einflüssen (Waschmittel, Kosmetika, Schweiß).
Vergraut und vergilbt leicht, hitzeempfindlich gegen Temperaturen über 100 °C, kaum saugfähig.

Verwendung

Miederwaren, Badeartikel, Stützstrümpfe, elastische Ski- und Oberbekleidung, Stretchartikel, Bestandteil von Gummiband und elastischen Wäschebündchen.

Pflege

Im allgemeinen Feinwäsche bei 30–40 °C. Weiße Artikel gelegentlich bis 60 °C; hierfür Waschmittel mit optischem Aufheller verwenden.
Nicht in der prallen Sonne trocknen.
In der Regel bügelfrei, sonst nur bei niedriger Temperatur bügeln.

Polychlorid (Polyvinylchlorid)

Polychlorid hat nur geringe Bedeutung hinsichtlich des Marktanteiles.
Handelsnamen (Auswahl): Clevyl, Fibrovyl, Leavil, Rhovyl, Teviron, Thermovyl.

Eigenschaften

Licht- und wetterfest, nicht brennbar, säure- und laugenresistent, knitterbeständig.
Empfindlich gegen Temperaturen: erweicht bei 75–80 °C, wird bei niedrigen Temperaturen hart und steif; läuft ein; nicht immer waschbar (Pflegeetikett beachten), nicht saugfähig.

Verwendung

Gesundheitswäsche, da hohe elektrostatische Aufladbarkeit; Heimtextilien. Seltener für beschichtete Regenschutzkleidung und Glattleder-Imitationen.

Pflege

Pflegekennzeichnung beachten. Falls waschbar, wie Wolle von Hand waschen. Maschinenwaschbare Artikel bei 30–40 °C waschen.

Polypropylen

Polypropylen-Fasern haben auf dem Oberbekleidungs-Sektor kaum Bedeutung, sind aber bei Sportwäsche vermehrt zu finden.
Handelsnamen (Auswahl): Meraklon, Polycolon.

Eigenschaften

Lichtecht, feuchtigkeitsunempfindlich, reiß- und scheuerfest, leicht, verrottungsbeständig, säuren- und laugenbeständig. Hitzeempfindlich, nicht saugfähig.

Verwendung

Trocken-Windeln, Sportbekleidung, Unterwäsche.

Pflege

Feinwäsche bis 30 °C, nicht bügeln.

Mischfasern und Mischgewebe

Heute sind Mischfasern bei Stoffen und Maschenwaren an der Tagesordnung. Sie lassen sich für fast alle Kleidungs- und Wäschestücke verwenden.
Garne aus Mischfasern entstehen, wenn unterschiedliche Fasern zu einem Garn verbunden werden.
Außerdem können mehrere Garne unterschiedlicher Zusammensetzung zu einer textilen Fläche (Gewebe oder Maschenware) verarbeitet werden (Mischgewebe).
Eine dritte Möglichkeit besteht darin, textile Flächen aus unterschiedlichen Fasern übereinanderzuschichten.
Durch Mischungen von Fasern mit unterschiedlichen Eigenschaften sollen vor allem drei Dinge erreicht werden.

Vorteile von
Fasermischungen

– verbesserte Gebrauchseigenschaften,
– leichtere Pflege,
– längere Lebensdauer.

Im allgemeinen sollen durch Verarbeiten von Mischungen die Nachteile einer oder mehrerer Fasern ausgeglichen werden, gute Eigenschaften sich gegenseitig ergänzen. Damit soll die neue Mischung dem jeweiligen Verwendungszweck optimal entsprechen.

Häufig vorkommende Mischungen sind:

Fasermischungen

– Baumwolle, Viskose oder Wolle mit Polyester-Spinnfasern;
– Baumwolle oder Wolle mit Polyamid-Spinnfasern;
– Natur- und Chemiefasern mit Polyacryl-Spinnfasern;
– Baumwolle mit Leinen

Beispiel: Baumwolle mit Polyester. Durch den Polyester-Anteil kommt im Wäschestück die Knitteranfälligkeit der Baumwolle nicht so sehr zum Tragen. Andererseits wird das mangelnde Saugvermögen von Polyester durch den Baumwollanteil ausgeglichen.

Ist der Anteil an synthetischen Chemiefasern hoch, läßt sich das Wäschestück zwar leicht bügeln, verliert aber hautfreundliche Eigenschaften wie Saugfähigkeit und Luftdurchlässigkeit.

Wenn der Anteil an synthetischen Chemiefasern in der Mischung zu gering ist (unter 50 %), kann der Verbraucher eine Pflegeleichtigkeit nicht mehr voraussetzen. Dem wird dadurch abgeholfen, daß die Baumwolle vorher eine Pflegeleicht-Ausrüstung erhält. Dadurch wird aber der Sinn einer solchen Fasermischung fragwürdig, weil nämlich beim Ausrüstungsvorgang Feuchtigkeitsaufnahmevermögen und Strapazierfähigkeit der Baumwollfaser entscheidend herabgesetzt werden.

Oft werden Fasermischungen nur hergestellt, um die Optik zu verbessern. Die Käufer müssen für sich selbst von Fall zu Fall die Entscheidung treffen, sich bewußt für oder gegen ein Textil aus Mischfasern, Naturfasern oder Chemiefasern entscheiden.

Pflege

Pflegekennzeichnung beachten

Als Leitsatz bei der Pflege von Mischfasern oder Mischgeweben gilt, sich nach der empfindlichsten Faser zu richten. Das trifft auch zu, wenn diese Faser nur mit minimalen Anteilen enthalten ist. Daher ist es besonders wichtig, die Material- und Pflegekennzeichnung zu beachten.

Garne und Zwirne

Um Gewebe oder Maschenwaren herzustellen, werden Garne benötigt. Garne können aus Filamenten (endlosen Fäden) oder aus Spinnfasern (Gespinstfäden) hergestellt werden.

Endlosgarne

Mit einer durchschnittlichen Faserlänge von 2000 m ist die Seide die einzige Naturfaser dieser Kategorie. Werden mehrere Seidenfäden zusammengedreht, entsteht ein Garn.

Bei den Chemiefasern entstehen die Endlosfäden (Filamente), indem die Spinnmasse durch feinste Düsen gepreßt wird. Die Verfahren sind unterschiedlich, je nach Faserart. Jedes Filamentbündel aus einer einzigen Spinndüse wird für sich auf eine Spule aufgewickelt. Filamentgarne bestehen aus einem oder mehreren Filamenten (Endlosfäden), gedreht oder ungedreht.

Spinnfasergarne

Um aus Chemiefasern Spinnfasergarne zu erhalten, werden die Filamente, die Endlosgarne zu einem Filamentstrang (Kabel) zusammengefaßt. Sie werden gestreckt, gekräuselt, geschnitten oder gerissen, wodurch kurze Spinnfasern entstehen.
Baumwolle, Wolle und Leinen liefern von Natur aus mehr oder weniger kurze Fasern. Beim Spinnen werden kurze Fasern durch Strecken und Drehen zusammengefaßt und zu langen Fäden verbunden. Häufig werden auch unterschiedliche Faserarten zusammen versponnen.

Zwirnen

Werden zwei oder mehr Fäden in einem Zwirngang zusammengedreht, wird das entstehende Mehrfachgarn als Zwirn bezeichnet. Dabei besteht die Möglichkeit, Fäden aus unterschiedlichen Faserarten zu verzwirnen.
Durch das Zwirnen entsteht ein gleichmäßiges, stärker strapazierfähiges Garn, das dann verwoben oder verwirkt werden kann oder auch als Nähgarn Verwendung findet.
Die Drehung des Garnes beeinfluß seine Eigenschaften: ein schwach gedrehtes Garn ist lockerer, flauschiger, voluminöser, aber auch empfindlicher als ein stark gedrehtes, glattes Garn.

man unterscheidet Zwirn in S-Drehung und Z-Drehung

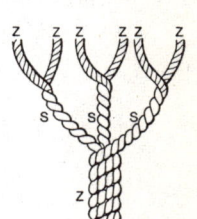

Streichgarne und Kammgarne

Streichgarne besitzen eine rustikale, flauschige Struktur. Die Fasern liegen beim Verspinnen ungeordnet, wodurch ein fülliger und voluminöser, aber auch weniger strapazierfähiger Faden entsteht. Die Gewebe haben bessere Wärmeeigenschaften als solche aus Kammgarn.
Kammgarne sind relativ glatt, da die Fasern durch das Kämmen parallel nebeneinander liegen. Sie werden eher für glatte, leichtere Wollstoffe verwendet, bei denen die Bindung nach dem Weben deutlich erkennbar ist.

Garnstärken

Die Garnstärke (Feinheit) wird mit Nummern angegeben. Diese Bezeichnung findet sich vor allem bei Nähgarnen und Strumpfhosen.

metrische Numerierung
englische Baumwoll-
Numerierung

Synthetisches Nähgarn wird im allgemeinen nach der metrischen Numerierung Nm ausgezeichnet, Baumwoll-Nähgarn nach der englischen Baumwoll-Numerierung Ne_B.

Die metrische Numerierung gibt an, wieviele Meter eines einfachen Garnes 1 g wiegen. Je höher die Nummer, desto feiner das Garn.

Die englische Baumwoll-Numerierung läßt sich mit Hilfe einer einfachen Formel zur metrischen Numerierung in Relation bringen:

$$Nm = Ne_B \times 1{,}69$$

umgekehrt: $Ne_B = Nm \times 0{,}59$

Beispiel:

Die Etikett-Nummer 60 auf einem Baumwollgarn, mit 1,69 multipliziert, entspricht der Nummer 100 nach Nm. Je höher die Nummer, desto feiner das Garn.

internationales
tex-System

Die Feinheit von Garnen wird international nach dem tex-System angegeben und bezieht sich auf eine Garnlänge von 1000 m.

30tex bedeutet, daß 1000 m eines Garnes 30 g wiegen.

Bei sehr feinen Garnen wird die Garn-Bezeichnung dtex (= Dezitex) verwendet; das Garngewicht bezieht sich hierbei auf 10 000 m Länge. Je kleiner die tex-Angabe, desto feiner das Garn.

Textile Flächengebilde (Stoffe)

Bei Textilien unterscheidet man zwischen Gewebe und Maschenwaren. Maschenwaren werden wiederum nach Strick-, Häkel- und Wirkwaren unterschieden.

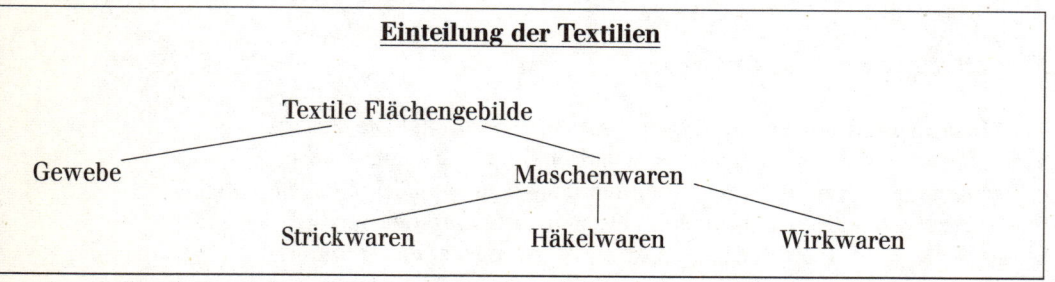

Einteilung der Textilien

Textile Flächengebilde

Gewebe — Maschenwaren

Strickwaren — Häkelwaren — Wirkwaren

Gewebe

Gewebe sind Stoffe, die beim Weben durch rechtwinkliges Verkreuzen von zwei Fadengruppen, den Kett- und Schußfäden entstehen.

Die in Längsrichtung (senkrecht) in den Webstuhl eingespannten Kettfäden werden durch die in Querrichtung (waagerecht) verlaufenden Schußfäden miteinander verbunden. Die Art der Verbindung, des Verkreuzens miteinander, wird als Bindung, die Kreuzungsstellen werden als Bindungspunkte bezeichnet.
Es gibt drei wichtige Bindungen, aus denen sich eine Vielzahl anderer ableiten lassen.

Leinwandbindung (Tuch-, Taftbindung)

Die Leinwandbindung ist die einfachste Bindung:
Der Schußfaden hebt und senkt abwechselnd einen Kettfaden, in der folgenden Reihe werden die Kettfäden versetzt aufgenommen.
Ober- und Unterseite des Gewebes sehen gleich aus, es entsteht das gleiche Bild wie beim Stopfen von Hand.

Leinwandbindung

Stoffe in Leinwandbindung: Batist, Chenille, Chiffon, Georgette, Kattun, Kretonne, Linon, Mull, Musselin, Nessel, Renforcé, Taft, Voile.
Von der Leinwandbindung abgeleitet sind Gerstenkorn, Panama, Rips.

Köperbindung

Diese Bindung besitzt als typisches Erkennungsmerkmal schräg im Gewebe verlaufende Bindungslinien, die Köpergrate.
Sie entstehen, weil der Schußfaden über oder unter mehrere Kettfäden gelegt wird. In der folgenden Reihe verschieben sich die Kreuzungspunkte, und zwar

Köperbindung
S-Grat-Köper

– beim S-Grat-Köper von links oben nach rechts unten,
– beim Z-Grat-Köper von rechts oben nach links unten.
Schußköper: Auf der Stoffoberseite liegen mehr Schußfäden.
Kettköper: Auf der Stoffoberseite liegen mehr Kettfäden
Gleichseitiger Köper: Gleich viele Schuß- und Kettfäden liegen auf jeder Stoffseite, dadurch ergibt sich auf jeder Seite das gleiche Bild.

Köperbindung
Z-Grat-Köper

Stoffe in Köperbindung: Denim (Jeansstoff), Gabardine, Glencheck, Tweed.
Davon abgeleitet: Fischgratköper (bei Drell), Kreuzköper.

Atlas- oder Satinbindung

Die Atlasbindung ist erkennbar an der glatten, meist glänzenden, strukturlosen Oberfläche, während die Unterseite matt ist. Im Gegensatz zu den anderen Bindungen liegen die Kreuzungspunkte praktisch unsichtbar im Gewebe. Sie berühren sich gegenseitig nicht.
Diese Bindungsart macht es möglich, auf der Oberseite ein anderes, eventuell besseres Material zu verarbeiten als auf der Rückseite.

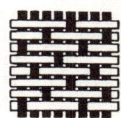

Schußatlas

Beim Schußatlas liegen mehr Schußfäden auf der Oberseite, beim Kettatlas liegen mehr Kettfäden auf der Oberseite des Stoffes.
Stoffe in Atlasbindung: Duchesse, Inlett, Satin, Velveton.

Kettatlas

Jacquardbindung

Die Jacquardbindung ist eine aus der Atlasbindung abgeleitete Bindung. Sie erlaubt das maschinelle Weben von großrapportigen und komplizierten Mustern. Viele Stoffe besitzen ein Atlas-Grundgewebe, in das aufwendige Muster, wie Ornamente oder Blumen, eingewebt sind, die durch einen Wechsel von Kettatlas und Schußatlas entstehen.
Stoffe in Jacquardbindung: Brokat, Damast, Jacquard.

Maschenwaren

Der wesentliche Unterschied zu Geweben liegt bei Maschenwaren in ihrer hohen Elastizität. Sie sind in Längs- und Querrichtung dehnbar und dadurch sehr bequem und schmiegsam.
Ein weiterer Vorzug ist ihre wärmende Wirkung, da sie überall viel Luft einschließen. Sie sind meist voluminöser als Gewebe und haben einen weichen Griff. Ein großer Pluspunkt ist ihre Knitterunempfindlichkeit und rasche Knittererholung.
Die Qualität der Maschenwaren ist abhängig von Faserart, Faserdichte, Fadenstärke, Maschendichte, Herstellungsart und Ausrüstung.
Maschenwaren entstehen durch ineinandergreifende Fadenschlingen, die mit Hilfe von Nadeln gebildet werden.

Strick- und Häkelwaren

Am bekanntesten sind Strick- und Häkelwaren in Form von Pullovern, Westen, Schals, Handschuhen, Strümpfen und ähnlichen Artikeln.
Beim Stricken von Hand werden die Maschen mit Hilfe zweier Stricknadeln gebildet. Beim maschinellen Stricken vollzieht sich die Maschenbildung durch viele Nadeln, die einzeln nacheinander bewegt werden. In jedem Fall werden die Maschen mit nur einem einzigen Faden in waagerechter Richtung fortlaufend gearbeitet, weshalb Strickwaren auch als Querfadenware bezeichnet werden.

Wirkwaren

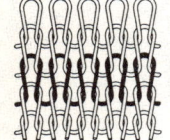

Maschenbild
von Querfadenware

Wirkwaren werden auf Wirkmaschinen hergestellt. Nach der Herstellungsart wird unterschieden zwischen Kulierwaren (Wirkwaren in Strickart) und Kettenwirkwaren. Trikot ist eine im Sprachgebrauch übliche Bezeichnung für Wirkwaren.

Wirkwaren in Strickart

Sie werden ähnlich wie Strickwaren in waagerechter Richtung gefertigt, deshalb können sie auch als Querfadenware bezeichnet werden. Sie lassen sich aufriffeln wie Strickwaren und sind nicht laufmaschenfest. Verwendung zu Nachtwäsche, Unterwäsche, leichter Ober- und Freizeitbekleidung.

Single Jersey. Auf einer Seite sind nur rechte, auf der anderen Seite nur linke Maschen zu sehen.

Feinripp. Da rechte und linke Maschen sich abwechseln, sehen beide Seiten gleich aus. Feinripp besitzt eine stabilere Struktur als Single-Jersey und wird deshalb zusätzlich an Ärmelbündchen, Rändern und Abschlüssen verwendet.

Doppelripp. Während sich bei Feinripp eine rechte und eine linke Masche abwechseln, entsteht Doppelripp aus dem Wechsel von zwei rechten und zwei linken Maschen. Beide Seiten sehen gleich aus.

Interlock. Zwei Feinrippgewirke werden miteinander verbunden, dadurch entsteht ein dichter, aber weniger elastischer Artikel. Die Maschenstrukturen sind sehr stabil und sehen beidseitig gleich aus.

Kettenwirkwaren

Kettenwirkwaren entstehen ebenfalls auf Wirkmaschinen, nur werden hier die Maschen in Längsrichtung gebildet. Dazu werden viele parallel laufende Kettfäden seitlich miteinander verschlungen.

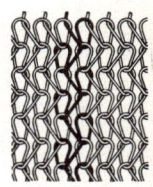

Maschenbild
von Kettenwirkware

Merkmal der Kettengewirke ist die Verschiedenartigkeit von Vorder- und Rückseite: Die Vorderseite gleicht rechten Maschen beim Stricken, auf der Rückseite verläuft dagegen das Maschenmuster in waagerechter Richtung. Kettengewirke sind laufmaschenfest.

Charmeuse. Aus synthetischen Filamenten hergestellt, findet Charmeuse im Damenwäschebereich Verwendung.

Knüpftrikot ist aus Baumwolle und wird zur Herstellung von Herrenunterwäsche verwendet.

Ausrüstungsmaßnahmen von A bis Z

Die unterschiedlichen Ausrüstungen – von der Industrie auch als Veredlung bezeichnet – sollen verschiedenen Zwecken dienen:
– Änderung oder Verbesserung des Aussehens,
– Erzielen von bestimmten Effekten,
– Verbesserung der Gebrauchs- und Pflegeeigenschaften.
Die Maßnahmen sind durchführbar an der Spinnfaser, zum Teil schon in der Spinnlösung, an Garnen, an Geweben und Maschenwaren. Sie können teilweise bei allen Faserarten eingesetzt werden, wie das Färben, oder nur bei bestimmten Fasern notwendig oder wünschenswert sein, etwa Entbasten der Seide, Filzfrei-Ausrüstung bei Wolle.
Welche chemischen und mechanischen Verfahren eingesetzt werden, ist neben dem Fasermaterial vom Verwendungszweck abhängig.
Der Verbraucher sollte bedenken, daß eine Anzahl dieser Maßnahmen nicht unbedingt notwendig ist, weil sie beispielsweise nur modebedingt sind. Gerade in diesem Fall ist es ein hoher Preis, wenn durch eine chemische Behandlung Allergien hervorgerufen werden. Kritikwürdig sind solche Behandlungen auch, weil dazu häufig umweltschädigende Dämpfe, Bäder und ähnliches eingesetzt werden.

Pflegekennzeichen sollten auch im Hinblick auf besondere Ausrüstungen beachtet werden. Manche Ausrüstungen sind kennzeichnungspflichtig, andere Kennzeichnungen erfolgen auf freiwilliger Basis, die meisten Ausrüstungen sind überhaupt nicht deklariert.

Antifilz-Ausrüstung (siehe Filzfrei-Ausrüstung)

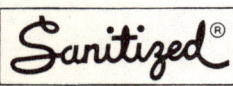

Antimikrobielle Ausrüstung. Auch als sogenannte Hygieneausrüstung bekannt, wirkt sie gegen Bakterien, Pilze, Gerüche und Schimmelbefall. Die Wirkung läßt mit der Zeit nach.

Markenzeichen (Auswahl): Sanitized, Sanigard, Durafresh, Bioguard, Actifresh, Eulan asept, Hygisan, Hygitex.

Ausrüstung für Strümpfe, Socken, Hemden, Unterwäsche, Decken.

Antipikking-Ausrüstung. Verhindert durch Verkleben bei synthetischen Fasern die Entstehung einer filzartig verflusten Oberfläche an Scheuerstellen.

Antipilling-Ausrüstung. Wirkt z. B. durch Verkleben der Faserenden der Knötchenbildung auf der Oberfläche von Synthetics und ausgerüsteter Wolle entgegen, die sonst durch herausstehende Fasern bei Beanspruchung entstehen.

Antisnagging-Ausrüstung. Durch Verkleben wird das Herausziehen von Garnschlingen bei daraus gefertigter Synthetic-Wäsche verhindert.

Antistatik-Ausrüstung. Tensidähnliche Substanzen verhindern die elektrostatische Aufladung von synthetischen Chemiefasern. Ausrüstung bei allen Textilien möglich, vor allem bei Dekorationsstoffen, Teppichböden.

Appretieren. Anwendung bei Textilien aus Naturfasern und zellulosischen Chemiefasern. Oft sollen minderwertige Qualitäten dadurch ein besseres Aussehen und einen fülligeren Griff erhalten. Bei Wäschestoffen, Arbeitskleidung, Hemden, Blusen, Bett- und Tischwäsche und sonstiger Wäsche.

Aufhellen. Optische Aufheller lassen weiße und pastellige Textilien in einem »besseren Licht« erscheinen. Sie leuchten weißer, weil Weißtöner die ultravioletten Bestandteile des Sonnenlichtes sichtbar machen.

Bedrucken. Viele Stoffe werden auf der Oberseite mit Mustern farbig bedruckt. Es gibt unterschiedliche Verfahren, die unter anderem von der Faserart abhängig sind. Die Druckmuster sind auf der Stoffunterseite weniger stark ausgeprägt oder überhaupt nicht zu sehen.

Beschichten. Beschichtungen erfolgen meist durch das Aufbringen von Kunststoffen, Lacken oder anderen Materialien, um besondere Eigenschaften oder Effekte zu erreichen. Schutz- und Regenkleidung wird mit eingearbeiteten Membranen, feinporigen oder geschlossenen Beschichtungen versehen. Die Maßnahme wird auch zur Herstellung von Lederimitaten angewendet.

Beschweren (Erschweren, Chargieren). Ausrüstungsmaßnahme, die ausschließlich bei Seide zur Anwendung kommt (siehe Seite 12).

Bleichen. Behandlung vor allem bei weißen oder hellfarbigen Textilien, um von Natur aus vorhandene Farbstiche bei leicht gelblichen Fasern wie Leinen, Baumwolle, Wolle und Seide zu entfernen.

Bügelfrei-Ausrüstung (siehe Pflegeleicht-Ausrüstung)

Dauerbügelfalte (siehe Fixieren)

Dekatieren. Ausrüstungsmaßnahme, die das Entglänzen von Wollstoffen bewirkt. Gleichzeitig bewirkt die Dampfbehandlung einen Schutz gegen Einlaufen, das Gewebe wird dichter und voller.

Detachieren. Fleckenentfernung mit Hilfe chemischer Mittel, zum Beispiel in der Chemischreinigung.

Desodorieren. Riechstoffe überdecken noch anhaftende Gerüche, die von der Produktion stammen und den Käufer vom Erwerb abhalten könnten. Bei allen Artikeln möglich.

Entschlichten. Gleitmittel und Klebeflüssigkeiten, aber auch natürliche Wachse, werden nach dem Weben, aber vor dem Bleichen und Färben durch Auswaschen entfernt. Vor dem Weben wird das Garn damit behandelt, um es beim Webevorgang zu schonen oder besser verwebbar zu machen.

Färben. Eine bei allen Faserarten vorkommende Ausrüstung. Spinnlösung, Faser, Garn oder Stoff werden mit geeigneten Farbstoffen in unterschiedliche Verfahren, je nach Faserart und Verwendungszweck gefärbt.

Indanthren-Farbstoffe werden für Färbungen und Drucke bei Leinen, Baumwolle und Viskose, die besonders koch-, licht-, wetter- und alkalibeständig sein sollen, verwendet.

Filzfrei-Ausrüstung. Mechanik, Feuchtigkeit und Wärme begünstigen das Filzen von Wolle beim Waschen. Beim Filzen verhaken sich die Schuppen der Faseroberfläche ineinander. Durch unterschiedliche Verfahren wird die schuppenartige Oberfläche verändert oder von einem hauchdünnen Kunstharzfilm umgeben.

So ausgerüstete Maschenwaren und Gewebe können im Schonwaschgang der Waschmaschine bis 30 °C gewaschen und geschleudert werden.

Kennzeichnung: »waschmaschinenfest«. Die Ausrüstung bietet gleichzeitig Schutz gegen Einlaufen.

Fixieren. Durch Einwirken von Heißluft oder Dampf können bei synthetischen Fasern dauerhafte Strukturen erzeugt werden (Thermofixierung). Dies ist auch bei Fasermischungen möglich, wenn der Anteil an Synthetics wenigstens 50 % beträgt.

Bei Naturfasern sind stabile Strukturen nur mit Hilfe von chemischen Lösungen (bei Wolle zum Beispiel Siroset-Lösung) zu erreichen. So erhalten wollhaltige Textilien durch Spezial-Verfahren dauerhafte Bügelfalten, auch Plisseefalten bei Röcken.

Dauerhafte Formgebung durch Fixierung ist auch möglich zur Beseitigung unerwünschter Verformungen.

Markenzeichen: Koratron, Siroset, Permanent Press

Flammschutz-Ausrüstung. Die ausgerüsteten Textilien dürfen nicht brennen, nur verkohlen, verglimmen.

Kennzeichnung: »flammgeschützt«. Bei Teppichböden, Dekorationsstoffen, Schutzkleidung.

Fleckschutz-Ausrüstung (Anti-Schmutz-Ausrüstung). Die Ausrüstung verleiht schmutz-, fleck-, fett- und wasserabweisende Eigenschaften. Entstandene Flecke lassen sich leichter entfernen, weil der Kunstharzfilm die Saugfähigkeit des Stoffes herabsetzt.

Bekannte Ausrüstungen: Scotchgard, Antisoil, Oleophobol. Bei Tischdecken, Polsterbezugsstoffen, Teppichböden.

Hydrophilierung. Die Ausrüstung soll bei synthetischen Chemiefasern eine Verbesserung der Saugfähigkeit durch Aufbringung eines Filmes um die Faser bewirken.

Hydrophobierung (Imprägnierung). Wasserabweisende Ausrüstung durch unterschiedliche Verfahren und Chemikalien: Imprägnol, Hydrophobol, Silicon und andere.

Bei Regenbekleidung, Sportbekleidung und ähnlichem kann das Wasser nicht in die Faser eindringen, es perlt an der Oberfläche ab.

Knitterarm-Ausrüstung (siehe Pflegeleicht-Ausrüstung).

Krumpfarm-Ausrüstung. Fasern auf zellulosischer Basis (Baumwolle, Leinen, Vikose) neigen zum Einlaufen (Schrumpfen, Krumpfen). Durch eine rein mechanische Stauch-Behandlung unter Wärme- und Feuchtigkeitseinwirkung wird das Gewebe verdichtet, das Krumpfen wird vorweggenommen.

Markenzeichen: Sanfor. Sanforisieren ist ein patentiertes Verfahren; die so behandelten Gewebe dürfen nicht mehr als 1 % einlaufen.

Sanfor plus: Krumpfarm- und Pflegeleicht-Ausrüstung. Wirkt gegen Einlaufen und Knittern.

Sanfor plus 2: Krumpfarm- und Pflegeleicht-Ausrüstung bei Fasermischungen aus zellulosischen Naturfasern mit synthetischen Chemiefasern.

Sanfor Set: Krumpfarm-Ausrüstung in Verbindung mit Mercerisieren (siehe unten).

Green Cotton: Totaler Einlaufschutz, ohne Chemikalienbehandlung.

Mattieren. Unerwünschter Glanz wird durch chemische oder mechanische Behandlung abgemildert. Bei synthetischen Chemiefasern wird das durch Zugabe einer Chemikalie zur Spinnlösung oder später durch Aufbringen eines Films verhindert, bei zellulosischen Chemiefasern durch eine chemische Lösung. Das Mattieren von fertigen Geweben erfolgt durch eine mechanische Behandlung.

Mercerisieren. Ausrüstungsmaßnahme nur für zellulosische Fasern, vor allem Baumwolle. Die Artikel werden mit Natronlauge oder Ammoniakgas behandelt und gestreckt. Effekt: dauerhafter Glanz, erhöhte Reißfestigkeit und größere Farbintensität, da das Farbaufnahmevermögen verbessert wird. Behandlung bei Geweben, Maschenwaren und Garnen möglich. Anwendung vor allem bei qualitativ hochwertigen Baumwollstoffen.

Mottenschutz-Ausrüstung. Wolle und Tierhaare dienen Motten als Nahrung. Durch eine chemische Behandlung werden die Fasern für Motten ungenießbar.

Kennzeichnung: Eulan, Mitin.

Käufliche Mittel gegen Motten belasten die Raumluft. Besser ist, stattdessen einfache Vorkehrungen zu treffen oder Hausmittel zu verwenden.

Textilien, die längere Zeit aufbewahrt werden, müssen unbedingt sauber sein. Dann werden sie mit Lavendel, getrockneten Orangenschalen oder frischen Walnußblättern zwischen dem Stoff oder in den Taschen von Kleidungsstücken, in Zeitungspapier eingewickelt.

Pflegeleicht-Ausrüstung (Knitterarm-Ausrüstung, Hochveredlung). Stoffe aus zellulosischen Fasern (Baumwolle, Leinen, Viskose, Modal und Mischfasern aus Naturfaser und Synthetic) neigen zum Knittern. Kunstharze, die sich mit der Faser verbinden, heben diese Eigenschaft auf. Der Stoff schrumpft und knittert weniger stark, er trocknet schneller und verbleibende Knitter lassen sich leichter ausbügeln.

Für derart ausgerüstete Stoffe empfiehlt sich ein schonendes Waschprogramm bei höchstens 60 °C, besser nur bei 30–40 °C. Nachteilig bei der Ausrüstung ist, daß die Saugfähigkeit und die Haltbarkeit der Stoffe stark herabgesetzt werden.

Kennzeichnungen (unter anderen): Pflegeleicht, knitterarm, hochveredelt, wash and wear, Super Cotton, Cottonova, Sanfor plus, easy care, mini care.

Auch ohne Ausrüstung sind viele Stoffe pflegeleicht, wenn sie aufgrund Ihrer Verarbeitung beim Weben, Wirken, Prägen und Rauhen eine gute Knitterresistenz besitzen und Bügeln sich erübrigt.

Beispiele: Biber, Frottier, Seersucker, Nicky-Plüsch, Strick- und Wirkwaren wie Jersey und Trikot.

Prägen. Mechanische Behandlung, durch die besondere Effekte, wie Erhebungen oder Vertiefungen erzielt werden. Solche Stoffe sind waschbeständig, sollten jedoch nicht oder nur leicht überbügelt werden.

Rauhen. Mechanische Behandlung, bei der mit auf Walzen gelagerten Haken oder Disteln Faserenden aus dem Gewebe herausgezogen werden. Die Ausrüstung kann ein- oder beidseitig vorgenommen werden. Dabei werden bessere Isoliereigenschaften, mehr Volumen und ein weicher, flauschiger Griff erzielt.

Beispiele: Loden, Flanell, Molton, Biber (beidseitig aufgerauht), Finette (einseitig aufgerauht).

Sanforisieren (siehe Krumpfarm-Ausrüstung).

Satinieren. Mechanische Behandlung, um bei Textilien Glanz zu erzielen.

Scheren und Sengen. Um eine gleichmäßig glatte Oberfläche bei Textilien aus Spinnfasergarnen zu erhalten, werden hervorstehende Unregelmäßigkeiten abgeschnitten oder weggebrannt.

Scheuerfest-Ausrüstung. Durch Einlagern von Kieselerde-Teilchen in zellulosische Fasern wird deren Scheuerfestigkeit erhöht. Gleichzeitig wird eine schmutzabweisende Wirkung erreicht und die Reißfähigkeit erhöht. Texylon-Ausrüstung ist der Markenname für ein besonderes Verfahren, um die Verschleißfestigkeit von Textilien zu erhöhen.

Texturieren. Endlosgarne aus synthetischen Chemiefasern erhalten unter Einwirkung von Hitze, Druck oder Chemikalien eine dauerhafte Kräuselung. Sie werden dadurch bauschiger und voluminöser. Daraus gefertigte Artikel haben bessere Wärmeeigenschaften, weil sie mehr Luft einschließen. Sie sind weicher, elastischer und beulen nicht aus.

Thermofixieren (siehe Fixieren).

Texylonieren (siehe Scheuerfest-Ausrüstung).

Vorwaschen. Behandlung vor allem bei Jeans, damit sie gebraucht aussehen und bei Seide. Dazu werden häufig bedenkliche Chemikalien eingesetzt, zum Beispiel als Bleichmittel Chlor.
Kennzeichnungen: bleached, stone-washed, sand-washed.

Walken. Gesteuertes Verfilzen und Verdichten der Fasern bei Wollgeweben, um bessere wärmeisolierende Eigenschaften zu erreichen. Die Bindung ist danach oft nicht mehr erkennbar.
Gewalkte Stoffe: Wolltuche, Loden.

Weichmachen. Ausrüstung auf natürlicher oder chemischer Basis, um Textilien einen weichen Griff und ein geschmeidiges Aussehen zu geben.

Bekannte Stoffe von A bis Z

Atlas. Glattes, glänzendes Gewebe in Atlasbindung aus Seide oder Chemiefasern.

Batist. Sehr feinfädiges, leichtes Gewebe aus Baumwolle, Leinen, Viskose oder Seide, auch als Mischfaser mit Synthetics, in Leinwandbindung.

Biber. Kräftiger, beidseitig gerauhter Baumwollflanell.

Borkenkrepp. Gewebe mit borkenartiger Struktur, die durch Verwendung von Kreppgarnen entsteht.

Bouclé. Rustikale Stoffe, deren Oberfläche mit Noppen oder Schlingen versehen ist.

Brokat. Schwere, stark gemusterte Stoffe in Jacquardbindung mit Effektfäden, häufig in Gold oder Silber.

Charmeuse. Wirkware, siehe auch Seite 26 und 27.

Chiffon. Feinfädiges, schleierartiges Gewebe aus Seide oder Chemiefasern in Taftbindung (Leinwandbindung). Borkige Struktur durch Verarbeitung von Zwirnen.

Chintz. Appretiertes Gewebe, auf dem durch Walzenbehandlung oder Auftragen von Kunstharzen ein starker Glanz erzeugt wird.

Cordsamt. Strapazierfähiges, geripptes Samtgewebe. Genaue Bezeichnung nach der Verarbeitung, z. B. Rippencord, sowie nach dem Material, z. B. Baumwollcord. Gewebe in Leinwand- oder Köperbindung.
Fancycord: Cordsamt mit Rippen unterschiedlicher Breite.
Trenkercord: Cord mit sehr breiten Rippen.

Crêpe (Krepp). Bezeichnung für strukturierte Gewebe, z. B. Crêpe de Chine, Crêpe de Georgette, Crêpe Satin u. a.

Damast. Edler Baumwollstoff in Atlasbindung mit Jacquardmusterung, ursprünglich aus Seide.

Denim (Jeansstoff). Kräftiges, strapazierfähiges Gewebe in Köperbindung aus Baumwolle, meist mit gefärbter Kette und weißem Schuß.

Doppelripp. Wirkware, siehe auch Seite 26 und 27.

Drell. Köperbindige, dicht gewebte Baumwoll-, Leinen- oder Halbleinengewebe (z. B. für Matratzen und Arbeitskleidung).

Duchesse. Eleganter, atlasbindiger Stoff aus Acetat, Viskose oder Seide.

Duvetine (Aprikosen- oder Pfirsichhaut). Gewebe in Atlas-, seltener in Köperbindung, auf dem durch Rauhen und Scheren ein samtiger Flor erzielt wird (z. B. für Wildlederimitationen).

Façonné. Kleingemusterte Gewebe mit Längs- oder Querstreifen oder Karos, hergestellt auf Schaftmaschinen.

Feinripp. Wirkware, siehe auch Seite 26 und 27.

Finette. Köpergewebe aus Baumwolle oder Viskose mit glatter Oberseite und gerauhter Rückseite.

Fischgrat. Stoff mit Zickzackmuster in Köperbindung.

Flanell. Sammelbegriff für ein- oder beidseitig gerauhte Gewebe aus Baumwolle, Viskose oder Wolle in Köper- oder Leinwandbindung.

Frottee. Gewebe, das aus genopptem Frotteezwirn hergestellt wird, wodurch die noppige Oberfläche entsteht. Meist aus Baumwolle in Leinwandbindung.

Frottier. Schlingengewebe, das durch locker eingebundene Fäden beim Weben in Ripsbindung (abgeleitete Leinwandbindung) entsteht. Bügelfrei und strapazierfähig, für Handtücher, Badetücher und -mäntel.

Frottiervelours. Frottierstoff, bei dem durch Aufschneiden der Schlingen und zusätzliches Walken und Scheren eine samtartige Oberfläche entsteht.

Gabardine. Sehr dichtes Kammgarngewebe aus Wolle oder Baumwolle in Köperbindung.

Georgette. Dünnes, transparentes, leinwandbindiges Gewebe mit sandigem Griff.

Gerstenkorn. Strapazierfähiges Gewebe mit grobkörniger Struktur in abgeleiteter Leinwandbindung; für Handtücher.

Glencheck. Gewebe in Köperbindung mit klein- oder großflächiger Karomusterung aus Kammgarn oder Streichgarn.

Henkelplüsch. Frottierstoff mit Fadenschlingen (Henkeln) auf der Vorderseite, für Unterwäsche.

Inlett. Bettenstoff aus Baumwolle in sehr dichter Atlasbindung, seltener Köperbindung.

Interlock. Wirkware, siehe auch Seite 26 und 27.

Jacquard. Sammelbegriff für alle großrapportigen, gemusterten Gewebe, die auf Jacquardmaschinen hergestellt werden, siehe auch Seite 26.

Jersey. Wirk- oder Strickware, siehe auch Seite 26 und 27.

Kattun. Leinwandbindiges, feinfädiges Gewebe aus Baumwolle.

Kretonne. Baumwollstoff aus mittelkräftigen Garnen in Leinwandbindung.

Linon. Mittelfeines, glänzendes Baumwollgewebe in Leinwandbindung.

Loden. Typisches Streichgarngewebe in unterschiedlicher Bindung. Der Flor entsteht durch Ausrüstungsmaßnahmen wie Walken, Rauhen u. a. Strichloden hat einen höheren Flor als Tuchloden.

Manchester (Genuacord). Dichter, kräftiger Rippensamt in Atlasbindung aus Baumwolle oder Viskose.

Molton. Baumwollgewebe in Köper- oder Leinwandbindung, meist beidseitig gerauht.

Musselin. Feinfädiger, bedruckter Stoff in Leinwandbindung mit weichem Griff. Aus Baumwolle, Wolle und zunehmend aus Chemiefasern.

Mull. Dünner, leinwandbindiger Stoff aus Baumwolle (z. B. Verbandmull).

Nessel. Sammelbegriff für ungebleichte Baumwollstoffe in Leinwandbindung.

Organdy. Feiner, durch Ausrüstung versteifter, fast transparenter Batist.

Organza. Hauchdünnes, durchsichtiges Gewebe aus Seide oder Chemiefasern in Leinwand- oder Atlasbindung.

Panama. Gewebe in Panamabindung (von der Leinwandbindung abgeleitet) mit jeweils mehreren Kett- und Schußfäden.

Pepita. Zwei- oder dreifarbiger Stoff mit kleiner Karo- oder Hahnentrittmusterung in Köper- oder Leinwandbindung, häufig aus Kammgarn.

Pfeffer und Salz. Kammgarnstoff in Köperbindung mit hell- und dunkelfarbigem Punktmuster.

Plüsch. Hochfloriger Samt aus Wolle oder Chemiefasern auf einem Grundgewebe aus Baumwolle.

Popeline. Leinwandbindiges Gewebe mit feinrippiger Struktur aus mercerisierter Baumwolle oder Viskose.

Renforcé. Baumwollstoff in Leinwandbindung, gröber als Kattun, feiner als Kretonne.

Rips. Gewebe in Ripsbindung (abgeleitete Leinwandbindung) mit ausgeprägten Rippen.

Samt. Sammelbezeichnung für Gewebe mit einem Flor, der sich auf einem Grundgewebe befindet. Im Gegensatz zu Plüsch ist Samt kurzflorig.

Satin. Gesteiftes, atlasbindiges Gewebe mit glatter, glänzender Oberfläche.

Seersucker. Gewebe mit Borkenkrepp-Struktur, die durch unterschiedlich straff gespannte Kettfäden entsteht.

Shantung. Gewebe aus Tussah- oder Bouretteseide, auch aus Baumwolle, Chemiefasern.

Shetland. Meliertes Streichgarngewebe mit aufgerauhter, verfilzter Oberfläche.

Single Jersey. Wirkware, siehe auch Seite 26 und 27.

Stretch. Elastisch-dehnbarer Stoff.

Taft. Glattes, leinwandbindiges Gewebe aus Chemiefasern oder Seide.

Tuch. Wollstoff in Leinwand- oder Köperbindung mit bestimmten Ausrüstungsmaßnahmen (Walken, Rauhen, Scheren u. a.).

Tüll. Gitterartiges oder netzartiges Gewebe in verschiedenen Ausführungen z.B. fein, grob, gemustert für Schleier, Vorhänge, Drapierungen.

Tweed. Üblicherweise Streichgarnstoff aus Wolle in Köperbindung, oft mit andersfarbigen, noppigen Wollfäden.

Twill. Überbegriff für gleichseitige Köpergewebe.

Velours. Sammelbegriff für samtige Florgewebe.

Velvet. Samtart mit glatter Oberfläche.

Velveton. Wildlederimitation aus Baumwolle (unechter Samt). Die samtige Oberfläche entsteht durch Rauhen und Schmirgeln.

Vichy. Leinwandbindiges Baumwollgewebe mit kleinen Karos in Weiß mit einer weiteren Farbe.

Voile. Sehr feines, leinwandbindiges Gewebe aus Baumwolle oder Chemiefasern mit Gitterstruktur, die durch Verwendung besonderer Zwirne entsteht.

Walkfrottier. Weiche, flauschige Frottierware, die auf der Frottierwebmaschine hergestellt wird.

Wirkfrottier. Elastische, weiche Frottierware, die auf der Kettenwirkmaschine hergestellt wird.

Zephir. Sehr feinfädiger, buntgewebter Batist.

Kennzeichnung von Textilien

Rohstoffkennzeichnung nach dem Textilkennzeichnungsgesetz

Grundlage ist das Textilkennzeichnungsgesetz, das alle Faserarten umfaßt und EG-weit Gültigkeit besitzt. Danach müssen die Rohstoffe der verarbeiteten Fasern in genauen Prozentanteilen, bezogen auf das Nettogewicht, genannt werden. Das gilt für Angaben an den Textilien selbst, die durch Einnähen, Einkleben und Anhängen erfolgen können, aber auch für Angebote in Katalogen und Anzeigen, selbst bei importierter Ware.

Nachfolgend Beispiele für Kennzeichnungen, wobei auch die genannten Faserarten nur als Beispiel zu verstehen sind:

Am eindeutigsten und verständlichsten ist die Kennzeichnung, wenn ein Artikel vollständig aus einem einzigen Rohstoff besteht.

| 100 % Baumwolle | oder | Reine Baumwolle | oder | Ganz Baumwolle | Beispiel |

Weniger Klarheit herrscht vielfach, wenn sich ein Artikel aus mehreren Faserarten zusammensetzt. Wenn der Anteil eines Rohstoffes an der Mischung mehr als 85 % beträgt, sieht die Kennzeichnung folgendermaßen aus:

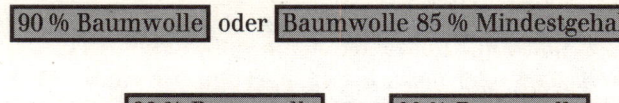

90 % Baumwolle oder Baumwolle 85 % Mindestgehalt

oder 90 % Baumwolle
10 % Modal oder 90 % Baumwolle
mit Modal

Wenn keine Faser in der Mischung einen Anteil von 85 % erreicht, müssen zumindest die beiden Hauptfasern in absteigender Reihenfolge genannt werden:

55 % Baumwolle
45 % Polyester

Beträgt der Anteil der beiden Hauptfasern zusammen weniger als 100 %, erfolgt die Aufzählung der übrigen Faserarten in absteigender Reihenfolge, mit oder ohne Prozentangaben:

55 % Baumwolle
25 % Viskose
20 % Polyester oder 55 % Baumwolle
25 % Viskose
Polyester

Es kann vorkommen, daß der Rohstoffanteil bei einer oder mehreren Faserarten weniger als 10 % ausmacht. Sie dürfen dann als »Sonstige Fasern« gekennzeichnet werden. Allerdings muß der Gesamtanteil der »sonstigen Fasern« angegeben werden.

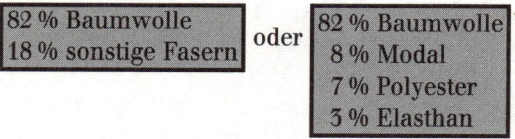

82 % Baumwolle
18 % sonstige Fasern oder 82 % Baumwolle
8 % Modal
7 % Polyester
3 % Elasthan

Wie aus dem letzten Beispiel ersichtlich ist, können auch Faseranteile, die unter 10 % liegen, gesondert gekennzeichnet werden.

Beim Kauf ist darauf zu achten, daß alle Textilien gekennzeichnet sind. Textilien ohne Kennzeichnung sollte man zurückweisen und die Verbraucher-Zentrale informieren.

Textilien aus mehreren Teilen, mit unterschiedlichen Faserarten, müssen gesondert gekennzeichnet werden. Beispiel: Rock mit Futter; beides muß gekennzeichnet sein.

Bei Textilien, die zwar aus mehreren Teilen bestehen, aber aufgrund der Fasergleichheit eine Einheit bilden, braucht nur ein Teil gekennzeichnet zu sein.

Beispiel: Kostümrock und -jacke, nur ein Teil ist kennzeichnungspflichtig.

Meterware zum Selbstschneidern trägt die Kennzeichnung auf der Wickelrolle, seltener noch auf der Webkante. Der Käufer hat das Recht, vom Verkaufspersonal eine zusätzliche, schriftliche Angabe über die Rohstoffzusammensetzung zu verlangen, zum Beispiel auf dem Kassenbon. Dies zu wissen, ist wichtig für die richtige Pflege, aber auch für Reklamationen.

Reklamationen müssen innerhalb von sechs Monaten nach dem Kauf erfolgen, danach ist die Frist verjährt.

Reklamationen
bei fehlerhafter Ware

Der Einkaufspreis muß erstattet werden, wenn der Artikel erheblich fehlerhaft ist. Dafür zuständig ist der Verkäufer, nicht der Hersteller. Man reklamiert zunächst einmal mündlich, dann schriftlich und setzt eine Frist. Dies ist notwendig, weil auch Klagen innerhalb von 6 Monaten nach dem Kauf erhoben werden müssen.

Bei Unstimmigkeiten hinsichtlich der Berechtigung einer Reklamation sollte man die Verbraucher-Zentrale einschalten.

Problematisch können gewisse Faserarten für Allergiker werden, weil trotz Etikett noch größere Prozentanteile ungenannt bleiben können. Beispiel: »Sonstige Fasern« oder »85 % Mindestgehalt«.

Aus diesem Grund können auch Probleme bei der Pflege auftreten, weil unter Umständen eine temperaturempfindliche Faserart mit geringen Prozentanteilen unerwähnt bleibt.

Unangenehme Überraschungen bei der Pflege sind auch häufig vorprogrammiert, wenn textile Rohstoffe mit anderen Stoffen, wie Leder oder Pelz, verarbeitet sind.

Deshalb ist es begrüßenswert, daß die meisten Hersteller zusätzlich zur Materialkennzeichnung eine Pflegekennzeichnung auf freiwilliger Basis durchführen.

Pflegekennzeichnung

Die international einheitlichen, sprachenunabhängigen Pflegesymbole sind Empfehlungen für die sachgemäße Pflege der damit ausgezeichneten Textilien und eine Gewähr, daß der Artikel bei der Pflege keinen Schaden nimmt.

Eine Garantie für die Sauberkeit stark verschmutzter Wäsche nach der empfohlenen Behandlung gibt die Kennzeichnung andererseits nicht.

Die Pflegekennzeichnung sollte in der Nähe der gesetzlich vorgeschriebenen Materialkennzeichnung angebracht sein. In der Regel befinden sich beide Kennzeichnungen auf einem Etikett, das üblicherweise an bestimmten Stellen befestigt ist.

auf einem Etikett:
Materialkennzeichnung
Pflegekennzeichnung

Das Etikett befindet sich
– bei Pullovern und Damenblusen hinten, oben am Halsausschnitt oder unten in der Seitennaht,
– bei Damenmänteln und Kostümen auf den Besätzen des Untertritts oder hinten, oben am Halsausschnitt,
– bei Damenröcken am Bund
– bei Herrenhemden hinten innen am Kragenbündchen oder unten in der linken Seitennaht,

- bei Herrenjacken, Mänteln, Freizeitjacken auf oder in der linken inneren Brusttasche, oder auf Besätzen oder Innenfutter, bei Wendejacken im Inneren der Tasche,
- bei Herrenhosen am Bund oder auf dem Taschenbeutel der rechten Gesäßtasche.

WASCHEN (Waschbottich)	95	95	60	60	40	40	30	Handwäsche	nicht waschen
	Normalwaschgang	Schonwaschgang	Normalwaschgang	Schonwaschgang	Normalwaschgang	Schonwaschgang	Schonwaschgang	Handwäsche	nicht waschen

Die **Zahlen** im Waschbottich entsprechen den **maximalen Waschtemperaturen**, die nicht überschritten werden dürfen. – Der **Balken** unterhalb des Waschbottichs verlangt nach einer (mechanisch) **milderen Behandlung** (zum Beispiel Schongang). Er kennzeichnet Waschzyklen, die sich zum Beispiel für pflegeleichte und mechanisch empfindliche Artikel eignen.

CHLOREN (Dreieck)	Cl			nicht möglich
	Chlorbleiche möglich			Chlorbleiche nicht möglich

BÜGELN (Bügeleisen)	•••	••	•	
	heiß bügeln	mäßig heiß bügeln	nicht heiß bügeln	nicht bügeln

Die Punkte kennzeichnen die Temperaturbereiche der Reglerbügeleisen.

CHEMISCH-REINIGUNG (Reinigungstrommel)	Ⓐ	Ⓟ	Ⓟ	Ⓕ	Ⓕ	⊗
	auch Kiloreinigung		Kiloreinigung nicht möglich			keine Chemischreinigung möglich
	möglich	mit Vorbehalt möglich				

Die **Buchstaben** sind für den Chemischreiniger bestimmt. Sie geben einen Hinweis auf die in Frage kommenden **Lösemittel**.
Der **Strich** unterhalb des Kreises verlangt bei der Reinigung nach einer **Beschränkung** der mechanischen Beanspruchung, der Feuchtigkeitszugabe und der Temperatur.

TUMBLER-* TROCKNUNG (Trockentrommel)	⊡	⊡	⊠
	Trocknen mit normaler thermischer Belastung	Trocknen mit reduzierter thermischer Belastung	Trocknen im Tumbler nicht möglich

Die Punkte kennzeichnen die Trocknungsstufe der Tumbler (Wäschetrockner)

* Anwendung vorerst fakultativ

Gütezeichen und Warenzeichen

Markenzeichen für schadstoffgeprüfte Textilien

Im Textilbereich gibt es nur noch wenige Gütezeichen. Diese Zeichen stehen für eine ständig neutral überwachte, hohe Qualität, die festgelegten Anforderungen entsprechen muß. Für die Gütesicherung zuständig ist der RAL, Deutsches Institut für Gütesicherung und Kennzeichnung e.V. (siehe Seite 77).

Eine Orientierung über die Herkunft textiler Erzeugnisse bieten auch die Warenzeichen, die firmenmäßig gebunden sind.

Sie geben ebenfalls eine gewisse Sicherheit, denn die meisten Hersteller bemühen sich darum, einen hohen Qualitätsstandard zu erhalten, den sie sich selbst auferlegen. Wird dieser Standard über lange Jahre gehalten oder noch verbessert, kann aus einem Warenzeichen ein Markenzeichen werden, mit dem der Verbraucher hohe Erwartungen verbindet. Waren- oder Handelszeichen, die mit einem ® gekennzeichnet sind, machen die Registrierung der Marke beim deutschen Patentamt kenntlich.

Eingetragenes
Warenzeichen

Wichtige Gesichtspunkte beim Einkauf von Textilien

Bekleidung und Heimtextilien haben unterschiedliche Funktionen zu erfüllen. Deshalb ist es wichtig, schon beim Kauf den späteren Verwendungszweck zu bedenken und bestimmte Maßstäbe anzulegen.

Pflegemöglichkeit des verwendeten Materials

Beim Kauf von Bekleidung wie von Heimtextilien spielt die Pflegemöglichkeit eine wichtige Rolle. Es ist im allgemeinen vorteilhaft, wenn Textilien waschbar sind.

Das Material sollte möglichst gleiche Pflegeeigenschaften haben, was bei Verarbeitung unterschiedlicher Faserarten oder Materialien (zum Beispiel Stoff mit Leder) nicht immer gegeben ist. Auch auf Dekorationen, wie Paspeln und Besätze ist dabei zu achten.

Wäsche oder
Reinigung

Chemische Reinigung von Textilien ist meist umständlicher und kostspieliger als waschen, die Umweltbelastungen sind größer. Chemisch gereinigt werden müssen in der Regel wertvolle Kleidungsstücke wie Mäntel, Anzüge, Kostüme und ähnliches.

Wer sehr wenig Zeit hat, sollte beim Kauf auch die Unterscheidung nach Maschinen- und Handwäsche bedenken.

Wichtige Information für all das gibt die Pflegekennzeichnung. Daran läßt sich auch der spätere Aufwand für die Bügelarbeit ablesen. Ein entscheidender Faktor hierfür ist die Knitterneigung bestimmter Stoffe und ihre Knittererholung. Man kann dazu den Stoff einige Sekunden lang fest zusammenpressen und testen, wie schnell sich die Knitterfalten wieder glätten.

Knitterneigung

Für alle, die einen Trockner besitzen, kann auch die Frage nach der Trockenmöglichkeit von Bedeutung sein, deren Beantwortung sich häufig aus der Pflegekennzeichnung ergibt.

Trocknen

Zweckmäßigkeit des verwendeten Materials

Es ist einleuchtend, daß bei Bekleidung und Heimtextilien zum Teil verschiedene Maßstäbe an die Zweckmäßigkeit angelegt werden müssen.

Kleidung	Schutz vor Witterungseinflüssen, Warmhaltevermögen, Luftdurchlässigkeit und Saugfähigkeit, Tragekomfort, Strapazierfähigkeit und andere Aspekte sind wichtige Faktoren bei der Auswahl des Materials für ein bestimmtes Kleidungsstück. Für Leibwäsche und Oberbekleidung sind Naturfasern zu bevorzugen.
Heimtextilien	Heimtextilien werden meist unter zwei verschiedenen Gesichtspunkten ausgesucht. Bei Hand- und Geschirrtüchern sowie bei Bettwäsche, die vorwiegend praktischen Zwecken dienen, werden ähnliche Eigenschaften wie für Bekleidung gewünscht. Steht hingegen die dekorative Funktion im Vordergrund (Gardinen Möbelbezüge, Teppiche und teilweise auch Tischwäsche), sind Eigenschaften wie repräsentatives Aussehen, Strapazierfähigkeit, Lichtechtheit und ähnliches von Belang.

Es bleibt allerdings festzustellen, daß eine enge Abgrenzung zwischen »praktischen« und »schmückenden« Heimtextilien kaum möglich ist, denn vielfach sind die Übergänge fließend.

Verarbeitung und Paßform

	Bei Heimtextilien, mehr jedoch bei Kleidungsstücken, spielt neben der Qualität des Materials die Verarbeitung eine wichtige Rolle für die
Gebrauchsfähigkeit	Gebrauchsfähigkeit und das vermittelte Wohlbefinden. Grundsätzlich sollten Schwachstellen besonders beachtet werden: Nähte und Nahtzugaben, Säume, Knöpfe, Knopflöcher, Reißverschlüsse. Deshalb ist jeder Artikel nicht nur von außen, sondern auch von innen anzusehen.

Mehr noch als beim Material können Modeströmungen bei der Verarbeitung von Kleidung eine Rolle spielen. Häufig bestimmt dieser Gesichtspunkt allein oder vordergründig die Kaufentscheidung.

Bekleidung muß zusätzlich eine gute Paßform haben. Die Kleidung sollte passen, sie darf weder einengen noch unerwünscht weit sein.

Preis

Preisvergleiche sind unverzichtbar	Regelrecht zu Buche schlagen kann bei der Kaufentscheidung der Preis. Textilien können teuer, preiswert oder gar billig sein, haben aber im allgemeinen ihren Preis. Er richtet sich nach dem verwendeten Material und der Ausrüstung. Zudem spielt die Größe des Textils eine Rolle, etwa beim Stoffkauf, aber auch bei Tischtüchern, Bettwäsche und den unterschiedlichen Konfektionsgrößen von Bekleidungsstücken.
Mode und Qualität	Das ist soweit klar und einsichtig. Wenig verständlich sind allerdings oft erheblich höhere Preise bei keinesfalls höherem Gebrauchswert, wenn es um modische Aspekte geht. Da kann das gleiche Kleidungsstück in einer topmodischen Farbnuance mehr kosten als eines in einer weniger aktuellen Farbe.

Zu bevorzugen sind beim Kauf naturbelassene Textilien, besonders bei Unterwäsche, Oberbekleidung und Bettwäsche, selbst wenn diese Textilien teurer sind. Qualitativ hochwertige Stücke sind im Endeffekt meist preiswerter als kurzlebige, supermodische Teile, die schon nach kurzer Zeit weggeworfen werden und dann auch die Umwelt belasten.

Maschinen und Geräte für die Wäschepflege

Beim Kauf von Maschinen und Geräten für die Wäschepflege spielen viele Faktoren eine Rolle: Eignung, Handlichkeit, Umweltverträglichkeit, Unfallsicherheit, Reinigungsmöglichkeit, Lebensdauer, Reparaturanfälligkeit, Preis und anderes.

Besonders bei Großgeräten werden zahlreiche Informationsmöglichkeiten angeboten.

Beim Kauf ist darauf zu achten, daß der Garantieschein vom Händler ausgefüllt wird. – Er wird mit Rechnung, Kundendienstadressen und Notiz des Gerätetyps und der Gerätenummer sorgfältig aufbewahrt.

Auch Bedienungsanleitungen sollten aufbewahrt werden, entweder gesammelt in einem Ordner oder in einer Sichthülle am Gerät. Weitere Informationsmöglichkeiten bieten auch Typenschilder, Prüf- und Sicherheitszeichen, siehe Seite 71. Die Frage nach Reparaturmöglichkeiten (Kundendienst) und Ersatzteilbeschaffung ist beim Kauf vor allem dann wichtig, wenn es sich um Auslaufmodelle oder um weniger bekannte Fabrikate handelt.

Waschmaschinen

Ohne maschinelle Hilfe ist der Waschtag nicht mehr vorstellbar, und so besitzen heute 98 % aller Haushalte eine Waschmaschine. Es lassen sich mehrere Typen unterscheiden.

Frontlader

Waschmaschinentypen

Waschvollautomaten sind die meistverkauften Geräte. Sie leisten über vielfältige Programme alle Arbeiten, von Vorwäsche über Waschen, Spülen und Schleudern. Neuere Modelle ermöglichen sogar das Einweichen mit speziellen Einweichprogrammen.

Es gibt Waschvollautomaten als Frontlader, die von vorn beschickt werden und als Stand- oder als Unterbaugerät konzipiert sind. Neben den Frontladern gibt es von oben zu beschickende Toplader als Standgeräte; diese auch als raumsparende Ausführungen in kleineren Abmessungen.

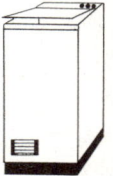

Toplader

Waschkombinationen und einfache Waschautomaten verschwinden immer mehr vom Markt, weil die Wäsche zum Schleudern umgepackt werden muß.

Bei Waschkombinationen befindet sich eine Schleuder neben der Waschmaschine im gleichen Gehäuse.

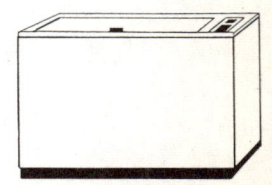

Waschkombination

Bei einfachen Automaten ist eine separate Schleuder zum Entwässern notwendig.

Waschtrockner ermöglichen den Ablauf des gesamten Wasch- und Trockenprozesses in einem Gerät.

Neben dem hohen Anschaffungspreis besitzen die Geräte noch einen großen Nachteil: Nur die Hälfte der jeweils gewaschenen Textilmenge kann getrocknet werden, weil die Größe der Trommel nur der einer herkömmlichen Waschmaschine entspricht. Die andere Hälfte muß in einem zweiten Trockengang getrocknet werden.

Einsparungen durch neue Techniken

Um Waschmittel, Wasser und Strom zu sparen, wurden bei neueren Modellen spezielle Ausrüstungen geschaffen.

spart Waschmittel   **Öko-Schleuse.** Gerade bei älteren Modellen versickert ein Teil des Waschmittels ungenutzt im sogenannten Sumpf unterhalb des Laugenbehälters. Durch Einbau eines Klappen- oder Kugelventils wird dies verhindert.

Direkt-Einspülsystem. Beim Direkt-Einspülsystem wird das Waschmittel, anders als bei älteren Maschinen, nicht in den Laugenbehälter, sondern gleich in die Trommel eingespült. Bis zu 30 % an Waschmittel kann so eingespart werden.

spart Waschmittel Wasser und Strom   **Umflut-System (Jet-System).** Die Waschlauge wird ständig aus dem Laugenbehälter nach oben gepumpt, dann wird die Wäsche in der Trommel von oben besprüht. Einsparung: 20 % Wasser, 30 % Waschmittel und 25 % Strom.

Oberwasser-System oder Schöpfrippentechnik. Die Waschlauge wird durch kleine Schaufeln an der Außenseite der Trommel aus dem Laugenbehälter nach oben transportiert und auf die Wäsche gesprüht.

Darauf ist beim Kauf zu achten

Spar- oder ½-Tasten. Bei halber Füllung wird nur etwa halb soviel Waschmittel gebraucht. Jedoch sinken die Energiekosten nicht um die Hälfte: Beim Strom beträgt die Ersparnis 25 %, beim Wasser 35 %.

Energiesparprogramm. Das Kochwaschprogramm mit E wird um 20–30 Minuten verlängert, dafür beträgt die Höchsttemperatur nur 60 °C. Dadurch kann der Stromverbrauch um ca. 40 % gesenkt werden.

Technische Daten. Strom- und Wasserverbrauch, Lautstärke, Wassersicherheitssystem, hohe Schleuderdrehzahl (1000–1400 U/min), besonders wenn anschließend im Trockner getrocknet werden soll; Unwuchtüberwachung bei hoher Schleuderdrehzahl.

Der Produkt-Information sind die Verbrauchswerte sowie Füllmenge und Schleuderdrehzahl zu entnehmen. Zusätzlich ist auf das Typenschild und aus Sicherheitsgründen auf das VDE-Zeichen zu achten.

Neueste Waschmaschinen-Modelle sind bereits mit automatischen Dosiersystemen ausgestattet. Maschinen- und Waschmittelhersteller arbeiten hierbei zusammen; der Käufer ist auf eine bestimmte Marke festgelegt, die automatisch je nach gewähltem Programm zudosiert wird.

Waschmaschinen mit Ionenaustauscher enthärten ähnlich wie Spülmaschinen das Wasser. Da sie auch bei niedrigen Waschtemperaturen völlig unnötigerweise das Wasser enthärten, ist ein hoher Salzverbrauch die Folge.

Auch über die Möglichkeit, das Gerät je nach Gegebenheit an ein vorhandenes Warmwassernetz anzuschließen, sollte man sich beim Kauf informieren.

Die richtige Entscheidung spart Kosten, Energie und Arbeit

Übrigens...

Die meisten Dosierungsempfehlungen auf den Waschmittelpackungen beziehen sich auf modernere Maschinen.

Da neue Techniken betont an Klarspülwasser sparen, sollten Personen mit empfindlicher Haut diese Tatsache beim Kauf einer neuen Waschmaschine bedenken. Gegebenenfalls sollte eine Maschine bevorzugt werden, die die Möglichkeit eines zusätzlichen Spülganges bei der Programmwahl bietet.

Mit ungeeigneten Mitteln sollte man nicht experimentieren. Die Maschine kann beschädigt werden, wenn zum Beispiel Essig in höherer Konzentration im letzten Spülgang als Ersatz für Weichspüler verwendet wird.

Nach Reinigung des Flusensiebes befindet sich in der Maschine zwangsläufig kein Wasser mehr. Läßt man vor der Zugabe des Waschmittels etwa 1 l Wasser über die Einspülkammer einfließen, so wird verhindert, daß sich beim nachfolgenden Waschgang ein Teil des Mittels unterhalb des Laugenbehälters (Sumpf) absetzt und damit beim Waschgang unwirksam bleibt.

Die Aussage »Doppelter Verriegelungsmechanismus« in Gerätebeschreibungen bedeutet:
– Nur wenn die Einfüllöffnung verschlossen ist, startet nach Betätigung der Einschalttaste das Programm.
– Nach dem Starten des Programms darf sich die Maschine nicht mehr öffnen lassen.

Wäschetrockner

Manche schelten den Wäschetrockner als zusätzlichen Stromfresser, andere loben ihn als nützliches Gerät für die Wäschepflege. Im Gegensatz zur Waschmaschine, für die es keine Alternative gibt, ist zumindest der Wäschetrockner nicht unumstritten.

Vor allem der hohe Anschaffungspreis, die laufend hohen Stromkosten und der Platzbedarf für das Gerät werden von den Kritikern ins Feld geführt.

Die Befürworter halten ihre Argumente dagegen: Die Wäsche kann jederzeit witterungsunabhängig, zeitsparend und kraftsparend getrocknet werden. Neue Anschmutzungen im Verlauf der Trockenzeit sind ausgeschlossen, während sie beim Trocknen auf der Leine durch Staub, Abgase, Fliegen oder Vögel vorkommen können. Es wird weniger Wäsche benötigt, da sie schneller wieder verfügbar ist. Die Wäsche ist weicher und fülliger als nach dem Trocknen auf der Leine.

Ablufttrockner

Die Trockner saugen mit Hilfe eines Ventilators trockene Raumluft an und erwärmen diese beim Trockenvorgang. Die erwärmte Luft durchströmt die Wäsche, wodurch ihr die Feuchtigkeit entzogen wird.

Die feuchte Luft wird aus dem Gerät nach außen abgegeben, entweder über einen Abluftschlauch oder ein Rohr ins Freie oder zurück in den Raum, der sich dann sehr gut belüften lassen muß.

Abluftgeräte sind meist in Anschaffung und Stromverbrauch am preisgünstigsten.

Nachteil: Da die erwärmte Luft nach außen abgegeben wird, können bei diesem System die Heizkosten steigen, wenn der Raum warm bleiben soll.

Ablufttrockner

Kondensationstrockner

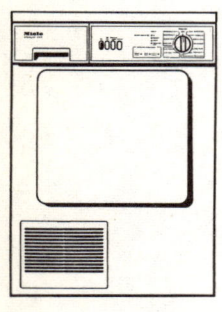

Kondensationstrockner saugen ebenfalls Raumluft an. Kühle Luft beschleunigt den Trockenvorgang, warme Luft verzögert ihn.

Der beim Trocknen entstehende Wasserdampf wird jedoch nicht mit der Luft nach außen geleitet, sondern meistens durch Luftkühlung verflüssigt und in einem Behälter gesammelt oder direkt über einen Schlauch abgeleitet, zum Beispiel in ein Abflußbecken.

Die trockene, erwärmte Luft wird wieder an den Raum abgegeben, der gut belüftbar und nicht zu klein sein sollte. Zum Anschließen benötigt das Gerät lediglich eine Steckdose.

Kondensationstrockner

Steuerungsmöglichkeiten

Beide Trocknersysteme gibt es entweder zeitgesteuert oder feuchtigkeitsabhängig (elektronisch) gesteuert.

Zeitgesteuerte Geräte erfordern die Vorwahl einer bestimmten Trockenzeit, danach schaltet der Trockner automatisch ab. Fehleinschätzungen können zum Übertrocknen der Wäsche und damit zu einem unnötig hohen Stromverbrauch und zu starken Knittern in der Wäsche führen.

Feuchtigkeitsabhängig oder elektronisch gesteuerte Geräte besitzen Einstellungsmöglichkeiten, zum Beispiel für mangeltrockene, bügeltrockene oder schranktrockene Wäsche.

Abtastelektroden (Sensoren) tasten die Wäsche ab und überprüfen den Trocknungsgrad. Wenn der gewünschte Trocknungsgrad erreicht ist, schaltet das Gerät automatisch ab.

Übrigens...

Gerade beim Einsatz eines Trockners ist gut ausgeschleuderte Wäsche Grundvoraussetzung für stromsparendes Trocknen. Die Wäsche sollte mit mindestens 1000 Umdrehungen/Minute ausgeschleudert sein. Es ist weitaus billiger, Feuchtigkeit aus der Wäsche zu schleudern, als sie elektrisch herauszutrocknen.

Rat zu
Benutzung
Planung
Kauf

Das Flusensieb ist nach jedem Trockengang zu reinigen.

Der dem Trockner vielfach angelastete Wäscheabrieb in Form von Flusen ist weitgehend unbegründet: Meist findet der Abrieb von Flusen schon beim Waschen statt, und beim Trocknen auf der Leine bleiben die Flusen entweder auf der Wäsche haften oder werden vom Wind fortgetragen. Im Flusensieb des Trockners gesammelt, fallen sie hingegen dem Betrachter einfach mehr auf.

Reversierende Trommel: Die Trommel dreht sich während des Trocknens abwechselnd links und rechts herum.

Waschmaschine und Trockner sollten nebeneinander, übereinander (Trockner auf einem speziellen Gestell über der Waschmaschine) oder gegenüber aufgestellt werden. Dadurch lassen sich lange Transportwege einsparen.

Ein halb gefülltes Gerät braucht keineswegs nur etwa halb soviel Strom wie ein optimal gefülltes. Deshalb sollte man die Füllmenge stets voll ausnutzen.

Vor dem Kauf eines Geräts sollte man Verbrauchswerte und Trockenzeiten verschiedener Fabrikate und Modelle genau vergleichen.

Das Fassungsvermögen des Trockners sollte dem der Waschmaschine entsprechen, zum Beispiel sollten beide 4,5 oder 5 kg Trockenwäsche aufnehmen können.

Informieren Sie sich bei Verbraucherberatungsstellen und der Stiftung Warentest. Aus Sicherheitsgründen sollte das Gerät mit dem VDE-Prüfzeichen versehen sein.

Bügelmaschinen

Bügelmaschinen machen sich bezahlt in Haushalten, wo umfangreiche Mengen an Wäsche und größere Teile zu bewältigen sind. Sie ermöglichen es, mit einiger Übung fast alle Wäschestücke zeit- und kräftesparend zu glätten.

Im Handel sind Stand-, Klapp-, Einbau- und Tischgeräte erhältlich. Standgeräte sind immer betriebsbereit, Klapp- und Tischmodelle beanspruchen nur wenig Platz, während sich Einbaugeräte dem Mobiliar am besten anpassen.

Die Walze ist entweder ein- oder beidseitig gelagert.

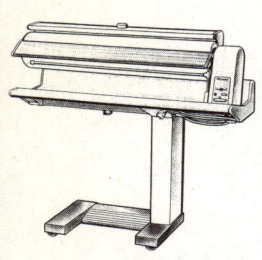

Standmodell mit einseitig gelagerter Walze

Einseitig gelagerte Walzen bieten den Vorteil, daß sich zum Beispiel Wäschestücke mit Rockteil besser überziehen lassen. Es besteht allerdings die Gefahr, daß der Anpreßdruck mit der Zeit an der offenen Walze nachläßt.

Beidseitig gelagerte Walzen sind stabiler verankert und erbringen oft länger gleichmäßige Bügelergebnisse, weil der Anspreßdruck an beiden Seiten gleich groß ist.

Im Handel werden zwei unterschiedliche Walzenbreiten angeboten: 65 und 85 cm. Eine 85er Walze bietet den Vorteil, daß beispielsweise ein Kopfkissen in einem Durchlauf geglättet werden kann. Die schmälere Walze ist zu empfehlen, wenn vornehmlich kleinere Wäschestücke gebügelt werden sollen und viele Herrenhemden anfallen.

Der Abstand zwischen Bügelwalze und Bügelmulde sollte groß genug sein, die Abhubhöhe mindestens 3 cm betragen.

Wichtig ist die Beschaffenheit des Wäschestapelraumes. Er sollte auch große Wäschestücke noch gut aufnehmen.

Manche Geräte sind mit elektronischer Walzendrehzahlregulierung ausgestattet. Der Vorteil ist, daß sich bei feuchter Wäsche die Walze langsamer dreht; die Hitze kann länger einwirken.

Nachteil: Beim Bügeln trockener Wäsche dreht sich die Walze relativ schnell, unter Umständen zu schnell für Personen mit wenig Übung.

Bei 85er Walzen sollten die Temperaturwähler für jede Seite getrennt einschaltbar sein. So braucht nur eine Seite aufgeheizt zu werden, wenn einmal nur wenige Kleinteile zu bügeln sind.

Beim Kauf ist auf den Energieverbrauch zu achten. Ein Gerät mit niedrigerem Energieverbrauch heizt allerdings meist langsamer auf und nach. Das Gerät sollte die Möglichkeit eines Walzenfreilaufes besitzen und aus Sicherheitsgründen mit einem Fingerschutz versehen sein.

Die Funktion des Fußpedals oder Fußschaltbrettes sollte man vor dem Kauf ausprobieren, um später beim Arbeiten Ermüdungen und Verkrampfungen der Beine und Füße zu vermeiden.

– Bei ganz durchgetretenem Fußschalter sollte sich die Bügelmulde senken und bei gleichzeitiger Drehung der Walze das Bügeln ermöglichen.

– Bei halb durchgetretenem Fußschalter sollte sich die Bügelmulde ebenfalls senken, aber die Walze in Ruhestellung (Dämpfstellung) verharren.

Eine umgekehrte Funktionsweise erfordert beim Bügeln großer Wäschemengen äußerste Anstrengung und führt zu schneller Ermüdung.

Breite Fußschaltbretter sind den einseitig zu bedienenden Fußpedalen vorzuziehen, weil beide Beine gleich belastet werden.

Es gibt auch Schalter, die in Kniehöhe mit dem Bein betätigt werden.

Zum Auskühlen gebügelter Wäscheteile befindet sich oft an der rechten Seite eine ausziehbare und schwenkbare Wäschestange. Für den kontinuierlichen Arbeitsablauf eines Rechtshänders wäre die Ablage an der linken Geräteseite sinnvoller.

Anfeucht-Automatik oder Wäschebefeuchter verteuern die üblichen Bügelmaschinen. Laut Firmenwerbung soll durch diese Zusatzeinrichtung das Einsprengen der Bügelwäsche erspart werden. Tatsächlich feuchten sie die Wäsche an, allerdings häufig sehr ungleichmäßig, so daß die Investition gut überlegt werden sollte.

Bügeleisen

Anders als eine Bügelmaschine fehlt ein Bügeleisen in kaum einem Haushalt.

Dampfbügeleisen besitzen im Unterschied zu herkömmlichen Trockenbügeleisen einen kleinen Behälter für Wasser, das beim Bügeln als Dampf durch kleine Öffnungen an der Bügelsohle austritt. Dadurch braucht die so befeuchtete Wäsche nicht mehr eingesprengt zu werden; Zeit- und Kraftaufwand für diese Arbeit entfallen, außerdem die Wartezeit zum Durchziehen. Dampfbügeleisen

Wenn das Dampfbügeleisen destilliertes Wasser benötigt, muß man dies nicht unbedingt kaufen; das verursacht auf Dauer unnötige Kosten.

– Es gibt Schnellentkalkungsgeräte als Durchlauffilter, in denen das Wasser mit Hilfe eines speziellen Granulates entkalkt wird.

– Wer einen Kondensationstrockner besitzt, kann das aufgefangene Kondenswasser verwenden. Vorher sollte es durch eine Kaffeefiltertüte gesiebt werden, damit Flusen und andere Rückstände die Dampfdüsen nicht verstopfen.

Das Glätten der Textilien erfolgt durch Hitzeeinwirkung, nicht durch Kraftanstrengung oder Gewicht.

Deshalb sollten Trockenbügler nur 600–800 g und Dampfbügeleisen höchstens 1200 g wiegen. darauf ist zu achten

Eine gewisse Standfestigkeit ist Voraussetzung, wenn das Bügeleisen auf dem Heck steht. In Bügelpausen wird das Gerät stets auf dem Heck abgestellt, dadurch wird die Dampfentwicklung unterbrochen und das Sengen von Textilien ist ausgeschlossen.

Der Griff muß gut in der Hand liegen und sollte mit beidseitigen Daumenmulden versehen sein. Das Kabel soll in der oberen Mitte des Heckteils angebracht sein und sich selbst in eine andere Richtung drehen können.

Wenn die Stromzuleitung seitlich in das Gerät führt, kann sie möglicherweise behindern, wenn das Bügeleisen in die andere Hand genommen wird.

Die Kabellänge von 1,8 oder 2 m soll einen ausreichend großen Bewegungsradius ermöglichen. Eine Kabelaufwicklung ist praktisch zum Aufbewahren des Gerätes.

Bei Bügeleisen ohne Kabel (»Cordless«) muß unter Umständen während der Aufheizzeit auf der Ladestation mit Wartezeiten gerechnet werden. Der Stromverbrauch ist meistens höher als bei herkömmlichen Geräten. Dafür entfallen Behinderungen und Unfallgefahren durch das Kabel.

Sicherheits-Bügelautomaten Sicherheits-Bügelautomaten schalten die Stromzufuhr ab und geben ein akustisches Warnsignal
– nach 15–30 Sekunden, wenn das Bügeleisen unbenutzt in Arbeitsstellung auf der Bügelsohle steht,
– nach 8–10 Minuten, wenn das Gerät unbewegt in Ruhestellung auf dem Heck steht,
– sofort, wenn das Eisen seitlich umfällt.
Der Überhitzungsschutz verhindert beim Überschreiten einer Höchsttemperatur, zum Beispiel durch Ausfall des Temperaturreglers die weitere Stromzufuhr.

Sprühdüse Fast alle Dampfbügeleisen besitzen eine Sprühdüse (praktisch zum Korrigieren versehentlich eingebügelter Falten) und eine Dampfstoßvorrichtung. Bei vielen Modellen läßt sich die Dampfmenge regulieren. Vorteilhaft ist eine möglichst große Anzahl Düsen. Ein Gerät, in dem sich Leitungswasser verwenden läßt, ist einem solchen für destilliertes Wasser vorzuziehen.

Bügelsohle Die Bügelsohle ist aus Aluminium oder Edelstahl, häufig verchromt oder beschichtet. Kunststoffbeschichtete Bügelsohlen haben den Vorteil, sehr gleitfähig zu sein und zu bleiben, nachteilig ist ihre größere Empfindlichkeit gegenüber Kratzern.

Bügeleinstellungen Praktisch sind Geräte mit abnehmbarem Wassertank, sie können je nach Wäscheart auch wie ein herkömmliches Trockenbügeleisen genutzt werden.
Der übliche Temperaturbereich von 50–220 °C wird durch drei unterschiedliche Stellungen gekennzeichnet:

1 Punkt: Chemiefasern
2 Punkte: Seide, Wolle, Mischgewebe
3 Punkte: Baumwolle, Leinen

Nähmaschinen

Nähmaschinen bieten je nach Ausstattung eine Fülle von Möglichkeiten. Keinesfalls sind sie nur primitive Nähgeräte, denn neben allerhand Raffinessen können sie auch bei Ausbesserungsarbeiten gute Dienste leisten.
Es gibt Nutzstich-, Zickzack-, Zierstich- oder Superelektronik-Nähmaschinen.
Vor dem Kauf einer Nähmaschine ist zu klären, welche Näharbeiten mit der Maschine ausgeführt werden, damit man sich keine unnötigen Extras aufschwatzen läßt, die viel Geld kosten, aber vielleicht nie

gebraucht werden. Normalerweise sind Geradstich, Zickzack-Stich und 3 bis 6 Nutzstiche sowie eine Knopflochautomatik völlig ausreichend. Eine Freiarm-Nähmaschine hat den Vorzug, daß sich mit ihr mühelos Flick- und Näharbeiten in Ärmeln und Hosenbeinen durchführen lassen, ein wichtiger Gesichtspunkt, zum Beispiel beim Nähen von Kinderkleidung.

Zum Nähen großer Teile lassen sich Freiarm-Nähmaschinen durch das Anbringen eines Anschiebetisches mit einem Handgriff in eine Flachbett-Maschine verwandeln.

Koffer-Nähmaschinen benötigen weniger Platz, bei Schrankgeräten kann dagegen weit mehr Zubehör untergebracht werden.

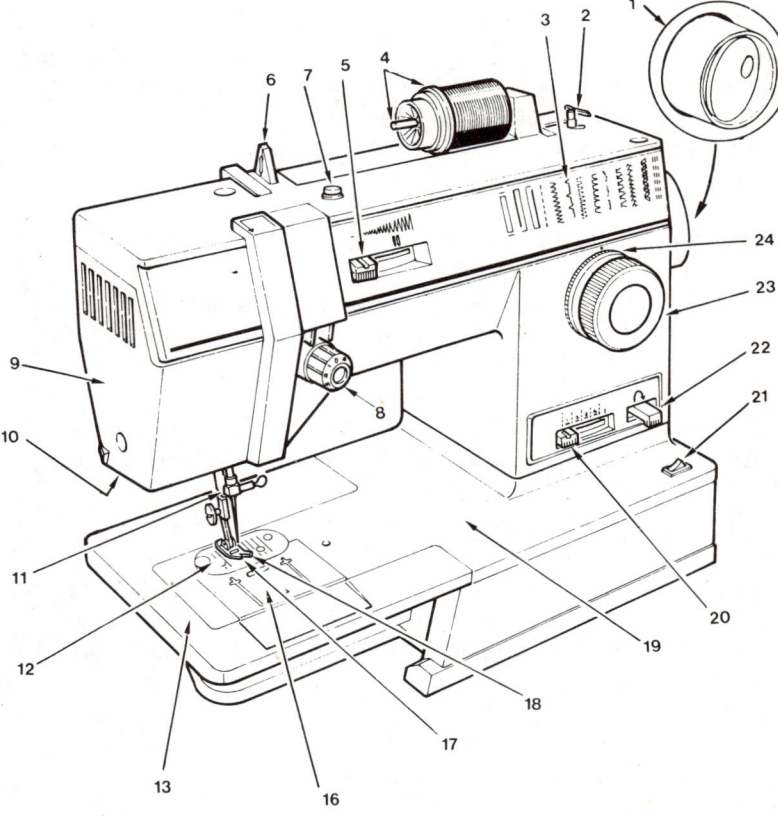

1 Das Handrad
2 Die Spuleinrichtung
3 Die Stichmusterskala
4 Der waagrechte Garnrollenhalter und der Garnableiter
5 Der Stichweitenwählknopf
6 Die Einschnapp-Fadenführung
7 Die Fadenvorspannung
8 Fadenspannwähler zur Kontrolle der Oberfadenspannung
9 Der Kopfdeckel
10 Die Nählampe
11 Die Spezial-Nadelklammer
12 Die Stichplatte
13 Der Anschiebetisch
16 Der Schieber
17 Das Transportsystem
18 Der Nähfuß
19 Das Bett
20 Der Stichlängenhebel
21 Der Strom- und Lichtschalter
22 Der Rückwärtshebel
23 Der Stichmusterwählknopf
24 Der Stichausgleichring

Wasch- und Waschhilfsmittel

Häufig werden die Hersteller von Wasch- und Putzmitteln für den derzeitigen Grad der Umweltbelastung verantwortlich gemacht. Dies ist mit Sicherheit unfair, solange ihnen jedes auf den Markt geworfene Mittel vom Endverbraucher abgenommen wird. Mit wachsendem Umweltbewußtsein sind Waschmittel zunehmend ins Kreuzfeuer der Kritik geraten. Das kann nur begrüßt werden, denn oft wird zur Entfernung einer relativ geringen Schmutzmenge eine viel zu große Waschmittelmenge eingesetzt. Die Mittel belasten die Umwelt oft mehr, als es der Schmutz tun würde. Ein konsequenter Verzicht auf Waschmittel ist unmöglich, doch kann bei Kauf und Anwendung der Umwelt und der Gesundheit zuliebe einiges getan werden.

Einkauf

Angaben auf der Packung

Die Waschmittelpackung muß folgende Angaben enthalten:
- Handelsname des Mittels mit der achtstelligen Anmeldenummer, unter der die Rahmenrezeptur des Mittels beim Umweltbundesamt registriert ist.
- Name oder Firmenbezeichnung und Ort der Hauptniederlassung des Herstellers, Einführers, Vertriebsunternehmens oder Verbringers.
- Wirkstoffgruppen und Inhaltsstoffe.
- Dosierungsempfehlungen in Milliliter, nicht in der Anzahl der – oft unterschiedlich großen – Meßbecher
- Ergiebigkeit bzw. Reichweite des Mittels für alle Wasserhärtebereiche. Daraus ergibt sich, wieviel Kilogramm Trockenwäsche mit einem Kilogramm des Mittels im Einbadverfahren – ohne Vorwäsche – gewaschen werden kann.

Darüber hinaus sind weitere Angaben möglich oder erforderlich, zum Beispiel Warnhinweise, Gefahrensymbole.

Werbesprüche, die oft keinen oder nur wenig Informationsgehalt haben, sollte man ignorieren.

Sogenannte »Bio«-Produkte sind oftmals nicht umweltverträglicher als herkömmliche Mittel, deshalb ist es empfehlenswert, die Inhaltsstoffe zu studieren. Umweltfreundliche Waschmittel gibt es, allen Reklamesprüchen zum Trotz, nicht. Manche Produkte können jedoch weniger umweltbelastend sein.

Billige Mittel müssen nicht zwangsläufig schlechter sein als teure.

Auf manche Spezialmittel kann verzichtet werden, wenn deren Sinn fragwürdig ist, wie Waschverstärkertücher.

Auch auf die Verpackung ist zu achten. Überflüssige oder aufwendige Verpackungen, oft in doppelter oder dreifacher Ausfertigung, belasten bei Herstellung und Beseitigung unnötig die Umwelt. Das kann ebenfalls für das Material, zum Beispiel chlorhaltiges PVC, Spraydosen aus Aluminium oder Weißblech zutreffen. Unnötiges Verpackungsmaterial entsteht auch beim Kauf mehrer kleiner Verpackungseinheiten, wo eine Großpackung möglicherweise angebrachter wäre. Konzentrate und sogenannte »Kompakte« (= pulverförmige Waschmittel, bei denen der Gehalt an Stellmitteln stark verringert wurde) reduzieren ebenfalls den Bedarf an Verpackungsmaterial.

Verpackungen

Konzentrate

Konzentrierte Mittel und solche mit problematischen Inhaltsstoffen müssen kindersicher verpackt sein. Warnhinweise sollten nicht fehlen, wenn von den Mitteln besondere Gefährdungen ausgehen können.
Generell sollte die Möglichkeit bestehen, das Mittel einfach zu entnehmen und nach Gebrauch die Packung wieder leicht und dicht zu verschließen.
Auf Sprays kann man verzichten. Umweltverträglicher sind Sprühflaschen mit Pumpzerstäuber.

Übrigens...

Nachfüllpackungen reduzieren zwar den Verpackungsmüll, schlagen aber preislich kaum zu Buche:
Die Ersparnis beträgt laut Stiftung Warentest nur 5–10 %.
Fast alle Waschmittel sind heute phosphatfrei, sie haben sich bei den Verbrauchern durchgesetzt.
Gebrauch von Waschmitteln siehe Seite 55.

Inhaltsstoffe von Waschmitteln

Auf den Verpackungen von Waschmitteln müssen die Inhaltsstoffe in allgemein verständlicher Form angegeben werden. Für viele Normalverbraucher sind indes die Angaben oft reinstes Fachchinesisch, zumal unterschiedliche Bezeichnungen für ein und dieselben Wirkstoffe gewählt werden. Schon deshalb ist es wichtig, sich mit den Angaben vertraut zu machen. Und nicht zuletzt im Interesse von Umwelt und Gesundheit sollten alle, die mit Waschmitteln umgehen, die Bezeichnungen kennen, denn es handelt sich stets um Chemikalien, mit denen verantwortungsbewußt umzugehen ist, gerade weil sie scheinbar selbstverständlich zum Alltag gehören.

Tenside

Auch als waschaktive Substanzen oder Waschrohstoffe bezeichnet, sind Tenside wichtiger Bestandteil von Wasch- und Reinigungsmitteln. Ältestes und bekanntestes Tensid ist die Seife, ein anionisches Tensid, hergestellt aus Fett und Natron- oder Kalilauge.

waschaktive Substanzen

Seife wird nur begrenzt als Schaumregulator eingesetzt, weil ihre Waschkraft bei niedrigen Temperaturen unzureichend ist und bei hohen Temperaturen ein Teil der Seife als unwirksame Kalkseife ausfällt.

Heute werden Tenside vorwiegend synthetisch produziert aus den Rohstoffen Erdöl, Kohle und Calcium-Karbid.

Es lassen sich mehrere Tensid-Gruppen unterscheiden:
anionische Tenside, nichtionische Tenside, amphotere Tenside und kationische Tenside.

Anionische Tenside sind mengenmäßig am stärksten vertreten. Zusammen mit nichtionischen Tensiden werden sie bei Waschmitteln am häufigsten als Kombination eingesetzt. In Weichpflegemitteln kommen überwiegend kationische Tenside zum Einsatz.

Wirkung von Tensiden Tenside setzen die Oberflächenspannung des Wassers herab. Dadurch kann das Wasser die verschmutzte Oberfläche benetzen und durchdringen. Die Schmutzpartikel werden – mit zusätzlicher Hilfe weiterer Inhaltsstoffe – von der Oberfläche gelöst, abgehoben und in der Schwebe gehalten. Selbst fetthaltige Schmutzteilchen können sich nicht mehr auf der Oberfläche von gereinigten Fasern absetzen. Aus ökologischer Sicht stellt die Abbaubarkeit der Tenside ein Problem dar, weil die Abbauprodukte bestimmter Tenside in höheren Konzentrationen fisch- und pflanzengiftig sind.

Eine neue Tensidgeneration, die aus den Rohstoffen Kokosöl und Stärke hergestellt wird, scheint die Lösung dieses Problems zu sein, weil diese Tenside ohne bedenkliche Abbauprodukte vollkommen abbaubar sind.

Gerüststoffe (Enthärter)

Wirkung von Gerüst-stoffen Die Gerüststoffe (Enthärter, Builder) wirken als Ionenaustauscher oder Komplexbildner, indem sie die für die Wasserhärte verantwortlichen Calcium- und Magnesiumionen binden oder entfernen.

Indem sie Ablagerungen von Kalk und Schmutz auf Wäsche und Maschine verhindern, unterstützen Sie die Tenside in ihrer Funktion.

Phosphate wurden inzwischen weitgehend von Ersatzstoffen abgelöst; wo auf ihren Einsatz nicht verzichtet werden kann, müssen festgelegte Höchstgrenzen eingehalten werden.

Phosphate Die an sich ungiftigen Phosphate führen durch Überdüngung von Gewässern zu einem übermäßigen Wachstum der Wasserpflanzen (Eutrophierung). Diese entziehen beim Absterben und Zersetzen dem Wasser Sauerstoff, es kommt zum »Umkippen« des Gewässers und zum Fischsterben.

Phosphat-Ersatzstoffe **Natrium-Aluminium-Silikat,** auch unter dem Begriff Zeolith A bekannt, ist der meistverwendete Phosphat-Ersatzstoff. Es übernimmt beim Waschvorgang die wasserenthärtenden Aufgaben der Phosphate durch Ionenaustausch, kann jedoch die anderen Funktionen nicht voll ersetzen. Um dieses Manko auszugleichen, müssen andere, manchmal problematische Gerüststoffe zugegeben werden.

Bei Verwendung von Zeolith A treten nicht die gewässerbelastenden Auswirkungen wie bei Phosphaten auf.

Phosphonate sollen die Effektivität von Zeolithen unterstützen. Sie stellen aufgrund ihrer mangelnden Abbaubarkeit ein ökologisches Problem dar.

Polycarboxylate sind ebenfalls bekannte Phosphat-Ersatzstoffe. Sie enthärten das Wasser und verhindern das Absetzen von Schmutzpartikeln, indem sie als Schmutzträger fungieren.

Nach dem derzeitigen Stand der Forschung sollen sie zwar unbedenklich für Wasserlebewesen sein, sie reichern sich aber im Klärschlamm an und bauen sich nur schwer ab.

Natriumcarbonat, besser als Soda bekannt, wirkt ebenfalls wasserenthärtend und wird vielfach mit Polycarboxylaten kombiniert.

Die Alkalität von Soda steigert außerdem den pH-Wert der Waschlauge, die Waschkraft der Tenside wird verstärkt.

Zusätzlich werden die Eigenschaften pulverförmiger Waschmittel, zum Beispiel die Rieselfähigkeit, verbessert.

Bleichmittel

Natriumperborat und Natriumpercarbonat, Bleichmittel auf Sauerstoffbasis, sollen bleichbare Flecken (Tee, Kaffee, Rotwein, Frucht- und Gemüsesäfte) zum Verschwinden bringen. Dadurch wirkt die Wäsche optisch sauberer, weil weißer. Der Zusatz von Bleichmitteln erfolgt überwiegend bei Vollwaschmitteln.

Die Bleichwirkung setzt erst bei Temperaturen von 50–60 °C ein und ist bei 95 °C am stärksten.

nur bei höheren Temperaturen

Borate sind problematisch, weil sie in Kläranlagen nicht abbaubar sind und Pflanzen schädigen können.

Bleichmittelaktivatoren

Ein Großteil der Wäsche wird heute bei Temperaturen unter 60 °C gewaschen, ein Temperaturbereich, bei dem Perborate unwirksam bleiben. Vor allem bei Weißwäsche soll aber auch im niedrigen Temperaturbereich eine gute Fleckentfernung erzielt werden. Deshalb werden in Waschmitteln zusätzlich zum Bleichmittel Bleichaktivatoren eingesetzt.

TAED (Tetraacetylethylendiamin), der zur Zeit bekannteste Bleichaktivator, führt bereits bei niedrigen Temperaturen zu einem guten Bleicheffekt.

Außerdem zeigt das Mittel zusätzlich eine desinfizierende Wirkung und beseitigt unangenehme Gerüche.

Lösungsvermittler

Alkohole werden in flüssigen Mitteln eingesetzt, um die Löslichkeit und damit die Wirksamkeit reinigungsaktiver Substanzen (zum Beispiel der Tenside) zu verbessern oder überhaupt erst zu erreichen.

Vergrauungsinhibitoren

Cellulosederivate verhindern als sogenannte Schmutzträger die Wiederablagerung der Schmutzpartikel auf der Wäsche. Weil der Schmutz in der Schwebe gehalten wird, kann er sich nicht mehr als grauer Belag auf der Wäsche absetzen.

Enzyme

Proteasen entwickeln eine spezielle Wirkung gegen eiweißhaltige Verschmutzungen wie Soßen, Blut, Milch.
Amylasen wirken gegen kohlenhydrathaltige Anschmutzungen.
Die Enzyme verdauen sozusagen die unlöslichen Bestandteile zu löslichen Verbindungen, die sich leichter auswaschen lassen.
Ihre Wirksamkeit ist bei Temperaturen von 35–60 °C sehr gut, oberhalb nimmt sie wegen deren Hitzeempfindlichkeit rapide ab. So gesehen ist ihr Einsatz in Alltemperaturwaschmitteln bei höheren Temperaturen ziemlich fragwürdig, bei Fein- und Buntwaschmitteln jedoch hilfreich. Hingegen kann es bei Personen mit empfindlicher Haut bei Verwendung zur Handwäsche zu Problemen (zum Beispiel Allergien) kommen. In speziellen Handwaschmitteln sind deshalb meist keine Enzyme enthalten.

Optische Aufheller

Saubere Wäsche zeigt normalerweise ein leicht gelbstichiges Aussehen. Die Erwartungen an saubere Wäsche zielen aber eher auf ein Weiß mit leicht bläulicher Optik.

Weißtöner Die Weißtöner, auch als optische Aufheller bezeichnet, lassen die an sich unsichtbaren ultravioletten Bestandteile des Lichtes sichtbar werden, die Wäsche erscheint weißer. Für pastellfarbene Wäsche sind sie insofern problematisch, als sich die Farbtöne verändern können. Die Farbstoffe bauen sich nur schwer ab; zudem sind sie möglicherweise krebserregend.

Korrosionsinhibitoren

Silikate Silikate, insbesondere Natriumsilikat (Wasserglas) hemmen die Bildung von Korrosionen, zum Beispiel Rost. Sie legen sich als dünner Film über Maschinenteile, um sie vor der aggressiven Waschlauge zu schützen. Magnesiumsilikat wird verwendet, um die Textilfasern in ähnlicher Weise zu schützen.

Stellmittel (Füllstoffe)

Natriumsulfat (Glaubersalz) und Natriumchlorid (Kochsalz), um nur einige Beispiele zu nennen, verbessern bei pulverförmigen Waschmitteln deren Eigenschaften.

Das Waschpulver zeigt eine bessere Rieselfähigkeit und Löslichkeit. Es neigt weniger zur Staub- und Klumpenbildung.

Bei pastösen und flüssigen Mitteln wirken Stellmittel oder Füllstoffe konsistenzgebend oder -verbessernd.

Sie haben keine direkte Bedeutung für den Waschprozeß, plustern aber das Volumen der Packung auf, unnötigerweise, wie sich zeigt. Bei den mittlerweile häufig vorkommenden »Kompakten« wurde ein Teil der Füllstoffe eingespart; die Salzbelastung der Gewässer wird so reduziert.

Konservierungsstoffe

Alkohole, Alkalien und andere Chemikalien sollen flüssige und pastöse Mittel konservieren. Dadurch sollen Qualitätsminderungen durch Bakterien und Pilze, die die Haltbarkeit beeinträchtigen, vermieden werden.

Duftstoffe

Parfümöle haben die Aufgabe, unangenehme Eigengerüche der Produkte, vor allen aber den Laugengeruch, zu überdecken. Zusätzlich geben sie den gewachsenen Textilien einen Geruch von Sauberkeit und Frische.

Farbstoffe

Damit Waschmittel ein spezielles, unverkennbares Aussehen erhalten, werden bei vielen Pulver- und Flüssigmitteln Farbstoffe eingesetzt. Pulvermitteln sind blaue, grüne oder andersfarbige Körner beigemischt; Flüssigmittel sind zum Beispiel blau, grün oder türkis eingefärbt. Für den Reinigungseffekt haben Farbstoffe ebensowenig Bedeutung wie die Duftstoffe.

Waschmittelarten

Alltemperaturwaschmittel

(Vollwaschmittel, Universalwaschmittel)

Die sogenannten Vollwaschmittel (pulverförmig oder flüssig) sind laut Herstellerangaben für alle waschbaren Textilien bei allen Temperaturbereichen geeignet. Doch aus dieser universellen Empfehlung ergeben sich Widersprüche. Ein Mittel, das besonders weiß wäscht, kann nicht gleichzeitig farbschonend sein (oder umgekehrt).

Alltemperaturwaschmittel enthalten neben anderen Inhaltsstoffen Bleichmittel und Weißtöner (optische Aufheller). Dadurch sind sie eher geeignet zum Waschen von stark verschmutzter, beziehungsweise verfleckter Weißwäsche bei hohen Temperaturen als für Fein- oder Buntwäsche.

Außerdem sind Vollwaschmittel teuerer und belasten aufgrund ihrer Inhaltsstoffe die Gewässer stärker als Feinwaschmittel.

pulverförmige Waschmittel **Inhaltsstoffe von pulverförmigen Vollwaschmitteln:** Tenside, Gerüststoffe, Bleichmittel, Bleichaktivatoren, Stabilisatoren, optische Aufheller, Enzyme, Inhibitoren, Schaumregulatoren, Duft- und Farbstoffe, Stellmittel.

Flüssigwaschmittel **Inhaltsstoffe von Flüssigmitteln:** Tenside, Enzyme, Lösungsvermittler, Farb- und Duftstoffe, eventuell optische Aufheller, Gerüststoffe.

Empfehlung: Pulverförmige Vollwaschmittel für stark verschmutzte, weiße Kochwäsche verwenden, flüssige Vollwaschmittel ohne Bleichmittel für stark verschmutzte Bunt- und Heißwäsche, zum Beispiel Berufskleidung, bei 60 °C.

Heißwaschmittel (60 °C)

Zur Entfernung fetthaltiger Verschmutzungen eignen sich Heißwaschmittel mit höherem Enzymanteil oder flüssige Vollwaschmittel.

Sofern sie für Buntwäsche verwendet werden, sollten keine Bleichmittel enthalten sein.

Zum energiesparenden Waschen von Weißwäsche bei 60 °C sind auch Alltemperaturwaschmittel mit Bleichaktivator (zum Beispiel TAED) geeignet, weil damit schon bei 60 °C eine gute Fleckentfernung erreicht wird.

Fein- und Buntwaschmittel

Mit Recht fordern Verbraucherorganisationen seit Jahren, daß Feinwaschmittel der Normalfall sein sollten. Sie eignen sich nicht nur für feine, bzw. empfindliche Wäsche, sondern sind das Mittel für farbige Wäsche überhaupt. Feinwaschmittel sind in der Regel frei von Bleichmitteln und optischen Aufhellern.

Vorteile: Optimale Farb- und Textilschonung beim Waschen, Preiswürdigkeit gegenüber Vollwaschmitteln und geringere Umweltbelastung.

Sie sind in Pulverform oder als Flüssigmittel auf dem Markt, wobei flüssige Mittel teuerer sind. Prinzipiell erfüllen die pulverförmigen Mittel alle Ansprüche. Aufgrund ihrer besseren Löslichkeit können flüssige Feinwaschmittel zur Handwäsche von Seide und Wolle etwas vorteilhafter sein.

Inhaltsstoffe (Pulver): Tenside, Vergrauungsinhibitoren, Enzyme, Duft- und Farbstoffe, Stellmittel.

Flüssigwaschmittel

Von ihrer Konzeption her sind Flüssigmittel nicht in die bekannten Sparten: Vollwaschmittel, Heißwaschmittel oder Feinwaschmittel einzuordnen. Ihre Zustandsform ist lediglich eine andere als bei pulverförmigen Mitteln. Es gibt sie ebenfalls als Voll-, Heiß- oder Feinwaschmittel.

Verbraucherorganisationen sind geteilter Meinung über Vor- und Nachteile der flüssigen Mittel.

Flüssige Alltemperatur-Waschmittel unterscheiden sich von entsprechenden Pulver-Waschmitteln durch einen höheren Tensidgehalt, dafür fehlen Bleichmittel und anorganische Gerüststoffe, wie Phosphate.

Diese Zusammensetzung läßt sie für stark fettverschmutzte Buntwäsche geeignet erscheinen, nicht jedoch für Weißwäsche, die mit der Zeit vergraut.

Da optische Aufheller in fast allen flüssigen Vollwaschmitteln wirken, sollte für feine, empfindliche und leicht verschmutzte Buntwäsche lieber ein pulverförmiges oder flüssiges Feinwaschmittel ohne diese Substanz genommen werden.

Zu bedenken ist auch, daß flüssige Mittel teuerer sind als pulverisierte. Die Verpackung aus Kunststoff ist umweltbelastender bei Herstellung und Entsorgung als Pappkartons. Andererseits haben Flüssigmittel gewisse Vorteile: Sie verteilen sich besonders gut im Wasser, verklumpen nicht und stauben nicht.

Spezialwaschmittel

Gardinenwaschmittel sind speziell für vergilbte und vergraute Gardinen (aus Mischfasern und Synthetics) konzipierte Waschmittel. Sie enthalten zu diesem Zweck besondere optische Aufheller und Bleichmittel, sind Alltemperaturwaschmitteln in ihrer Zusammensetzung also sehr verwandt. Sie sind entweder flüssig oder pulverförmig im Handel.

Wollwaschmittel sind besonders schonende Feinwaschmittel ohne optische Aufheller und ohne Bleichmittel. Der pH-Wert liegt im wollfreundlichen Bereich von neutral bis schwach sauer. Sie sind in flüssiger oder pulverisierter Form zu erhalten. Damit die Wolle nach dem Waschen einen weichen Griff besitzt, sind vielen dieser Mittel kationische Tenside zugesetzt, wie sie auch in Weichspülern vorkommen.

Einweichmittel und Vorwaschmittel sollen bei Berufswäsche oder bei Windeln hartnäckige Verschmutzungen durch Zugabe stärkerer Alkalien und anderer Inhaltsstoffe lösen. Danach werden die Wäschestücke in einem maschinellen Waschgang gereinigt.

»Bio«- und alternative Waschmittel

Dieser Begriff ist sehr verwirrend und steht für verschiedenste Waschmittel, die sich mehr oder weniger von herkömmlichen Waschmitteln unterscheiden.

Grundsätzlich muß auch hierbei festgestellt werden, daß es keine umweltfreundlichen Waschmittel gibt, wohl aber Mittel, die bei richtiger Anwendung umweltverträglicher sind als andere.

Auf der Bio-Welle werden Waschmittel auf Seifen- und auf Molke-Basis angeboten. Jedoch scheint keines dieser Produkte die herkömmlichen Waschmittel von ihrem Platz verdrängen zu können. So zeigen Seifenmittel vor allem bei nicht ganz weichem Wasser ihre Schwächen: Ein Teil der Seife fällt bei höheren Temperaturen als Kalkseife aus und wird damit unwirksam für den Waschprozeß; eine höhere Dosierung wäre erforderlich. Dadurch würden aber wieder mehr Tenside (die Seife ist das bekannteste anionische Tensid) ins Abwasser gelangen. Außerdem löst sich Seife bei niedrigen Temperaturen nur ungenügend auf.

Trotzdem kann man bei weichem Wasser mit Seifenmitteln experimentieren.

Molkemittel benötigen zu ihrer Wirksamkeit meist einen Zusatz von Tensiden, womit die beschworene Umweltverträglichkeit fragwürdig wird.

Eine neue Tensidgeneration, die auf der Basis von Stärke und Kokosöl hergestellt wird, könnte schon bald das »Aus« für Seifenmittel bedeuten. Die neuen Tenside sind vollkommen und ohne schädliche Nebenprodukte abbaubar. In herkömmlichen Waschmitteln können sie einem Vergleich mit jedem Seifenmittel standhalten.

Das Baukasten-Prinzip

Schon allein die Bezeichnung »Baukasten« schreckt manchen potentiellen Anwender ab, weil dies nach vielen einzelnen Teilen klingt. Dabei ist das Prinzip kein bißchen kompliziert, und es werden auch nur ein bis drei Teile für den kompletten Baukasten benötigt:

1. Das Grund- oder Basiswaschmittel

leicht verschmutzte Wäsche

Bei weichem Wasser oder leicht verschmutzter Wäsche wird nur dieses Mittel genommen.

2. Der phosphatfreie Enthärter

ab Wasserhärte 2

Der Enthärter wird nur benötigt, wenn das Wasser nicht weich genug ist, das heißt ab Härtebereich 2. Ansonsten ist ganz darauf zu verzichten.

3. Das Bleichmittel

weiße stark verschmutzte Wäsche

Es kommt nur zum Einsatz, wenn weiße, stark verschmutzte Wäsche zu waschen ist. Durch das Bleichmittel verschwinden Verfleckungen besser. Bei Buntwäsche wird auf das Bleichmittel verzichtet. So werden die Farben im Gegensatz zur Wäsche mit einem herkömmlichen Alltemperaturwaschmittel geschont, weil diese fast immer Bleichmittel enthalten.

Die Baukasten-Idee ist deshalb ein Gewinn für die Umwelt, weil individuell dosiert werden kann.

Entspricht das Wasser dem Härtebereich 2 oder 3, wird lediglich der Enthärter höher dosiert, nicht aber wie bei herkömmlichen Waschmitteln das ganze Produkt. Und damit natürlich – völlig unnötig – auch alle anderen Chemikalien, wie Tenside, Gerüststoffe, Enzyme, optische Aufheller usw.

Vorschläge für vereinfachte Baukasten-Systeme bei hartem Wasser:

Für Feinwäsche bis 40 °C: Wie gewohnt Feinwaschmittel verwenden.
Für Fein- und Buntwäsche (bei Waschtemperaturen von 50–60 °C):
Herkömmliches Fein- und Buntwaschmittel wie für den Härtebereich 1
angegeben dosieren, dazu ein Enthärtungsmittel auf Zeolith-Basis nach
Gebrauchsanweisung.
Für weiße Kochwäsche: Herkömmliches Vollwaschmittel wie für den
Härtebereich 1 angegeben dosieren, dazu ein Enthärtermittel auf Zeo-
lith-Basis nach Gebrauchsanweisung.

Waschhilfsmittel

Enthärter

Der Einsatz eines phosphatfreien Enthärters ist etwa ab dem Wasserhärtebereich 2 unumgänglich, wenn beim Waschen die Umwelt
geschont werden soll.

ab Wasserhärte 2

Um höhere Wasserhärten auszugleichen, wird das Waschmittel so
dosiert, wie es für den Härtebereich 1 angegeben ist und der Enthärter
nach Gebrauchsanweisung zugegeben. Bedingung hierfür ist natürlich,
daß die Wasserhärte bekannt ist, andernfalls ist sie beim Wasserwerk zu
erfragen.
Die auf Waschmittelpackungen angegebene Empfehlung, bei höheren
Härtegraden dem Waschprozeß mehr Waschmittel zuzugeben, ist damit
hinfällig. Es ist unnötig, das Abwasser zusätzlich mit Chemikalien zu
belasten, wenn doch nur die Enthärtung des Wassers das Ziel ist.
Enthärter sollten vorzugsweise mit dem Vollwaschmittel im Temperaturbereich von 60–95 °C eingesetzt werden, eventuell auch mit Fein-
waschmitteln.

Schwerpunktverstärker oder Waschaktiva

Um besondere Verschmutzungen an Kragen und Manschetten oder
Flecke zu entfernen, bietet der Handel pastöse Mittel an.

*für stark
verschmutzte Stellen*

Diese Tensidpasten werden etwa 30 Minuten vor dem Waschgang auf
die angefeuchteten Stellen aufgetragen und mit in die Waschmaschine
gegeben. Ihre Anwendung sollte wirklich nur schwerpunktmäßig erfolgen.
Sprayförmige Mittel dieser Art enthalten oft problematische Lösungsmittel, so daß darauf verzichtet werden sollte.

Fleckensalz

Wichtigster Inhaltsstoff von Fleckensalz sind Bleichmittel auf Sauerstoffbasis. Laut Gebrauchsanweisung werden sie zusätzlich zum
Waschmittel in den Hauptwaschgang gegeben. Die Anwendung darf

löst hartnäckige Flecke nur bei farbechter Buntwäsche und Weißwäsche erfolgen, in denen das Mittel gegen bleichbare Flecke (Obst, Rotwein, Kaffee, Tee, Ketchup, Gras, Blut) wirkt.

Theoretisch könnten sie im Baukastensystemen für den Faktor Bleichmittel stehen, wenn nicht häufig noch weitere – von Mittel zu Mittel unterschiedliche – Substanzen enthalten wären.

Mögliche Inhaltsstoffe: Bleichmittel, Bleichaktivatoren, Enzyme, Korrosionsinhibitoren, Tenside, Duft- und Hilfsstoffe.

Tip: Nach Möglichkeit auf Fleckensalz verzichten.

Waschverstärkertücher

nicht empfehlenswert Heute auch als Waschspartücher bezeichnet, sollen diese mit Waschsubstanzen beschichteten Tücher den Wascheffekt verbessern. Von Verbraucherorganisationen wird den Tüchern nur »begrenzter Nutzen« (Stiftung Warentest) bescheinigt. Das Umweltbundesamt rät ab.

Im allgemeinen ist die Verwendung nicht empfehlenswert, weil dadurch das Abwasser zusätzlich mit Chemikalien belastet wird. Die Produktwerbung preist die Tücher jetzt mit veränderter Dosierungsempfehlung an: Sie sollen nur bei sehr stark verschmutzter Wäsche zusätzlich zum Waschmittel verwendet werden, um dadurch den Vorwaschgang einzusparen und mit herabgesetzter Temperatur zu waschen.

Nachbehandlungsmittel

Avivagemittel (Weichpflegemittel)

Weichpflegemittel sind im Handel erhältlich als flüssige Spülmittel, manchmal sogar als Bestandteil des Waschmittels und als Vliese oder Tücher.

Unbestritten haben sie einige Vorteile, die aber für einen relativ hohen Preis erkauft werden müssen.

Vorteile Die damit behandelten Textilien trocknen schneller und knittern weniger, sie lassen sich leichter bügeln, duften angenehm und haben einen weichen Griff. Synthetics sind unempfindlicher gegen Staub und Schmutz, weil die elektrostatische Aufladung herabgesetzt wird. Unangenehmes Kleben, Knistern und Funkensprühen wird weitgehend verhindert.

Nachteile Demgegenüber stehen die Nachteile, wie hohe Umweltbelastung durch die kationischen Tenside und herabgesetzte Saugfähigkeit, weil die Tenside die Fasern umschließen.

Bei moderner Sportkleidung (WWS) verschließen Avivagemittel die feinen Poren.

Ein weiterer, wichtiger Aspekt besteht darin, daß die behandelten Textilien bei der nächsten Wäsche eine größere Menge Waschmittel benötigen. Dies deshalb, weil sich die Wirkung kationischer Tenside in Avivagemitteln und die von anionischen Tensiden in Waschmitteln gegenseitig aufhebt.

Im allgemeinen sollte man auf diese Mittel verzichten. Die Wasserstarre (Trockenstarre) entsteht, wenn ungenügend entwässerte Wäsche in einem Raum ohne ausreichende Luftbewegung getrocknet wird. Gut ausgeschleuderte und im Freien luftgetrocknete Wäsche wird kaum ein Avivagemittel benötigen. Lediglich bei synthetischen Fasern kann zur Verhinderung der elektrostatischen Aufladung die Verwendung angebracht sein. Bedingung dafür ist allerdings, daß Waschmittelrückstände vorher gut ausgespült wurden. Trockenstarre

Weichspüler sind genau zu dosieren und sollten nicht gedankenlos in die Maschine gekippt werden. Auch die den Tüchern anhaftenden kationischen Tenside gelangen in den Hausmüll und über die Textilien bei der nächsten Wäsche ins Abwasser. Es genügt, beispielsweise nur ein halbes Tuch zu verwenden oder ohne schlechtes Gewissen ganz darauf zu verzichten.

Inhaltsstoffe von Weichspülmitteln: Kationische Tenside, nichtionische Tenside, Emulgatoren, Stellmittel, Farb- und Duftstoffe, Konservierungsmittel.

Appreturmittel

Appreturen sind Nachbehandlungsmittel, die der Wäsche eine mehr oder weniger starke Steife verleihen. Ihre Anwendung ist der Tabelle auf Seite 91 zu entnehmen.

Mit zunehmender Steifewirkung lassen sich folgende Appreturmittel unterscheiden:

Formspüler

Formspüler entsprechen dem heutigen Trend, wonach Textilien nach dem Waschen formbeständig, aber keinesfalls hart oder gar brettig sein sollen. Die behandelten Waschstücke neigen weniger zur elektrostatischen Aufladung und zeigen ein schmutzabweisendes Verhalten. macht formbständig

Zur leichten Appretur von Hemden, Blusen, Bett- und Tischwäsche. Formspüler sind auswaschbar.

Feinappreturen

Der Steifeeffekt ist bei Feinappreturen geringfügig stärker als bei Formspülern. Die so behandelten Textilien erhalten einen fülligen Griff bei gleichzeitiger Elastizität. Die Anschmutzbereitschaft der Wäschestücke wird herabgesetzt, das Bügeln wird erleichtert. Feinappreturen sind auswaschbar. leichter Steifeeffekt

Für Bekleidung, Bett- und Tischwäsche, Gardinen.

Steifen

Dauerappretur

Die auf Kunstharzbasis hergestellten Steifen sind über mehrere Wäschen beständig, deshalb werden sie auch als Permanentsteifen oder Dauerappreturen bezeichnet. Der Appreturvorgang braucht also nicht nach jeder Wäsche wiederholt zu werden. Durch ihre Beständigkeit auf der Faser zeigen sie beim Waschen zusammen mit gefärbten oder stark verschmutzten Textilien eine gewisse Aufnahmebereitschaft für Farbpigmente und Schmutz. Dadurch kann es zu unangenehmen Überraschungen kommen, wenn Schmutzpartikel oder Farbpigmente sich in den Kunstharzfilm einlagern.

Der Appretureffekt kann unterschiedlich stark sein, je nachdem, wie stark mit Wasser verdünnt wird. Durch das nachfolgende Bügeln findet erst die volle Aushärtung des Kunstharzfilms statt.

Für mittelstarke Appretureffekte bei jeder Art von Bügelwäsche.

Stärken

besonders steif

Für höchste Appreturgrade sind Stärken geeignet, wobei zwischen Heiß- und Kaltverfahren unterschieden wird.

Beim Heißverfahren werden die Stärkekörner durch Zugabe von kochendheißem Wasser aufgeschlossen und können bis ins Innere der Faser eindringen.

Beim Kaltverfahren wird das Mittel nur mit kaltem Wasser angerührt. Die Stärke setzt sich hauptsächlich an der Oberfläche der Fasern ab. Erst beim Bügeln werden die Stärkekörner aufgeschlossen, so daß auf der Oberfläche ein relativ harter Film entsteht. Der Stärkevorgang muß nach jeder Wäsche wiederholt werden, da sich die Stärkekörner auswaschen.

Stärken eignen sich für Bügelwäsche aus Baumwolle, Halbleinen, Leinen und Viskose.

Stärkesprays und Sprühstärken

Es handelt sich um Stärkemittel, bei denen die Stärke in dispergierter Form, also in Wasser verteilt, vorliegt.

Sie sollten nicht großflächig, sondern nur lokal angewendet werden (Kragen, Rüschen, Volants, Spitzen). Damit die Stärke aufgeschlossen wird, ist Bügeln erforderlich.

Bügelhilfen

Die Sprays oder Sprühmittel enthalten Appreturmittel und ein Gleitmittel auf Silikon-Basis. Sie sollen in erster Linie den Bügelvorgang erleichtern, zum Beispiel bei wasserempfindlichen Textilien, beim Ausbügeln von Knitterfalten, bei zu trockener Wäsche.

Planung und Organisation der Arbeit

Wäschepflege heute – das ist in hohem Maße der Einsatz technischer Geräte, die die Arbeit entweder selbsttätig erledigen oder zumindest erleichtern. Trotzdem sind Wäschepflegearbeiten, die noch das Handanlegen von Hausfrau oder Hausmann erfordern, wenig beliebt.

So stellt sich, ähnlich wie beim Putzen und Saubermachen, die Frage: Wie lassen sich Wäschepflegearbeiten besser bewältigen? Auf technische Heinzelmännchen, die etwa die Wäsche sortieren, selbsttätig bügeln, flicken und schrankfertig machen, besteht vorerst keine Aussicht.

Ansätze zu Arbeitsverringerung und Arbeitsvereinfachung könnten aber Überlegungen dahingehend sein, einige Wäschepflegearbeiten erst gar nicht entstehen zu lassen.

Auch die durchaus realistische Möglichkeit der Vergabe von Wäschepflegearbeiten kann in Erwägung gezogen werden.

Vielleicht wären die Zeitabstände zwischen zwei Maschinenfüllmengen zu vergrößern, natürlich ohne Zunahme des Wäscheanfalls.

Vor allem aber sollte man sich noch verbleibende Arbeiten weitestgehend erleichtern.

Arbeit muß geplant werden, bisherige Verfahren, Mittel und Verhaltensweisen sind zu hinterfragen. Was und warum überhaupt waschen? Kommt eine Vergabe der Wäsche in Frage? Wann und wie oft waschen? Und schließlich: Mit welchen Geräten und Waschmitteln, an welchen Arbeitsplätzen soll die Arbeit wie verrichtet werden?

Ziel jeder Arbeitsplanung ist, mit einem möglichst geringen Einsatz an Zeit, Kraft und Kosten ein gutes Resultat zu erreichen (ökonomisches Minimalprinzip). Ziel kann ebenfalls sein, mit einem vorgegebenen Aufwand an Zeit, Kraft und Kosten ein optimales Ergebnis zu erreichen (ökonomisches Maximalprinzip).

Ziel der Arbeitsplanung

Wäschepflege – Zwang oder Erfordernis

Die Frage, warum gewaschen werden muß, beantwortet sich von selbst. Es ist ganz einfach notwendig.

warum waschen

Einmal aus hygienischen Gründen, weil saubere Wäsche keinen Nährboden für Krankheitskeime bietet.

Zum anderen hat frischgewaschene und eventuell zusätzlich noch gebügelte Wäsche ein gutes Aussehen und einen angenehmen Geruch; sie ist ein Zeichen von Kultur.

Außerdem kommt hinzu, daß Wäschewaschen der Erhaltung der

Gebrauchstüchtigkeit und damit der Werterhaltung der Textilien dient. Dies um so mehr, wenn auch das Ausbessern von Textilien Bestandteil der Wäschepflege ist.

Es bleibt also festzustellen, daß Wäschepflege ein Erfordernis darstellt. Das bedeutet aber keineswegs, sich nun irgendwelchen Zwängen unterzuordnen, die von außen vorgegeben werden, von Nachbarn, Freunden und der Werbung, beziehungsweise der dahinterstehenden Industrie.

Art und Menge der Wäsche

Die Art und Menge der Textilien, die gepflegt werden müssen, richten sich nach verschiedenen Faktoren: Nach der Personenzahl und dem Alter der Haushaltsmitglieder, nach Berufstätigkeit und Freizeitbeschäftigungen. Eine Rolle spielen auch althergebrachte Vorstellungen, Prestigedenken, Modetrends.

Es gibt zum Beispiel immer noch gewisse Ansichten darüber, wieviel Haushaltswäsche zu einer anständigen Aussteuer gehört oder was sich jemand in einer gewissen gesellschaftlichen Position schuldig ist.

Wenn ein Wäsche- oder Kleiderschrank – aus welchen Gründen auch immer – stets überfüllt ist, könnte man Überflüssiges verschenken oder zur Kleidersammlung geben und zukünftig vielleicht etwas mehr Zurückhaltung beim Einkauf üben.

Künstlich erzeugte Zwänge und Normen sollten nicht dazu verführen, der Wäschpflege einen zu hohen Stellenwert einzuräumen. Es gibt wirklich wichtigeres zu tun. Oder ist es tatsächlich so erstrebenswert, jeweils – ohnehin nur für eine kurze Zeitspanne – Wäsche zu besitzen, die weißer als weiß und dabei samtweich, seidenweich oder schmuseweich ist?

Waschtag und Umwelt

wann und wie oft

Über die Frage, wann und damit wie oft gewaschen werden muß, herrschen ganz unterschiedliche Meinungen. Wie weit läßt sich das Waschen einschränken und ist eine Einschränkung in jedem Fall erstrebenswert?

Es ist verhängnisvoll für die Umwelt, wenn einmal getragene Wäschestücke gleich in die Maschine wandern, nur weil das Teil nicht mehr ganz frisch ist. Ein solches Verhalten ist nicht zu rechtfertigen und gegen jegliche Vernunft.

Es kann nicht sein, daß um den hohen Preis der Gewässerbelastung, des Rohstoff- und Energieverbrauchs ein so kleiner Gegenwert erstanden wird, nämlich Wäsche, die nur einen Hauch Frische mehr besitzt als vor dem Waschen. Hier wäre sicherlich auch einfaches Lüften der Kleidung ebenso wirkungsvoll wie aufwendiges Waschen. Auch wegen eines Fleckes braucht nicht gleich das ganze Stück in die Wäsche. Es ist ökologisch sinnvoller, nur den Fleck zu entfernen.

Es gibt keine Einwände dagegen, schmutzige Wäsche sauber zu waschen, wohl aber dagegen, sie reiner als rein, noch weißer, noch strahlender (als was eigentlich?) haben zu wollen. Dafür ist der Preis zu hoch.

Andererseits sollte auch nicht ins umgekehrte Extrem verfallen werden. Zu lange benutzte, zu stark verschmutzte Wäsche kann bei der Reinigung einen größeren Aufwand (höhere Temperatur, Vorwaschgang, mehr Waschmittel) erfordern, womit der Umwelt sicher auch nicht gedient ist.

Auch alte Vorstellungen bezüglich des Waschtages kann man über Bord werfen. Es ist nicht mehr zeitgemäß, zum Beispiel den Montag zum Waschtag zu erklären. Gewaschen wird, wenn tatsächlich Bedarf besteht. Wenn alle montags waschen, sind die Elektrizitätswerke und die Kläranlagen am betreffenden Tag leicht überfordert.

Leistungsbereitschaft

Der hohe Technisierungsstand bei der Wäschepflege hat dazu geführt, daß der Waschtag heute beileibe keine außerordentliche Kraftanstrengung mehr verlangt. Mehr Einsatz erfordern das Aufhängen und Bügeln der Wäsche.

Wissenschaftliche Erkenntnisse über die Leistungsbereitschaft der Menschen lassen sich hier praktisch umsetzen.

Der Vormittag kann mit Arbeiten ausgefüllt werden, die größere körperliche oder geistige Anstrengungen erfordern. Dazwischen werden kurze Ruhepausen oder bei schweren Arbeiten zwischendurch leichtere Tätigkeiten eingefügt. | höchste Leistung

Ideal wäre eine größere Pause von 30–60 Minuten während des mittäglichen Leistungstiefs. | Leistungstief

Der Nachmittag kann für leichtere Arbeiten eingeplant werden. Ein zeitiger Feierabend ist wichtig, um das körperliche und seelische Gleichgewicht auf Dauer zu erhalten. Nur so ist es möglich, von der Arbeit zu entspannen und neue Kräfte zu schöpfen. | Leistungsanstieg

Arbeitsverteilung und -vergabe

Es muß natürlich festgestellt werden, daß gerade Berufstätige nur selten den zeitlichen Freiraum haben, die Hausarbeit unter den erwähnten Gesichtspunkten zu organisieren. Vielleicht lassen sich aber durch gute Planung und gerechte Arbeitsteilung brauchbare Kompromisse finden. Es sollte jedenfalls nicht die Regel sein, daß die berufstätige Frau häufig bis in die Nacht hinein bügelt und flickt. Nichtsdestoweniger soll diese Art der Rollenverteilung noch häufig vorkommen. Die Vorstellung von einem blusenbügelnden Mann, der außerdem Knöpfe annäht und Reißverschlüsse flickt, müßte aber so selbstverständlich werden wie das Bild der hemdenbügelnden Frau, die ihm die Socken wäscht und stopft.

Wäsche außer Haus zu geben, kann eine akzeptable Alternative zum häuslichen Waschen, Bügeln und sogar zum Ausbessern sein. Vor allem kann die Möglichkeit dann in Betracht gezogen werden, wenn beispielsweise in einem kinderlosen Haushalt beide Partner berufstätig sind. Je nach Haushaltsstruktur ist es auch denkbar, daß nur Bett- und Tischwäsche zur Heißmangel gegeben werden.

Selbst wenn man selten oder nie diese Möglichkeit in Anspruch genommen hat, so sind die Dienste einer Wäscherei und Chemischreinigung doch den meisten bekannt. Im ganzen gesehen wird jedoch die Vergabe von Wäschepflegearbeiten nicht in hohem Maße praktiziert, sicher nicht zuletzt aus finanziellen Gründen.

Arbeitsgestaltung

Wie einzelne Arbeiten bei der Wäschepflege zu gestalten sind, wird in dem jeweiligen Kapitel gezeigt.

Es gibt jedoch Prinzipien, die für alle Arbeiten gültig sind. Dazu zählen beispielsweise Maßnahmen zum Umweltschutz, wie sparsamer Mittel- und Energieverbrauch. Unfallverhütungsmaßnahmen müssen bei praktisch allen Arbeiten durchgängig beachtet werden. Von allgemeiner Bedeutung sind auch Körperhaltung und Arbeitsbewegungen sowie gewisse Gesetzmäßigkeiten zum Arbeitsablauf und zur Arbeitstechnik.

Der Arbeitsplatz

Arbeitsplätze wechseln bei Wäschepflegearbeiten verschiedentlich, trotzdem konzentrieren sich die Arbeiten auf wenige feste Bereiche. Im wesentlichen sind dies ein Arbeitstisch zum Einsprengen und Legen der Wäsche, ein Bügelplatz (auch ein zweiter, falls eine Bügelmaschine vorhanden ist) und ein Nähplatz.

Arbeitstisch
Bügelplatz
Nähplatz

Wie diese Arbeitsplätze einzurichten sind, wird – unter weitgehender Beachtung der nachfolgend genannten Gesichtspunkte – bei der jeweiligen Arbeit dargestellt.

Anforderungen an den Arbeitsplatz

Um beim Arbeiten die nötige Sicherheit, einen reibungslosen Arbeitsablauf und ein gutes Arbeitsergebnis zu gewährleisten, sollte jeder Arbeitsplatz einige wünschenswerte Anforderungen erfüllen.

Der Arbeitsplatz sollte
– der arbeitenden Person (z. B. in der Höhe) optimal angepaßt sein,
– nicht mehr und nicht weniger Platz beanspruchen, als zur bequemen und ungehinderten Durchführung der Arbeit notwendig ist,
– eine übersichtliche und griffbereite Unterbringung und Anordnung der Arbeitsmittel zulassen,

– dem Bewegungsablauf der Arbeit entsprechen,
– einen durchgehenden Arbeitsablauf ermöglichen,
– arbeitsorientierte Umweltbedingungen aufweisen.

Licht

Ausreichende Beleuchtungsstärke und richtiger Lichteinfall sind wichtig für gutes Sehen, geringe Ermüdung, Unfallsicherheit und ein annehmbares Arbeitsergebnis. Die Beleuchtung muß der Sehstärke der arbeitenden Person angepaßt sein, außerdem der Feinheit der Tätigkeit und den Gegebenheiten des Arbeitsplatzes. So verlangen dunkle Wände und Möblierungen eine intensivere Beleuchtung.
Der Lichteinfall: Das Licht sollte bei Rechtshändern von links oder von vorn auf die Arbeit fallen. Es darf weder blenden noch scharf kontrastierende Schatten werfen.

Farbgebung

Farben, die als angenehm empfunden werden, üben auf das Befinden des Arbeitenden einen positiven Einfluß aus. Diese Tatsache sollte insbesondere bei der Einrichtung fester Arbeitsplätze berücksichtigt werden.

Luft und Luftfeuchtigkeit

Ursachen für die Entstehung von Staub, Rauch, Gasen und unangenehmen Gerüchen sind nach Möglichkeit sofort zu beseitigen. Durch eine möglichst zugfreie Belüftung sollte die Raumluft verbessert werden. Bei zu trockener Luft oder zu hoher Luftfeuchtigkeit durch Dünste und Dämpfe ist möglichst bald Abhilfe zu schaffen, damit die Arbeitsleistung nicht beeinträchtigt wird.

Temperatur

Das Wohlbefinden während der Arbeit kann durch zu hohe oder zu niedrige Temperaturen Einbußen erleiden. Inwieweit eine Temperatur von der arbeitenden Person als angenehm empfunden wird, ist von mehreren Faktoren abhängig: Art der Tätigkeit, Arbeitstempo, Alter und Geschlecht der arbeitenden Person, Bekleidung, Jahreszeit und Wetter.

Nässe

Gerade bei Wäschepflegearbeiten lassen sich Nässe und Feuchtigkeit nicht immer vermeiden. Wenn solche Kontakte unausweichlich sind, sollten sie möglichst kurz gehalten werden. Die Kleidung muß so beschaffen sein, daß keine gesundheitlichen Nachteile zu befürchten sind.

Lärm

Lärmbelastung ist gerade im Maschinenzeitalter nicht immer auszuschließen. Nach Möglichkeit sollte Lärm aber grundsätzlich weitgehend vermieden werden, da er negative Auswirkungen auf Konzentration, Leistung und Hörvermögen haben kann.

Vorbereitung des Arbeitsplatzes

Prinzipiell sollten bei festen Arbeitsplätzen die Arbeitsmittel geordnet und griffbereit untergebracht sein. Sie müssen sich ohne Standortwechsel erreichen lassen und dürfen weder behindern noch die Sicherheit gefährden. Deshalb werden sie am besten übersichtlich und griffbereit so plaziert, daß damit im allgemeinen von rechts nach links (Linkshänder umgekehrt) gearbeitet werden kann.

Greifbereich

Rationelles Arbeiten verlangt die Beachtung des inneren und äußeren sowie des vertikalen Greifbereiches.

innerer Greifbereich — Der innere Greifbereich sollte frei bleiben zum Arbeiten und damit auch für momentan oder häufig gebrauchte Arbeitsmittel.

äußerer Greifbereich — Im äußeren Greifbereich werden die übrigen Arbeitsmittel angeordnet. Sie lassen sich mit ausgestrecktem Arm erreichen.

Die Tiefe der Arbeitsfläche sollte bei Wäschepflegearbeiten wie Einsprengen und Legen mindestens 60 cm betragen.

Der vertikale (senkrechte) Greifbereich ist im Stehen größer als im Sitzen.

Ordnung und Sauberkeit

Arbeitsmittel und -geräte sind nach Gebrauch umgehend zu reinigen und wegzuräumen, damit sie die Arbeitsfläche nicht blockieren.

Die Arbeitsfläche ist sauberzuhalten. Bei manchen Arbeiten (zum Beispiel Einsprengen) ist es zweckmäßig, die Arbeitsfläche abzudecken, damit sie vor Feuchtigkeit geschützt ist.

Ein Abfallgefäß verhilft bei Arbeiten wie Schmutzwäsche sortieren und bei Näharbeiten zu mehr Ordnung und Sauberkeit am Arbeitsplatz.

Verlassen des Arbeitsplatzes

Nach Arbeitsende wird der Arbeitsplatz aufgeräumt und gesäubert. Die zuletzt benutzten Arbeitsmittel werden gereinigt, bevor die Gegenstände wieder an ihren festgelegten Platz kommen. Auf diese Weise sind sie bei erneutem Gebrauch schnell auffindbar und stets einsatzfähig.

Körperhaltung und Arbeitsbewegungen

Konzentration, Ausdauer, Sicherheit und allgemeines Wohlbefinden hängen entscheidend von der richtigen Körperhaltung und von rationellen Arbeitsbewegungen ab.

Arbeiten im Stehen — So sollten nur die Arbeiten im Stehen verrichtet werden, bei denen ein größerer Aktionsradius oder eine größere Kraftanstrengung erforderlich ist. Kleine, leichte Arbeiten, die nur eine kurze Zeitspanne bis etwa drei Minuten beanspruchen, können ebenfalls stehend ausgeführt werden.

Alle anderen Arbeiten sollten unbedingt im Sitzen verrichtet werden, besonders, wenn sehr präzise gearbeitet werden muß.

Dazu verwendet man einen Arbeitsstuhl mit höhenverstellbarer Sitzfläche und Rückenlehne. Eine Anpassung an die arbeitende Person und die Höhe der Arbeitsflächen ist so von Fall zu Fall möglich. Der Stuhl sollte fünf Sicherheitsrollen haben, die Umkippen oder unbeabsichtigtes Wegrollen verhindern. Arbeitsstuhl

Die Höhe des Arbeitsstuhles wird so eingestellt, daß Ober- und Unterarme bei der Arbeit etwa einen rechten Winkel bilden.

Im Stehen muß der Winkel größer als 90 °C sein, soll Übermüdung der Arme verhindert werden: Der Oberarm hängt locker nach unten, der Unterarm ist leicht angehoben. Bedingung hierfür ist die richtige Höhe der Arbeitsflächen, nämlich 85 cm. Für große Personen beträgt sie 95 cm. Arbeitshöhen

Um die Hände nicht mehr als notwendig zu belasten, ist schon beim Kauf von Arbeitsgerät, zum Beispiel eines Bügeleisens, auf ein möglichst geringes Gewicht zu achten.

Arbeitsgeräte sollen gut zu halten und zu bedienen sein, deshalb ist auf sichere, handliche Griffe und Bedienungselemente zu achten. handliche Geräte

Einseitige Belastung läßt sich vermeiden, wenn bei der Arbeit beide Hände eingesetzt werden.

Wichtig ist auch die Anwendung entlastender Arbeitstechniken, bei denen mit gut durchdachten, fließenden, harmonischen Handbewegungen gearbeitet wird. Das kann zum Beispiel beim Einsprengen von Wäsche oder beim Handbügeln eingeübt werden. Bei Näharbeiten können die Arme beispielsweise entlastet werden durch das Aufstützen der Unterarme. entlastende Arbeitstechniken

Außer einer Änderung der Arbeitshaltung ist es sinnvoll, bei sehr anstrengenden Arbeiten zwischendurch zu einer anderen Beschäftigung zu wechseln.

So ist dynamische Arbeit meist weniger belastend und ermüdend als statische Arbeit.

Dynamische Arbeiten sind Bewegungsarbeiten wie Wäsche sortieren, legen.

Statische Arbeiten sind Haltearbeiten, Überkopfarbeiten, Tragearbeiten wie Wäsche aufhängen, besonders Gardinen aufhängen.

Halte- oder Tragearbeiten benötigen nicht nur einen großen Kraftaufwand, sie können im Extremfall Gesundheitsschäden verursachen. Deshalb ist hier möglichst auf andere Transportmöglichkeiten zurückzugreifen, zum Beispiel Rollen, Schieben oder Fahren.

Läßt sich die Arbeit nicht vermeiden, sollten möglichst viele Muskelpartien eingesetzt werden, um eine bessere Auslastung zu erreichen. Es ist vorteilhafter, beim Anheben und Aufsetzen in die Hocke zu gehen, statt sich zu bücken, und es ist besser, eine Last auf zwei Seiten, anstatt auf einer Seite zu tragen. Für die Gesundheit ist es zuträglicher, Lasten auf dem Rücken zu transportieren, statt sie vor dem Körper zu tragen.

Persönliche Hygiene

Bei der Wäschepflege spielt zwar die persönliche Hygiene nicht die Rolle wie etwa bei der Nahrungszubereitung. Trotzdem kann sie aus zweierlei Gründen nicht vernachlässigt werden:

Zum persönlichen Schutz sollten nach dem Sortieren verschmutzter Wäsche, aber auch nach dem Hantieren mit Waschmitteln oder in Waschlauge die Hände gewaschen werden.

Andererseits ist es zum Schutz frischgewaschener Textilien unumgänglich, daß mit sauberen Händen und in sauberer Kleidung gearbeitet wird.

Hände waschen

Arbeitskleidung

Besteht eine Neigung zu Hautreizungen, ist insbesondere bei der Wäsche von Hand mit Gummihandschuhen zu arbeiten. Beim Kontakt mit heißer Waschlauge ist außerdem auf sicheres Schuhwerk zu achten. Schmuckstücke können ein Unfallrisiko darstellen, wenn man damit irgendwo hängenbleibt. Außerdem können Textilien beschädigt werden und nicht zuletzt der Schmuck selbst, deshalb wird er am besten abgelegt.

Unfallverhütung

Durch vorausschauendes Denken sind viele Unfallgefahren von vornherein auszuschließen. Situationen von Übermüdung sowie physischen oder psychischen Mißempfindungen bei der Arbeit kann man vermeiden.

Mit sinkender Konzentrationsfähigkeit, zunehmendem Zeitdruck, durch Unkenntnis und Nachlässigkeit steigt die Unfallbereitschaft rapide an.

Ist ein Unfall passiert, sollten die Mittel zur Ersten Hilfe in einem nicht abgeschlossenen Fach der Hausapotheke schnell zu erreichen sein. Bedingung für die sachgerechte Anwendung sind allerdings Kenntnisse in Erster Hilfe, die sich jeder in einem Kurs aneignen kann.

Die häufigsten Haushaltsunfälle sind Stürze, Wundverletzungen, Verbrennungen, Vergiftungen und Verätzungen sowie Unfälle durch elektrischen Strom.

Stürze

Stürze lassen sich unter anderem verhüten durch das Tragen von zweckmäßigem Schuhwerk, sofortiges Beseitigen von Sturzquellen, wie Waschlauge auf dem Fußboden, aber auch durch gute Beleuchtung.

Wundverletzungen

Wundverletzungen werden bei der Wäschepflege unwahrscheinlicher, wenn keine spitzen oder scharfen Gegenstände in Taschen stecken und wenn Arbeitsgeräte, -stiele und -griffe splitterfrei sind und keine scharfen Kanten haben.

Vergiftungen

Vergiftungen und Verätzungen lassen sich beim Umgang mit Waschmitteln vermeiden, wenn aufgepaßt wird, daß keine Spritzer in die Augen,

70

den Mund und – je nach Konzentration – auf die Haut gelangen. Voraussetzung ist vorsichtiger Umgang mit Chemikalien, ganz besonders, wenn Kinder im Haus sind. Deshalb Verpackungen nie offen herumstehen lassen, nach Gebrauch unerreichbar aufbewahren und nur völlig entleert in den Müll geben und die Gebrauchsanweisungen genau beachten.

Unfälle durch Elektrogeräte können durch Beachtung folgender Vorsichtsmaßnahmen verhütet werden:

Schalter, Kabel und Steckdosen müssen intakt sein. Defekte Elektrogeräte sofort ausschalten; nie selbst flicken, sondern vom Fachmann reparieren lassen.

Bedienungsanleitungen strikt beachten.

Vor der Reinigung, aber auch beim Wechsel von Zubehörteilen (zum Beispiel an der Nähmaschine) und beim Nachfüllen von Wasser in Dampfbügeleisen den Netzstecker ziehen, um den Stromkreis zu unterbrechen. Nicht mit nassen Händen arbeiten.

Zum Reinigen Elektrogeräte niemals unter fließendes Wasser halten, nicht in Wasser eintauchen oder mit Wasser bespritzen.

Gerät ist schutzisoliert

Nur Elektrogeräte kaufen, die ein anerkanntes Prüf- oder Sicherheitszeichen besitzen:

VDE (Verband Deutscher Elektrotechniker e. V.),
TÜV (Technischer Überwachungsverein),
GS (Geprüfte Sicherheit),
DVGW (Deutscher Verein des Gas- und Wasserfaches e. V.).

Funkstörschutz

Arbeitsablauf und Arbeitstechnik

Arbeitsvorbereitung

Bevor mit der eigentlichen Arbeit begonnen wird, müssen die Arbeitsmittel geholt und bereitgestellt werden. Sind Bedienungsanleitungen für Geräte oder Dosiervorschriften für irgendwelche Mittel nicht bekannt oder in Vergessenheit geraten, gehört es selbstverständlich zur Vorbereitung, sich mit diesen vertraut zu machen.

Arbeitsdurchführung

Auch für Arbeitsverfahren und -methoden gilt, daß viele Wege nach Rom führen. Aber nicht nur unterschiedliche Arbeitsweisen, sondern auch der Einsatz verschiedenster Mittel führt zu stets neuen Möglichkeiten.

Es ist nötig, immer wieder neue Mittel und Wege zu erproben und eingefahrene Methoden kritisch zu hinterfragen, mit dem Ziel, die Arbeit schneller, leichter, besser und umweltschonender als bisher zu bewältigen.

planvoll arbeiten	Zur Planung gehört eine sinnvolle Reihenfolge, wenn zur Erledigung einer Arbeit mehrere Arbeitsschritte notwendig sind. Wartezeiten sollten sinnvoll genutzt werden, damit keine Leerläufe bei der Arbeit entstehen. Das kann eine andere Arbeit sein, während zum Beispiel die Waschmaschine läuft. Die Wartezeit kann aber auch durch eine bewußt eingeplante Pause ausgefüllt werden.
systematisch arbeiten	Alle Arbeiten werden systematisch ausgeführt: von oben nach unten, von hinten nach vorne, von rechts nach links. Beim Abwaschen eines Gerätes, beim Wäschesortieren, beim Aufhängen, Einsprengen usw., fast immer sind ein oder mehrere Gesichtspunkte zum systematischen Arbeiten zu berücksichtigen. Die Punkte werden übrigens auch einbezogen in die Vorschläge zur Arbeitsplatzgestaltung, zum Beispiel beim Bügeln.
Serienarbeit	Serienarbeit zu verrichten bedeutet, daß bestimmte Arbeiten oder Teilabschnitte einer Arbeit unmittelbar nacheinander verrichtet werden. Dadurch läßt sich ein häufiger Wechsel des Arbeitsgeräts oder des Arbeitsplatzes vermeiden, häufig können auch Strom, Wasser oder Waschmittel eingespart werden. **Beispiel:** Beim Bügeln werden unmittelbar nacheinander alle Teile weggebügelt, erst nach Ausschalten des Bügeleisens oder der Bügelmaschine werden die Teile schrankfertig gefaltet.
Geschicklichkeit durch Übung	Wichtig zur guten und sicheren Arbeitsdurchführung ist das Erlernen guter Arbeitstechniken, wobei die eigene Geschicklichkeit ein wichtiger Faktor ist. Effektive Handgriffe und wirkungsvolle Arbeitsbewegungen lassen sich indes in letzter Konsequenz nicht beschreiben, hier hilft nur Üben und Tun.

Arbeitsende

Nach Beendigung der Arbeit werden gebrauchte Arbeitsmittel und -geräte an ihren festgelegten Platz gebracht, der Arbeitsplatz wird aufgeräumt. Verschmutztes Gerät ist unbedingt zu reinigen. Zum Schluß geht noch ein Blick auf das Arbeitsergebnis – zur Kontrolle und vielleicht auch zur Selbstbestätigung.

Praxis der Textilpflege: Waschen, Trocknen, Bügeln

Faktoren beim Waschen

Um schmutzige Wäsche sauber zu bekommen, müssen vier Faktoren wirksam werden:
Mechanik, Temperatur, Zeit und Chemie, wobei Wasser neben Waschmitteln dem Faktor Chemie zugerechnet werden kann.
Alle Faktoren stehen zueinander derart in Beziehung, daß beim Verkleinern eines Faktors andere vergrößert werden müssen, um dasselbe Ergebnis zu erzielen (siehe Abb. Seite 74).
Die Hauptrolle spielt beim Waschprozeß jedoch die schmutzige Wäsche, das verschmutzte Waschgut, um dessen Reinigung es geht.

Mechanik
Temperatur
Zeit
Chemie

Verschmutztes Waschgut

Je nachdem, wie stark Schmutz und Flecke an der Wäsche haften, je nach Gestalt der Schmutzpartikel und Art des Schmutzes geht der Reinigungsprozeß leichter oder schwieriger vonstatten. Alter Schmutz haftet meistens stärker, und grobe Schmutzpartikel lassen sich leichter abtragen als kleine.
Die Schmutzarten sind sehr unterschiedlich:

Art der Verschmutzung

- wasserlösliche, leicht entfernbare Verschmutzungen (z. B. Harnstoff, Zucker, Kochsalz),
- fett- und ölhaltige Verschmutzungen (Hautfett, Speisefett, Schmieröle, Wachse, Hautcreme)
- eiweißhaltige Verschmutzungen (Blut, Soßen, Milch, Ei)
- farbstoffhaltige Flecke (Obst- und Gemüsesäfte, Rotwein, Blut)
- fester Pigmentschmutz (Staub, Ruß, Metallteilchen).

Mechanik

Die mechanische Bewegung moderner Waschmaschinen ersetzt heute das frühere Rubbeln von Hand. Mit Hilfe der Mechanik kann die Waschflotte (= Waschlauge) besser auf Schmutzpartikel einwirken, diese lösen und zerteilen.
Bei der Trommelbewegung reiben sich die Wäschestücke aneinander, sie werden gestaucht und von der Waschflotte durchflutet. Die Intensität der mechanischen Komponente beim Waschvorgang ist abhängig von

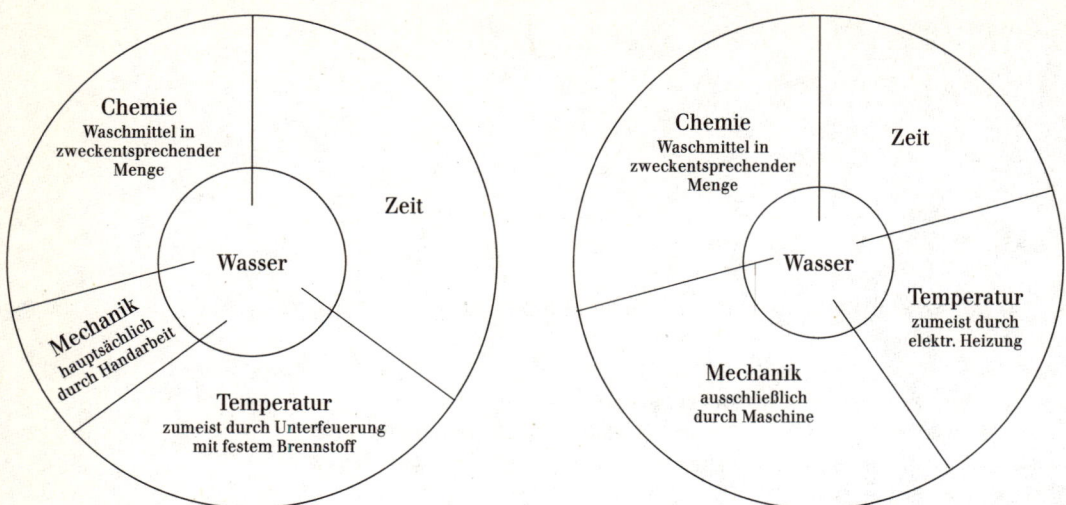

Der Sinnerkreis verdeutlicht den unterschiedlichen Aufwand der Faktoren beim Waschen im Kessel oder von Hand und in der Waschmaschine

– der Zentrifugalbeschleunigung der drehenden Trommel,
– der Fallhöhe, bedingt durch Wasserstand und Füllmenge,
– der Fallhäufigkeit (Umdrehungszahl der Trommel),
– Bewegung gegenüber anderen Wäschestücken und der Waschflotte,
– Sprühstärke und -häufigkeit (bei modernen Waschmaschinen mit dieser Technik).

Temperatur

Die Beschaffenheit der Wäsche und die Wirksamkeit der Waschmittel erlauben es heute, bei relativ niedrigen Temperaturen ein gutes Resultat zu erreichen. Daß hohe Temperaturen die Verschmutzung besser lösen, ist nicht mehr in jedem Fall zutreffend. Zwar unterstützen Temperaturen die anderen Waschfaktoren, weil mit ihrer Hilfe Verschmutzungen, aber auch Waschmittel schneller und besser gelöst werden. Eiweißhaltige Flecken hingegen verschwinden eher bei Temperaturen von 40–60 °C unter Zuhilfenahme eines enzymhaltigen Waschmittels. Hohe Waschtemperaturen verteuern nur unnötig den Waschgang durch höheren Energieverbrauch.

Zeit

Mechanik, Temperatur und Waschflotte benötigen je nach Verschmutzung des Waschgutes eine gewisse Zeit, um auf den Schmutz einzuwirken. Die Zeit ist meistens an das gewählte Programm, beziehungsweise die gewählte Waschtemperatur gekoppelt, deshalb kann dieser Faktor kaum verändert werden. Variieren läßt er sich durch das Extra-Vorwaschprogramm, Vorwäsche oder Einweichen als Programmbestandteil, eventuell auch durch Ausschalten der Maschine während der Vorwäsche, verkürzen läßt sich der Faktor Zeit durch Kurzwaschgänge. Bei stark verschmutzter Wäsche kann der Faktor Zeit durch Einweichen in einer Wanne genutzt werden.

Chemie

Wasser und Waschmittel ergeben zusammen den wichtigen Faktor Chemie beim Waschprozeß. Wasser ist beim Waschvorgang ein unentbehrliches Hilfsmittel. Seine Aufgaben:
– es weicht, löst und transportiert Schmutzpartikel,
– Wasser ist Überträger der Temperatur, es wird erwärmt oder erhitzt,
– es ist Transportmittel der mechanischen Energie, weil es diese auf das Waschgut überträgt.
– es löst die Waschmittel, die nur als Lösung ihre Wirksamkeit entfalten können.
Die Härte des Wassers spielt eine entscheidende Rolle bei der Dosierung von Waschmitteln.

Erwartungen an ein Waschmittel

– Beseitigung von Verschmutzungen bei größtmöglicher Schonung der Wäsche und der Waschmaschine.
– Weitgehende Verträglichkeit gegenüber Umwelt und Gesundheit, bei Herstellung, Anwendung und Abbau,
– Einfache Handhabung und gewünschtes Waschverhalten bei sparsamster Dosierung,
– angemessenes Preis-Leistungs-Verhältnis.

Behandlung der verschmutzten Wäsche

Aufbewahren der Schmutzwäsche

Ökologisch und ökonomisch vernünftige Wäschepflege erfordert meist das Sammeln und damit das Aufbewahren der verschmutzten Wäsche. Nur dadurch läßt sich die Forderung nach einer optimal gefüllten Waschtrommel bei jedwedem Temperaturbereich realisieren.
Um keine unangenehmen Überraschungen zu erleben, ist folgendes zu beachten:
Grundsätzlich sollte verschmutzte Wäsche luftig, trocken und locker in geeigneten Behältnissen und nicht länger als notwendig aufbewahrt werden. Es versteht sich von selbst, daß die Aufbewahrung getrennt von sauberer Wäsche erfolgt.

Luftig: Geeignet sind Wäschekörbe, waschbare Wäschebeutel oder Wäschesäcke, die eine gewisse Luftdurchlässigkeit besitzen, damit die Wäsche nicht muffig wird.

Trocken: Feuchte Textilien, zum Beispiel Handtücher, sollten trocknen, wenn noch keine ganze Maschinenfüllung zusammenkommt.

Locker: Textilien, insbesondere solche aus Chemiefasern, sind empfindlich gegen Knitterfalten, die noch durch ein feucht-warmes Milieu begünstigt werden. Lockeres Falten wirkt der Knitterbildung entgegen, ohne die Luftzirkulation nennenswert zu beeinträchtigen.

Geeignete Behältnisse sollten nicht nur luftdurchlässig sein, sondern auch glatte Innenwände besitzen, damit die Wäsche nicht beschädigt wird durch sogenannte »Zieher«. Wenig geeignet sind beschädigte Plastikkörbe oder Weidenkörbe ohne Futter.

Die Aufbewahrung sollte nicht länger als nötig erfolgen, weil durch längeres Lagern die meisten Verschmutzungen und Flecke tiefer in die Faser eindringen; die Schmutzlösung wird erschwert.

Übrigens...

Wäsche sortiert sammeln

Ideal sind (bei guten Platzverhältnissen) mehrere Sammelbehälter, in denen die Wäsche bereits sortiert und vorbereitet aufbewahrt wird.

Durch getrenntes Aufbewahren nach Farbe und Wäscheart wird verhindert, daß Flusen von farbigen Wäschestücken auf weißen Textilien beim Waschen Verfärbungen verursachen.

Baumwoll-Windeln und Krankenwäsche (beispielsweise auch Socken von Personen mit Fußpilz) sowie stark verschmutzte Berufskleidung werden getrennt von der übrigen Wäsche aufbewahrt.

Die Waschmaschine ist kein Aufbewahrungsort für Schmutzwäsche.

Die Entstehung von Stockflecken wird durch ein feucht-warmes Klima gefördert.

Vorbereiten der Wäsche zum Waschen

Wäsche hat beim Kauf ihren Preis; richtig teuer kann sie durch falsche Pflege werden. Viele Wäscheschäden entstehen dadurch, daß Textilien falsch sortiert oder ungenügend kontrolliert und vorbereitet werden. Gewiß stopft niemand die Wäsche einfach unbesehen in die Maschine, dennoch werden oft wichtige Dinge übersehen.

Sortieren der Schmutzwäsche

Arbeitsmittel

Wäschekörbe, Bürsten, Abfallgefäß, eventuell Waschmittel oder Waschpaste, Fleckentferner, Nähzeug, Wäschebeutel

Sortieren nach Pflegekennzeichnung

Die Wäsche wird anhand der eingearbeiteten Pflegekennzeichnung in den Textilien (siehe auch Tabelle auf Seite 86 und 87) sortiert.

Qualitätsausweis vom
Deutschen Institut
für Gütesicherung
und Kennzeichnung
an Bettwäsche

RAL-TESTAT

1036	Information nach Musterprüfung	2 B 98311

FEINBIBER-BETTWÄSCHE bedruckt

- 100 % Baumwolle – Leinwandbindung
- Größe:
  Bezug: 135 x 200 bzw. 155 x 200 cm
  Kissen: 80 x 80
- Flächengewicht: 172 g/m²
- Reißkraft K/Sch: 31/34 daN (kp)
- Fäden je cm: 18/12
- Farbechtheit (höchste Note 5):
  reibecht trocken: 5
  schweißecht: 5
  Waschen 60 °C: 5

Die Symbole informieren unter anderem darüber, ob das Teil waschbar ist oder nicht und welche Waschtemperatur für die jeweilige Faserart und Ausrüstung in Frage kommt. Je nach Empfindlichkeit von Faser oder Gewebe gegenüber Wärme und Mechanik werden die Textilien für die Hand- und Maschinenwäsche sortiert (siehe Seite 86 und 87). Auch hierüber gibt die Pflegekennzeichnung Auskunft.
Sortiert wird außerdem nach Farbe und Verschmutzungsgrad.

Sortieren nach Farbe

Weiße und farbige Textilien werden getrennt gewaschen, um ein langsames Vergrauen oder plötzliches Verfärben der Weißwäsche zu vermeiden. Hell- und dunkelfarbige Wäschestücke werden ebenfalls getrennt gewaschen.

Neue, farbige Buntwäsche muß, solange die Farben noch ausbluten, separat gewaschen werden.

neue Buntwäsche

Vorsicht ist auch geboten bei farbigen Ausschmückungen auf weißen Textilien. Farbig bezogene Knöpfe oder bunte Applikationen können Verfärbungen hervorrufen und müssen deshalb bei niedriger Temperatur gewaschen werden.

Probe auf Farbechtheit

Farbschäden kann man vorbeugen, indem man das Wäschestück auf die Echtheit der Farben prüft. Dazu ein wenig Waschlauge im gleichen Mischungsverhältnis wie bei den Herstellerangaben zur Handwäsche bereiten, gleiche Temperatur wie zur Wäsche vorgesehen.

Eine beim Gebrauch wenig sichtbare Stelle eintauchen und in einem weißen Tuch ausdrücken. Verfärbt sich das Tuch, die Probe eventuell bei niedrigerer Temperatur wiederholen. Ist die Färbung nicht waschbeständig, sollte das Wäschestück besser zur chemischen Reinigung gegeben werden.

Sortieren nach Verschmutzungsgrad

Berufswäsche   Stark verschmutzte Berufswäsche wird nicht zusammen mit leicht verschmutzter Wäsche in die Waschmaschine gefüllt. Sie wird eventuell eingeweicht oder zusätzlich mit dem Vorwaschprogramm gewaschen.

Babywäsche
Krankenwäsche   Babywäsche, Baumwollwindeln und Krankenwäsche werden aus hygienischen Gründen getrennt von der übrigen Wäsche gewaschen (Einweichen, Vorwäsche).

neue Textilien   Neue Textilien sollten grundsätzlich vor dem ersten Tragen gewaschen werden, damit Überreste von Chemikalien (zum Beispiel Formaldehyd und Chromat) entfernt werden.

Auch neue Textilien aus ungefärbten Naturfasern sollten vor dem ersten Tragen gewaschen werden, um mögliche Pestizid-Rückstände zu reduzieren.

Das gilt besonders für Wäsche von Babys, Kleinkindern und Allergikern.

Übrigens ...

Wäsche nicht auf dem Teppich oder Fußboden sortieren (Flecke), sondern gleich aus dem Wäschekorb heraus oder bei größeren Wäschemengen auf dem mit Folie abgedeckten Fußboden.

Mischgewebe   Mischgewebe bereiten keine Probleme beim Sortieren und Waschen, wenn man sich nach der empfindlichsten Faser richtet.

In ähnlicher Weise kann eine kleine Stickerei aus Wolle auf einer Baumwolltischdecke bestimmend für Waschtemperatur und Waschverfahren sein.

Wo Pflegesymbole fehlen, muß die eigene Erfahrung helfen, Faser und Reinigungsart zu bestimmen.

Kontrollieren und Vorbehandeln der Schmutzwäsche

gefaltete Stücke   Gefaltete Wäschestücke entfalten; hochgekrempelte, lange Ärmel entrollen.

Taschen   Taschen von Hosen, Kitteln, Schürzen kontrollieren und entleeren. Metallgegenstände, wie Nägel, Büroklammern etc. können Wäsche und Trommel beschädigen (Rost), Papiertaschentücher verflusen die Wäsche.

Taschen ausbürsten, damit sich Staub und Flusen nicht in den Ecken festsetzen.

Säume   Säume, Aufschläge, Nähte und Ecken ausbürsten.

Bett- und Kissenbezüge auf die linke Seite wenden, Nähte und Ecken ausbürsten.

Knöpfe   Knöpfe von Bezügen am besten schließen, damit keine anderen Wäschestücke hineingelangen und sich darin zusammenballen.

Bei Hemden, Blusen, Kitteln etc. jeden zweiten Knopf schließen, ebenso Druckknöpfe, Haken und Ösen.

Beschädigte Knöpfe abschneiden und sofort oder später ersetzen, damit keine Wäscheschäden entstehen.

Zur Rostbildung neigende Metallknöpfe und -verschlüsse entfernen. Schmuck, wie beispielsweise Anstecknadeln und Manschettenknöpfe entfernen.

Reißverschlüsse schließen, um Wäscheschäden zu verhindern. *Reißverschlüsse*

Strick- und Häkelwaren aus maschinenwaschbarer Wolle oder Synthetics auf links wenden, um die Gefahr der Pillingbildung (kleine Knötchen) zu verringern. *Strickwaren*

Jeans und Cordhosen ebenfalls auf die linke Seite wenden, um der Bildung von Blanchissuren (streifenförmige Farbverblassungen) und Strukturveränderungen vorzubeugen. Sie werden so vor der Waschmechanik besser geschützt. *Jeans und Cordhosen*

Längere Bänder und Stoffgürtel locker verknoten, damit sie sich nicht verwickeln. *Bänder*

Kleine, empfindliche Teile (z. B. Feinstrumpfhosen, Handarbeiten) in einem Wäschebeutel (eventuell Kissenbezug) waschen. *kleine Teile*

Schadstellen vor dem Waschen ausbessern, sonst werden sie größer.

Besonders verschmutzte Stellen, zum Beispiel Kragen, mit einer schmutzlösenden Waschpaste, einem Flüssigwaschmittel oder Waschmittelbrei (Waschpulper und Wasser) einreiben. Vor dem Waschen 20–30 Minuten einwirken lassen. *vorbehandeln*

Großflächig sehr stark verschmutzte Wäschestücke, wie etwa Berufswäsche, ein bis zwei Stunden (eventuell länger) vor der Maschinenwäsche einweichen.

Hartnäckige, problematische Flecken vor dem Waschen behandeln, andernfalls können sich gewisse Flecksubstanzen bei hoher Wasch- und Bügeltemperatur intensiver mit der Faser verbinden und nicht mehr entfernbar werden.

Fleckentfernung siehe Seite 142.

Waschen mit der Maschine

Einfüllen der Wäsche in die Waschmaschine

Die Waschmaschine wäscht die Wäsche zwar ohne eigenes Zutun, aber das richtige Einfüllen der Wäsche in die Maschine ist mitbestimmend für einen guten Wascherfolg.

Es ist empfehlenswert, vor Benutzung der Waschmaschine die Bedienungsanleitung zu studieren, sofern sie einem nicht geläufig ist. Überdies sind generell beim Umgang mit der Maschine die allgemeinen Sicherheitshinweise zu beachten.

Für einen Waschvorgang, das heißt ein Waschprogramm, sollten möglichst verschieden große Wäschestücke – vorbereitet und sortiert – locker eingefüllt werden. Dadurch wird die Wäscheverteilung in der Waschflotte begünstigt und die Waschwirkung verstärkt.

Die Maschine steht ruhiger, was besonders beim Schleudern von Vorteil ist.

Füllgewicht   Das empfohlene Füllgewicht sollte optimal ausgenutzt werden, wenn
die Maschine beschickt wird. So können Strom, Wasser und Waschmittel gespart werden.
Andererseits darf die Maschine aber nicht zu voll gestopft werden, das
schadet Maschine und Wäsche. Ein unbefriedigendes Waschergebnis
und eine verstärkte Knitterbildung sind die Folge.

Handgriffe vor dem Waschen

– Wäsche einfüllen und Gerätetür schließen
– Waschmittel zugeben
– Netzstecker ans Stromnetz anschließen
– Wasserhahn öffnen und Abwasserschlauch einhängen (falls notwen-
  dig)
– Programm (Temperatur) wählen
– Programm starten

Trommelfüllung beim Waschen

Maschinenwaschbare Wolle und empfindliche Feinwäsche
Die Trommel nur zu einem Viertel mit Waschgut füllen, also 1 kg bis
maximal 1,5 kg Trockenwäsche, je nach Fassungsvermögen der
Maschine.

Synthetische und pflegeleichte Wäsche
Maschine höchstens zur Hälfte beladen, also 2–2,5 kg Trockenwäsche,
je nach Fassungsvermögen.
Diese Textilien müssen regelrecht in der Waschflotte »schwimmen«. So
läßt sich die starke mechanische Beanspruchung in der Maschine
abmildern und Knitterbildung weitgehend ausschließen.

Bunt- und Kochwäsche
Die Trommel wird voll gefüllt mit 4–5 kg Trockenwäsche, je nach
Fassungsvermögen. Die Trommel ist gut gefüllt, wenn zwischen eingelegter, leicht zusammengepreßter Wäsche und oberem Trommelrand
ein handbreiter Abstand verbleibt.
Zu beachten ist, daß sich die angegebenen Empfehlungen auf Trockenwäsche beziehen. Beim Einfüllen nasser Wäsche (zum Beispiel einge-
weichtem Waschgut) muß die Menge um etwa die Hälfte reduziert
werden.
Schließlich ist darauf zu achten, daß beim Schließen der Tür kein
Wäscheteil an der Einfüllöffnung eingeklemmt wird.

Durchschnittliche Gewichte einzelner Wäschestücke

Chemiefasern:

Damenkittel	200 g
Damenbluse	125 g
Damennachthemd	150–170 g
Herrenberufskittel	300–400 g
Herrenoberhemd	200–250 g
Damenpullover	200–300 g
Damenrock	250–400 g
Schlafanzug	250–300 g
Damenunterhemd	50 g
BH	25 g
Badeanzug	200 g
Tischdecke mittelgroß	350–450 g

Naturfasern:

Damen-Baumwollgarnitur	200–250 g
Damen-Baumwollnachthemd	150–200 g
Damen-Baumwollschlafanzug	250–450 g
Damen-Baumwollhemd	100–150 g
Damen-Baumwollschlüpfer	100–120 g
Damen-Baumwollslip	50 g
Damen-Baumwollbluse	100–200 g
Damen-Baumwollschürze	150–200 g
Herren-Baumwollunterhemd ärmellos	100–150 g
Herren-Baumwollunterhemd Ärmel	150–250 g
Herren-Baumwollunterhose kurz	50–100 g
Herren-Baumwollunterhose lang	200–300 g
Herren-Baumwollschlafanzug	400–500 g
Herren-Baumwolloberhemd	200–300 g
Herren-Baumwolltaschentuch	20–25 g
T-Shirt, Baumwolle	100 g
Sweatshirt, Baumwolle	300–400 g
Jeans	600 g
Leinen-Tafeltuch	800–1000 g
Leinen-Serviette	50–100 g
Baumwolltischdecke mittelgroß	250–400 g
Geschirrtuch	100 g
Leinenhandtuch	100–140 g
Frottierhandtuch	150–200 g
Frottierbadetuch	800–1000 g
Frottierbademantel	1200 g
Baumwollbettbezug	650–900 g
Baumwollkissenbezug	180–200 g
Baumwollbettuch	500–700 g
Wäsche für ein Bett	1300–1600 g

Auswahl, Dosierung und Zugabe des Waschmittels

Auswahl und richtige Dosierung des Waschmittels sind weitere Faktoren, die für Wäscheschonung und Waschresultat von Bedeutung sind. Mehr und mehr spielen auch Aspekte des Umweltschutzes bei der Waschmittelauswahl und -dosierung eine Rolle.

Waschmittel-Auswahl

Die Wahl des Waschmittels ist abhängig
– vom Waschverfahren (Maschinenwäsche – Handwäsche)
– von der Textilart
– von der Waschtemperatur
– von der Farbe der Wäsche
– und dem Verschmutzungsgrad der Textilien

siehe dazu Waschmittel Seite 50 Zum maschinellen Waschen sollten nur maschinengeeignete Waschmittel verwendet werden.

Dabei könnte die Wahl etwa folgendermaßen aussehen:

Pulverförmige Alltemperaturwaschmittel (Vollwaschmittel)
Für stark verschmutzte Weißwäsche (Kochwäsche) im 95 °C-Programm. Durch ihren Anteil an Bleichmitteln gewährleisten sie eine gute Entfernung bleichbarer Verschmutzungen.
Durch Bleichaktivatoren (TAED-System) auch für normal und leicht verschmutzte Weißwäsche bei 60–90 °C und für normal bis leicht verschmutzte, weiße Misch- und Chemiefasern von 40–60 °C, zum Beispiel im Energiesparprogramm.
Bleichmittel entfalten ihre Wirksamkeit zunehmend bei höheren Temperaturen über 60 °C. Bleichaktivatoren bewirken schon bei niedrigen Temperaturen eine gute Bleichwirkung.
Optische Aufheller lassen nicht bleichbare Synthetics weißer erscheinen.

Flüssige Alltemperaturwaschmittel (Vollwaschmittel)
für stark verschmutzte Buntwäsche, zum Beispiel fett- und ölverschmutzte Berufskleidung bei 40–60 °C.

Pulverförmige oder flüssige Feinwaschmittel
für normal bis leicht verschmutzte Buntwäsche bei 40–60 °C und normal bis leicht verschmutzte Feinwäsche bei 30–40 °C.

Flüssige oder pulverförmige Wollwaschmittel
für Wolle, Seide und feine Gewebe bei Kalt- oder Warmwäsche bis 30 °C.

Pulverförmige oder flüssige Gardinenwaschmittel
für weiße Stores bei 30–40 °C und gelegentlich für weiße Textilien aus synthetischen Chemiefasern bei 30–60 °C (außer Leibwäsche).

Waschmittel-Dosierung

Das A und O bei der Anwendung von Waschmitteln ist neben der richtigen Auswahl die genaue Dosierung. Nur so lassen sich nachfolgende negative Auswirkungen durch Über- oder Unterdosierung vermeiden.

Überdosierung führt infolge des Mehrverbrauchs an Chemikalien zu unnötigen Belastungen für die Umwelt, ohne das Waschergebnis merklich zu verbessern. Verbraucherorganisationen weisen mit Recht darauf hin, daß häufig doppelt soviel Waschmittel gebraucht wird, als nötig wäre.

Unterdosierung von Waschmitteln hat andererseits nicht nur positive Auswirkungen. Insbesondere chronische Unterdosierung führt zu mangelhaften Waschergebnissen durch Fettläuse und Schmutzschichten auf der Wäsche, außerdem zu Belagsbildung in der Maschine.

Vorzeitiger Verschleiß von Wäsche oder Maschine kann weder aus ökologischer noch aus finanzieller Sicht sinnvoll sein und sollte daher vermieden werden.

Die Dosierung richtet sich nach
− dem Härtegrad des Wassers,
− der Wäschemenge,
− der Zusammensetzung des Waschmittels
− und nach dem Verschmutzungsgrad der Textilien.

Die Angaben auf der Verpackung sind unbedingt zu beachten. Neben der Nennung der Inhaltsstoffe und Reichweite (Ergiebigkeit) des Waschmittels enthalten die Angaben wichtige Empfehlungen für die Dosierung.

Grundsätzlich ist die Dosierhilfe zu verwenden, am besten die mitgelieferten Meßbecher. Diese nicht einfach randvoll füllen, sondern auf die Milliliter-Einteilung achten.

Die Waschmaschinenfüllung sollte der Waschmittelgabe entsprechen. Auf die Vorwäsche mit einem Zusatz an Waschmitteln kann meistens verzichtet werden.

Beim Verzicht auf die Vorwäsche wird das Waschmittel eingespart, nicht dem Hauptwaschgang zugegeben.

Es ist nicht vertretbar, einfach nach Gefühl zu dosieren oder jedem Waschgang sicherheitshalber einfach etwas mehr Waschmittel zuzusetzen.

Die Dosierung bei Waschtemperaturen über 60 °C, ganz gleich ob Pulver- oder Flüssigmittel, erfolgt nach dem Wasserhärtebereich 1, weiches Wasser. Erst bei höheren Temperaturen sind Kalkablagerungen zu befürchten. Bei härterem Wasser wird zusätzlich zum phophatfreien Waschmittel ein phosphatfreier Enthärter nach Gebrauchsanweisung zugegeben. Der Enthärter wird immer zusammen mit dem Mittel für den Hauptwaschgang in die Maschine gegeben.

Läßt bei hartem Wasser und herabgesetzter Temperatur der Weißgrad der »Kochwäsche« zu wünschen übrig, kann man ein Bleichmittel auf Percarbonat-Basis zudosieren. Gebrauchsanweisung beachten. Siehe auch: Baukastensystem, Seite 58.

Wenn die Wasserhärte nicht bekannt ist, sollte sie beim örtlichen Wasserwerk erfragt werden.

Überdosierung

Unterdosierung

Dosierhilfe
verwenden

Enthärter

Bei nur leicht verschmutzter Wäsche kann die vorgeschriebene Dosierung geringfügig unterschritten werden.

kleine Mengen Zum Waschen kleinerer Wäschemengen bei der Programm-Einstellung $^1/_2$ kann die Waschmittelmenge um ein Drittel bis zur Hälfte gesenkt werden.

Energiesparprogramm Bei Benutzung des Energiesparprogramms wird das Waschmittel wie bei normaler Programmeinstellung dosiert.

Stark verschmutzte Wäsche erfordert manchmal eine leichte Erhöhung der Dosierung.

Rückstände Befinden sich nach dem Waschvorgang auf der Wäsche graue, flockenartige Rückstände, deutet dies auf unzureichende Waschmittelzugabe bei fettverschmutzter Wäsche hin. Kleine schwarze Schmutzpartikel (sogenannte »Fettläuse«) sind ebenfalls ein Hinweis auf Unterdosierung. Um die Waschmaschine zu reinigen, sollte in diesem Fall zunächst ein 95 °C-Programm mit einem starken Waschmittel – ohne Wäsche – durchlaufen. Falls erforderlich, danach die Wäsche nochmals waschen.

Waschmittel-Zugabe

pulverförmige Mittel Pulverförmige Waschmittel werden beim Einbadverfahren (nur Hauptwaschgang) am zweckmäßigsten dem einlaufenden Wasser über die Schublade zugegeben.

Bei älteren Maschinen kann das Pulver teilweise ungenutzt im Pumpensumpf verschwinden. Dies wird vermieden, wenn man zunächst einige Liter Wasser einlaufen läßt und das Waschmittel dem einlaufenden Wasser zudosiert.

Eine andere Möglichkeit ist, das Waschpulver in ein farbechtes Tuch einzuschlagen und in die Mitte der Trommel zwischen die Wäsche zu legen – so wird es optimal genutzt.

flüssige Mittel Flüssige Mittel vor Gebrauch schütteln, damit sich die Inhaltsstoffe gleichmäßig verteilen.

Flüssigmitteln werden meist Dosierhilfen, beispielsweise Kugeln, beigepackt. Mit ihnen kann das Mittel direkt in die Trommel zur Wäsche gegeben werden. Wenn das zu umständlich oder während des Programms zu laut ist, kann das Mittel ebenfalls dem einlaufenden Wasser zugegeben werden.

Bei Vorwäsche wird für die Waschmittelzugabe die schubladenähnliche Einspülvorrichtung benutzt, bei Bedarf in Verbindung mit dem Einsatz für Flüssigmittel.

Waschmittel dürfen während und nach der Anwendung nie offen und für Kinder erreichbar herumstehen.

Nach Entnahme muß die Packung verschlossen werden, um ein Verklumpen oder Austrocknen zu verhindern. Trocken aufbewahren.

Programmwahl und Zusatzfunktionen

Fast jede Hausfrau hat schon einmal die Erfahrung einer falschen Programm- bzw. Temperaturwahl mit ihren unangenehmen und meist kostspieligen Folgen gemacht. Meistens führt ein Versehen dazu, daß beispielsweise Feinwäsche gekocht wird, aber auch öftere Temperaturüberschreitungen in geringerem Ausmaß können zu Wäscheschäden führen.

Eine Orientierungshilfe hinsichtlich des zu wählenden Programms und der auf die Wäsche abgestimmten Temperatur gibt die Tabelle Sortieren/Programmwahl auf Seite 86.

siehe Tabelle
Seite 86–87

Insbesondere bei Wolle, Feinwäsche und Synthetics ist auf die richtige Programm- und Temperatureinstellung zu achten. Bei Mischgewebe richtet sich diese stets nach der empfindlichsten Faser, auch wenn sie nur in geringen Anteilen vorhanden ist. Hier entstehen die Fehler allerdings bereits beim Sortieren der Wäsche.

Eine erhöhte Waschtemperatur läßt Wolle einlaufen. Manche Synthetics werden »weich« und sind, wenn sie in der Trommel gedrückt werden, besonders knitteranfällig, zum Beispiel Polyacryl, das nur bei 30 °C gewaschen werden sollte.

Der typische Programmablauf in der Waschmaschine sieht folgendermaßen aus: (Vorwäsche), Hauptwäsche, drei- bis fünfmaliges Spülen, Entwässern durch Abpumpen und Schleudern (bei Normalwaschgängen).

Programmablauf

Vorwäsche

Dieses »Extra« ist meist nur bei stark verschmutzter Wäsche gerechtfertigt. Im allgemeinen ist darauf zu verzichten, das spart Waschmittel, Wasser und Strom. Von der Empfehlung der Waschmittel-Hersteller, bei der Vorwäsche eingespartes Waschmittel dem Hauptwaschgang voll zukommen zu lassen, sollte man keinen Gebrauch machen. Kann auf die Vorwäsche nicht verzichtet werden, sollte in jedem Fall Feinwaschmittel verwendet werden, auch für Kochwäsche.

*Vorwäsche
ist meist verzichtbar*

Energiesparprogramme

Diese arbeiten mit niedriger Temperatur, aber mit gleichlanger oder verlängerter Waschzeit gegenüber normalen Hauptwaschgängen des eingestellten Programms. Bei leicht verschmutzter Wäsche kann dadurch bis zu 30 % Strom gespart werden.

Stromersparnis

Und so sieht die Stromeinsparung aus:

statt 95 °C nur 60 °C: 30 % Stromersparnis
statt 60 °C nur 30 °C: 30 % Stromersparnis
statt 95 °C nur 80 °C: 7 % Stromersparnis
statt 95 °C nur 70 °C: 15 % Stromersparnis
statt 60 °C nur 50 °C: 15 % Stromersparnis

Wäschesortieren – Programmwahl

Symbol	mögliche Temperatur	Fasermaterial/Ausrüstung	Beispiele für Textilien	Bemerkungen
Kochwäsche farbecht 95 Normalwaschgang	60–95 °C	Baumwolle, Leinen kochfest, weiß und farbecht	Bettwäsche, Tischwäsche, Küchentücher, Baumwollwindeln, Babywäsche, Taschentücher, Handtücher, Unterwäsche, Krankenwäsche, Nachtwäsche, Servier- und Schwesternschürzen u. -kittel	Temperatur nach Verschmutzungsgrad wählen
Kochwäsche pflegeleicht 95 Schonwaschgang	60–95 °C	Baumwolle, Leinen, kochfest mit »Pflegeleicht«-Ausrüstung (knitterarm, bzw. bügelfrei) weiß oder farbecht	Oberhemden, Kittel, Bettwäsche	Füllmenge verringern Spülstop
Heißwäsche 60 Normalwaschgang	30–60 °C	Baumwolle, Leinen mit nicht kochfester Ausrüstung, z. B. nicht kochfester Färbung	farbige Blusen, Oberhemden, Schürzen, Kittel, Bettwäsche, Tischwäsche, Handtücher, Berufswäsche, Nachtwäsche, Unterwäsche, Vorhänge	Feinwaschmittel ohne optischen Aufheller verwenden Für fettverschmutzte Berufswäsche Flüssigmittel
Heißwäsche pflegeleicht 60 Schonwaschgang	30–60 °C	weiße Chemiefasern aus Polyester, Polyamid, Elasthan, Modal, Viskose, auch als weiße Mischfasern mit Baumwolle	weiße Hemden, Blusen, Kittel, Miederwaren	Füllmenge verringern Spülstop

Waschart	Material	Textilien	Waschmittelhinweis
Buntwäsche/Feinwäsche farbempfindlich, 30–40 °C, [40] Normalwaschgang	farbige Textilien aus Baumwolle, Leinen nicht farbecht	Blue Jeans und ähnlich dunkelfarbige Jeans, T-Shirts, Blusen, Hemden, Kittel	Feinwaschmittel ohne optischen Aufheller verwenden
Buntwäsche/Feinwäsche pflegeleicht, 30–40 °C, [40] Schonwaschgang	weiße und farbige Chemiefasern aus Polyester, Polyamid, Elasthan, Viskose, Modal, Triacetat, auch als Mischfasern mit Baumwolle	Gardinen, Vorhänge, Tischdecken, farbige Miederwaren, Badebekleidung, Wetterschutzkleidung	Füllmenge verringern, Feinwaschmittel für farbige Textilien, Gardinenwaschmittel für weiße Gardinen Spülstop
Wolle, Feinwäsche pflegeleicht, 20–30 °C, [30] Schonwaschgang	Wolle mit Wollsiegel und Zusatz: »waschmaschinenfest«, »filzt nicht«, Polyarcyl, Acetat, Veloursleder-Imitationen, soweit waschbar	Strick- und Häkelwaren: Pullover, Westen, Strumpfhosen, Socken, maschinenwaschbare Schlaf- und Reisedecken, empfindliche Stoffe und Handarbeiten	Füllmenge verringern, Fein- oder Wollwaschmittel Spülstop
kalt –30 °C, [Handwäsche] Handwäsche	Seide, Wolle ohne Spezialausrüstung, empfindliche Feinwäsche	Blusen, Hemden, Schals, Nacht- und Unterwäsche, Pullover, Westen, Handarbeiten	Fein- oder Wollwaschmittel helle und dunkle Textilien trennen

Um bei niedrigeren Temperaturen eine gute Bleichwirkung bei Weißwäsche zu erzielen, sollte man Waschmittel mit Bleichaktivator (TAED-System) einsetzen.

Halbwaschgänge

unwirtschaftlich Die Programme sind im Prinzip unwirtschaftlich, da nur geringe Wäschemengen gewaschen werden (maximal die Hälfte der sonst üblichen Menge). Das Programm arbeitet zwar mit verringertem Wasserstand, tatsächlich wird aber nicht die Hälfte an Wasser und Energie eingespart. Die Waschmittelzugabe kann man um ein Drittel bis zur Hälfte reduzieren.

Schonwaschgänge

für empfindliche Wäsche Sie eignen sich besonders für empfindliche Wäschestücke, die zur Flusen- oder Pillingbildung neigen. Auch leicht verschmutzte Textilien können so behutsam gereinigt werden, da die Bewegungszeit der Trommel um etwa die Hälfte reduziert wird. Im allgemeinen endet das Schonwaschprogramm mit dem »Spülstop«, das heißt nach dem letzten Spülgang wird weder das Wasser abgepumpt noch wird die Wäsche geschleudert, um Knitterbildung zu vermeiden.

Wollwaschprogramm

mit Kennzeichnung »waschmaschinenfest« Wollwaren, die als »waschmaschinenfest« gekennzeichnet sind, können bei 30 °C im Wollwaschgang oder im Schonwaschgang in jeder Waschmaschine gewaschen werden.
Das Trockengewicht der Füllung sollte nur 1 kg betragen.
Waschmaschinenfest ausgerüstete Wolle darf geschleudert werden. Sie braucht nicht unbedingt mit Hilfe von Tüchern liegend getrocknet zu werden, sondern kann raum- und zeitsparend auf dem Bügel oder der Leine (Socken) hängend getrocknet werden. Wollartikel, die sich verziehen könnten, werden liegend und in Form gezogen getrocknet, wie etwa Pullover und Wollkleider.

Wäschenachbehandlung

Weichspülen und Weichpflegen

umweltbelastend Weichspüler und Weichpflegetücher stehen seit Jahren im Kreuzfeuer der Kritik, weil durch ihre Anwendung zusätzlich kationische Tenside und andere Chemikalien ins Abwasser gelangen. Wenn ihre Anwendung trotzdem hier beschrieben wird, sollte dies nicht als Empfehlung verstanden werden. Es geschieht deshalb, weil durch ihren gezielten und sachgemäßen Einsatz im Vergleich zum gedankenlosen Gebrauch die Abwässer eher weniger belastet werden.
Weichspüler sind nicht grundsätzlich bei jeder Wäsche anzuwenden.

Textilien, die im Trockner oder im Freien in der bewegten Luft trocknen, benötigen keinen Weichspüler, beziehungsweise keine Weichpflegetücher oder -vliese.

Es gibt zwei Ausnahmen:

1. Wäsche die in geschlossenen Räumen ohne Luftbewegung getrocknet wird, ist oft brettig und hart durch die Wasserstarre (auch Trockenstarre). Ausnahmen
2. Synthetische Chemiefasern haben die unangenehme Eigenschaft, sich elektrostatisch aufzuladen.

Beiden Phänomenen, der Wasserstarre und der elektrostatischen Aufladung von Synthetics, wirken Weichspüler entgegen.

Weichspüler

Das Mittel niemals einfach nach Gefühl in die Maschine kippen, sondern genau dosieren. Dazu dienen die Dosierkappen. Eine Überdosierung setzt die Saugfähigkeit der Wäsche stark herab und belastet unnötig die Umwelt, deshalb ist es besser, eher weniger als angegeben zu verwenden. Keinesfalls soviel Weichspüler verwenden, daß das Produkt über der Einfüllmarkierung der Einspülkammer steht oder gar überläuft. Zuviel eingefülltes Weichspülmittel läuft vorzeitig in die Trommel und ist nutzlos für die Wäsche. Dosierung

Bei älteren Waschmaschinen mit einhängbarer Vorratskammer wird das Mittel nach der Vorwäsche eingefüllt. Bei Waschmaschinen ohne entsprechende Vorrichtungen wird das Mittel nach Programmablauf in die Einspülvorrichtung für das Klarspülen gegeben und der letzte Spülgang eingeschaltet.

Tip: Wirkungsvoller ist es, das Weichspülmittel dem einlaufenden Wasser für den letzten Spülgang beizugeben.

Weichpflegetücher oder -vliese

Sie werden nach dem Einfüllen oben auf die feuchte Wäsche in den Trockner gelegt. Die kationischen Tenside und andere Substanzen werden im Luftstrom während des Trocknens freigesetzt und auf den Fasern verteilt. Laut Herstellerangaben ist für jede Trocknerfüllung ein Tuch zu verwenden, und dieses auch nur für einen Trockenvorgang.

Tip: In der Praxis ist oft schon ein halbes Tuch ausreichend und häufig kann mit einem bereits benutzten Tuch (oder einer Tuchhälfte) noch ein zufriedenstellender Weichpflege- und Antistatik-Effekt erzielt werden.

Übrigens...

Weichspüler sind konzentrierte Flüssigkeiten, deshalb sollen sie nicht unverdünnt an die Wäsche gelangen. Wenn das versehentlich geschieht, die Stelle sofort mit viel Wasser spülen, damit keine Flecken zurückbleiben.

Werden die Flecken erst nach dem Trocknen bemerkt, lassen sie sich durch wiederholtes Nachwaschen entfernen, eventuell mit Hilfe von Seife.

Appretieren

Neben Nachbehandlungsmitteln, die die Wäsche weich machen (Avivagen), gibt es andere, die der Wäsche einen festen Griff und eine mehr oder weniger starke Steife verleihen.

Das Appretieren von Wäsche ist eine Zusatzbehandlung mit dem Ziel, Aussehen und Griff zu verbessern. Nebeneffekt ist meist die Herabsetzung der Anschmutzbereitschaft.

für Tischwäsche und Berufswäsche

Akzeptabel aus ökologischer Sicht ist allenfalls das Stärken von Tischwäsche und Berufswäsche, eventuell auch eine begrenzte örtliche Anwendung (zum Beispiel bei Rüschen), möglichst mit Naturstärken. Viele dieser Produkte sind im allgemeinen entbehrlich, denn der Trend geht eher in die andere Richtung, nämlich zu weicher Wäsche. Zum anderen wird durch die Verwendung der – zugegebenermaßen zum Teil harmlosen – Produkte die Umwelt belastet, und sei es nur bei der Herstellung oder in Form von anfallendem Verpackungsmaterial.

Tabelle Appreturen Seite 91–93.

Übrigens...

Beim Appretieren außerhalb der Waschmaschine immer zuerst die Textilien ins Stärkebad geben, die den stärksten Appretureffekt erhalten sollen. Durch das Eintauchen weiterer feuchter Wäschestücke wird das Stärkebad nämlich immer mehr verdünnt.

Kunstharzsteifen nicht zu häufig anwenden, da sie sich auf den Fasern anreichern. Das bewirkt gegenüber Farbstoffen und Schmutzpigmenten eine gewisse Aufnahmebereitschaft, so daß derart gesteifte Textilien zu Vergrauungen und Verfärbungen neigen.

Wenn die Wäsche im Trockner getrocknet werden soll, ist eine Höherdosierung des Appreturmittels bis um etwa ein Drittel angebracht. Durch die Luftströmung im Trockner werden nämlich Bestandteile des Mittels aus den Textilien herausgeblasen.

Entladen der Waschmaschine

Das Entladen der Waschmaschine geschieht zweckmäßigerweise möglichst bald nach Programmende. So lassen sich Wäscheschäden vermeiden, die bei längerem Liegen in der Waschmaschinen-Trommel entstehen können, etwa Knitter oder Verfärbungen.

Programmende bedeutet in diesem Fall, daß auch bei Schon-Programmen mit Spülstop die Wäsche entnahmefertig angeschleudert oder das Wasser abgepumpt wurde.

Verwendung von Appreturen

Produkt-Bezeichnung	Kategorie	Einsatzgebiet	Verfahren – Gebrauchsanleitung (Herstellerangaben beachten)	Wirkungsweise	Ergebnis
Formspüler	abgewandelte Kunstharzsteife (z. T. mit Anteil an modifizierter Stärke)	alle Fasern, auch Wolle	Flasche schütteln. **Maschinenwäsche:** Mittel dosieren und letztem Spülgang/Stärkeprogramm zufügen. **Handwäsche:** Formspüler dosiert dem letzten Spülbad zugeben	werden auch ohne Hitzeeinwirkung in und auf der Faser voll wirksam, deshalb auch Eignung für bügelfreie Textilien	je nach Dosierung/Verdünnung mehr oder weniger starke formgebende Effekte – auswaschbar –
Feinappreturen (auch: Feinstärke)	modifizierte abgebaute Naturstärken	Naturfasern und Mischgewebe mit Synthetics	**Maschinenwäsche:** Pulver oder Flocken abmessen und in etwas Wasser anrühren. Appreturmittel dem letzten Spülgang/Stärkeprogramm zugeben. **Handwäsche:** Appreturmittel der abgemessenen Wassermenge unter Rühren zudosieren und entwässerte Wäsche im Stärkebad mehrmals durchdrücken	um einen Appretureffekt zu erreichen, bügelfeucht bügeln. Werden in der Faser wirksam	je nach Dosierung/Verdünnung mehr oder weniger starke Appretureffekte – auswaschbar –
Wäschesteifen (auch: Flüssigsteife, Permanentsteife, Dauerappretur)	Kunstharzsteifen	alle Fasern, außer Seide und manchmal Acetat	Flasche schütteln. **Maschinenwäsche:** Steife dem letzten Spülgang/Stärkeprogramm zudosieren. **Handwäsche:** Steife dosiert in abgemessene Wassermenge einrühren und entwässerte Wäsche darin mehrmals durchdrücken. Flüssigsteife mit optischen Aufhellern nie unmittelbar auf die Wäsche geben, sonst entstehen Flecke	Aushärtung des Steifefilms durch Hitzeeinwirkung beim Bügeln	je nach Dosierung/Verdünnung mehr oder weniger starke Appretureffekte – relativ waschbeständig, erst nach und nach auswaschbar –

Verwendung von Appreturen (Fortsetzung)

Produkt-Bezeichnung	Kategorie	Einsatz-gebiet	Verfahren – Gebrauchsanleitung (Herstellerangaben beachten)	Wirkungsweise	Ergebnis
Naturstär-ken (auch: Reis-, Silber-glanzstärke)	reine Natur-stärken	Baumwolle, Leinen, Halbleinen	**Heißverfahren (Kochstärke):** Stärke kalt anrühren, mit kochendem Wasser unter Rühren auffüllen. **Maschinenwäsche:** Lösung sofort in die Waschmaschine geben, letzten Spülgang oder Stärkeprogramm ab-laufen lassen. **Handwäsche:** Lösung je nach ge-wünschtem Appretureffekt weiter mit Wasser verdünnen, die gewaschene, entwässerte Wäsche (gut ausgewrun-gen oder angeschleudert) im Stärke-bad mehrmals durchdrücken. **Kaltverfahren (Rohstärke):** Stärke kalt anrühren und mit wenig kaltem Wasser verdünnen, entwässerte Wä-sche darin ausdrücken, z. B. Schwe-sternhauben, Kochmützen. Für beson-ders starke Effekte erst Heiß-, dann Kaltverfahren anwenden	Stärke wird durch Hitzeeinwirkung beim Bügeln erst aufge-schlossen. Beim Heißverfahren wird die Stärke mehr im Faserinnern wirk-sam, beim Kaltverfah-ren tritt die Stärkewir-kung mehr an der Faseroberfläche auf. Stets mit sehr heißem Eisen die noch feuchte Wäsche bügeln.	je nach Dosie-rung/Verdünnung mehr oder weni-ger ausgeprägte Stärkeeffekte. Beim Kaltverfah-ren hochgradige Stärkeeffekte, (hart und brettig) – auswaschbar –

Produkt-Bezeichnung	Kategorie	Einsatz-gebiet	Verfahren – Gebrauchsanleitung (Herstellerangaben beachten)	Wirkungsweise	Ergebnis
Stärkesprays Sprühstärken	reine oder modifizierte Naturstärken	Spray: alle bügelbaren Fasern Sprühmittel: alle, außer Seide, Acetat, Viskose (Flecke)	vor Gebrauch schütteln Wäscheteile aus ca. 30 cm Entfernung besprühen. Nur örtlich anwenden: Kragen, Rüschen, Volants, Spitzen	Bügeln erforderlich, um Appreturwirkung zu erzielen.	Lokal appretierte Wäscheteile – auswaschbar –
Bügelhilfen (Spray oder Sprühmittel)	modifizierte Naturstärke plus Silikongleitmittel	Spray: alle bügelbaren Fasern Sprühmittel: alle, außer Seide, Acetat, Viskose (Flecke)	vor Gebrauch schütteln, Wäsche aus ca. 30 cm Entfernung besprühen Möglichst nur gezielt anwenden zum Korrigieren versehentlich eingebügelter Falten, bei zu trockenen Partien, schwierigen Partien, wasserempfindlichen Textilien	nach kurzer Einwirkzeit trockenbügeln	sehr zarte Appretureffekte – auswaschbar –

Arbeitsmittel und Arbeitsablauf

1 bis 2 Wäschekörbe
Bei Bedarf Kleiderbügel (Kunststoff)
Nach Programmende sind zunächst folgende Handgriffe notwendig:
– Waschmaschine ausschalten,
– Netzstecker ziehen,
– Wasserhahn schließen,
– Passenden sauberen Wäschekorb unter die Trommelöffnung stellen,
– Tür öffnen, Naßwäsche entnehmen und ordnen.

in den Trockner Naßwäsche, die maschinell getrocknet wird, einfach aus der Maschine in den Korb füllen. Erst beim Umfüllen in den Trockner die Teile kurz ausschütteln (siehe Seite 105).

auf die Leine Naßwäsche, die auf der Leine getrocknet wird, der Maschine entnehmen, ausschlagen und formgerecht in den Korb ablegen, dabei soweit wie möglich ordnen (zum Beispiel Socken paarweise legen). Hemden, Blusen, Kleider und ähnliches sofort auf einen Kunststoffbügel hängen.

ungeschleuderte Wäsche Ungeschleuderte Naßwäsche nach der Entnahme aus der Waschmaschine je nach Wäscheart leicht ausdrücken oder auswringen. Liegend oder hängend trocknen (siehe Seite 99, 100 und 102) oder tropfnaß über Kleiderbügel hängen.

Überprüfen, daß nach dem Entladen der Maschine keine Wäsche mehr an den Trommelrippen oder -wänden hängt.

Übrigens...

Kleiderbügel zum Aufhängen feuchter Wäsche dürfen nicht rosten und nicht abfärben, deshalb am besten Plastikbügel verwenden.

Wäschekörbe in Rechteck-Form sind oft praktischer als runde. Sie können mit der langen Seite genau unter die Öffnung von Waschmaschine oder Trockner gestellt werden; so fällt kein Wäscheteil daneben.

Reinigen der Waschmaschine

Arbeitsmittel und Arbeitsablauf

Wischtuch, Bürste
Öfter die Waschmittel-Einspülkammer mit einer Bürste reinigen. Dazu Schublade herausziehen und diese säubern. Umgebendes Schalengehäuse ebenfalls reinigen, dabei Weichspülmittelabsauger nicht vergessen. Die Einspülkammer sollte stets trocken sein, damit sich das Waschpulver nicht klumpenweise festsetzt.
Falten der Türdichtung mit feuchtem Tuch abreiben, Türöffnung mit Bullauge ebenfalls.
Schalterblende und Gehäuse feucht abwischen.
Öfter das Flusensieb vorsorglich reinigen, unbedingt aber sofort, wenn

die Maschine nicht mehr abpumpt oder schleudert. (Tücher unterlegen.)

Die Trommel reinigt sich bei jedem Waschgang von selbst. Fremdkörper aus Metall, wie Büroklammern und Nägel, können in der feuchten Trommel zu Rostansatz führen. In diesem Fall mit wenig Metallputzmittel abreiben und feucht nachwischen.

Eventuell Sieb des Wasserzulaufes in der Schlauchverschraubung reinigen.

Nach Waschgang und Reinigung bleibt die Einfülltür etwas offen, damit die Trommel austrocknen kann.

Gardinenwäsche mit der Maschine

Die Pflege von Gardinen ist ein Kapitel für sich, da ihre Behandlung einige Besonderheiten aufweist.

Gardinen werden nicht zusammen mit anderen Textilien, sondern stets getrennt gewaschen. Andere saugfähige Textilien (Baumwolle, Wolle) würden sich beim Waschen schwer auf die leichtgewichtigen Synthetics legen, Knitter wären die Folge. Grundsätzlich sollte alles vermieden werden, was die Knitterbildung begünstigt. *Knitterbildung verhindern*

Deshalb sollten Gardinen sofort nach dem Abnehmen gewaschen werden. Längeres Liegenlassen ist unbedingt zu vermeiden.

Um Wäsche- und Maschinenschäden vorzubeugen, sind Metallröllchen, Ringe und Spangen, loses Bleiband sowie Nadeln (zur Faltenfixierung) zu entfernen. *Metallteile entfernen*

Eingearbeitetes Bleiband wird mitgewaschen, das gilt auch für Kunststoffröllchen, die eventuell locker zusammengebunden werden können. Bei grobmaschigen Gardinen ist es ratsam, entweder die Röllchen zu entfernen oder in einem Mullsäckchen oder ähnlichem gebündelt mitzuwaschen.

Vor dem Waschen wird das Gardinenband gestreckt oder zumindest werden die Kräuselfalten entstaubt. Nach Möglichkeit werden die Gardinen im Freien ausgeschüttelt. Der lose im Gewebe haftende Staub wird so entfernt und kann die Waschflotte nicht zusätzlich verschmutzen.

Bei pflegeleichten Gardinen wird die Waschmaschine nur zu etwa einem Drittel gefüllt; sie müssen »schwimmen«.

Zum Waschen der Stores gibt es spezielle Gardinenwaschmittel oder man verwendet Alltemperaturwaschmittel mit Weißtönern (optische Aufheller). *Waschmittel*

Für pastellige oder farbige Übergardinen und Vorhänge ein Feinwaschmittel ohne Weißtöner und Bleichmittel verwenden, damit der Farbton nicht verblaßt.

Wenn das Wasser hart ist oder die Gardinen stark verschmutzt sind, ist die Obergrenze der angegebenen Dosierungsempfehlung das richtige Maß.

Waschmitteldosierung	Weiches Wasser, nur gering verschmutzte Gardinen sowie Stores mit einer groben Gitterstruktur verlangen eine sparsamere Dosierung des Waschmittels. Durch die Gitterstruktur entwickelt sich in der Maschine sonst manchmal zu viel Schaum.
Vorwäsche	Bei stark verschmutzten oder verstaubten Gardinen kann man einen Vorwaschgang einschalten, damit anschließend beim Hauptwaschgang die Lauge nicht zu sehr verschmutzt.
Schonwaschgang	Um Knitterbildung zu vermeiden, sollte ein Schonwaschgang mit hohem Wasserstand und Spülstop gewählt werden.
30–40 °C	Die Temperatur: maximal 40 °C, Gardinen aus Polyacryl maximal 30 °C.
Weichspüler	Dem letzten Spülgang kann man ein Weichspülmittel zusetzen, das die elektrostatische Aufladung synthetischer Fasern und damit die Bereitschaft, Staub anzuziehen, herabsetzt.
	Eine andere Möglickeit besteht in der Anwendung des Formspülers, wodurch die Anschmutzbereitschaft der Fasern ebenfalls verringert wird.
	Am Ende des Schonwaschganges bleiben die Gardinen im letzten Spülbad liegen. Dadurch wird zwar die Gefahr der Knitterbildung gemildert, aber trotzdem sollte längeres Liegenlassen vermieden werden.
30 Sekunden anschleudern	Fast alle Gardinen vertragen einen Kurzschleudergang beziehungsweise Schonschleudergang von etwa 30 Sekunden. Danach sind sie nicht mehr tropfnaß und können entnommen werden.
aufhängen	Gardinen (Stores) rafft man am oberen Ende zusammen und hängt sie gleich auf (Röllchen oder Ringe werden vorher natürlich wieder angebracht); dann zieht man sie behutsam in Form. Herausgenommenes Bleiband wird nach dem Aufhängen in die noch feuchte Gardine eingezogen, um durch das Beschweren eine geordnete Faltenbildung zu unterstützen.
	Übergardinen und Vorhänge sind nach dem Waschen materialentsprechend weiterzubehandeln, das heißt, sie können unter Umständen auch länger geschleudert und nach dem Trocknen gebügelt werden.
bügeln	Bei Stores ist vorsichtiges Bügeln mit Hilfe eines feuchten Tuches nur dann in Erwägung zu ziehen, wenn durch Behandlungsfehler (zu vollgestopfte Maschine, zu hohe Temperatur, zu langes Schleudern) Knitterfalten entstanden sind. Sie müssen dann äußerst vorsichtig gebügelt werden, um Schmelzschäden zu vermeiden.

Waschen von Hand

Gardinenwäsche von Hand

Manchmal sind Gardinen einfach zu voluminös, um sie in der Maschine zu waschen. In diesem Fall ist es empfehlenswert, die Wäsche in der Badewanne vorzunehmen. Einige Maßnahmen entsprechen im übrigen denen, die bei der Maschinenwäsche beschrieben wurden, deshalb empfiehlt sich die Beachtung des vorigen Kapitels.

Arbeitsmittel und Arbeitsablauf

Badewanne,
Wäschewanne,
Thermometer
Gardinen-Waschmittel oder Feinwaschmittel

Die Badewanne wird mit soviel Wasser gefüllt, daß die Gardine schwimmen kann. Die Temperatur von 30–40 °C wird mit Hilfe eines Thermometers bestimmt. Das geeignete Waschmittel wird nach Herstellerangaben dosiert. *(30–40 °C)*

Erst nach Fertigstellung der Waschlauge werden die Gardinen abgenommen und gewaschen. Eventuell notwendige Vorbereitungsarbeiten entsprechen denen bei der Maschinenwäsche. *(waschen)*

Das Waschgut wird vorsichtig geschwenkt und leicht durchgedrückt; nicht gerieben, gepreßt oder gar gewrungen. *(spülen)*

Dann wird die Gardine am oberen Rand zusammengerafft und hochgehoben, damit das Wasser ablaufen kann (sowohl aus der Wanne wie aus der Gardine). Mit frischem Wasser wird mehrfach gespült, bis das Wasser klar bleibt, oder die Gardine wird zum Klarspülen über der Badewanne festgehalten und abgebraust.

Dem letzten Spülbad kann man nach Wunsch Weichspüler oder Formspüler zusetzen. *(Weichspüler)*

Mit der Wäschewanne wird die Gardine zum Trockenplatz gebracht, damit sie über der Leine kurz abtropfen kann. Kürzere Gardinen können auch am oberen Rand angeklammert werden. Dann werden sie umgehend am Fenster aufgehängt und Zeitungen oder Tücher untergelegt, um abtropfendes Wasser aufzusaugen. *(aufhängen)*

Spezielle Reinigungshinweise

Stark verschmutzte oder vergraute Gardinen sollte man vorwaschen oder kurz in kalter Waschlauge einweichen.

Fleckentfernung aus Gardinen (Stores)

Auf Geweben darf man niemals reiben, weil es sonst zu Aufrauhungen der Struktur kommt. Nach Unterlegen eines saugfähigen Tuches sollte man den Fleck durch Abtupfen oder durch Klopfen mit einer weichen Bürste bearbeiten.

Feinwäsche von Hand

Waschmaschinen mit Schonwaschgang mit verringerter Mechanik, hohem Wasserstand und Spülstop erübrigen weitgehend die Handwäsche von Textilien. Nichtsdestoweniger benötigen manche Textilien eine Handwäsche, weil die mechanische Beanspruchung in der Waschmaschine die Fasern schädigt (nicht maschinenwaschbare

Wolle, Seide) oder weil das Gewebe selbst besonders empfindlich ist
(feine Wäschestücke und Handarbeiten) oder weil ein solches Einzel-
stück in der Maschine unrentabel wäre.

Arbeitsmittel und Arbeitsablauf

Wasser, materialentsprechend temperiert, maximal 30 °C,
Thermometer,
Fein- oder Wollwaschmittel, je nach Fasermaterial
Klarspülwasser (gleiche Temperatur wie Waschlauge)
Weichspülwasser, Formspüler oder Essig,
Wäscheständer oder -ablage,
außerdem möglicherweise Kleiderbügel, Frottiertücher, Wäscheklam-
mern, Maßband, Schreibzeug (bei Wolle) Nähutensilien.

sortieren · Wie bei der Maschinenwäsche wird zunächst entsprechend den Pflege-
symbolen sortiert und die helle und dunkelfarbige Wäsche getrennt.
Neue Textilien werden auf Farbechtheit (siehe Seite 77) geprüft und die
üblichen Vorbereitungsarbeiten durchgeführt (siehe Seite 78).
Der Arbeitsplatz sollte nach Möglichkeit so eingerichtet sein, daß von
rechts nach links gearbeitet werden kann.
Waschmittellösung herstellen.
Je nach Wäschemenge läßt man mehr oder weniger Wasser für
Waschlauge und Klarspülbäder in Becken oder Wannen einlaufen. Die
Wäsche soll schwimmen. Mit Hilfe des Thermometers wird die richtige
Temperatur bestimmt.

Waschmittel · Das Waschmittel wird nach Herstellerangaben zudosiert: bei hartem
Wasser enventuell etwas mehr, bei weichem Wasser weniger. Waschmittel müssen vollständig aufgelöst, flüssige Mittel gut verteilt sein.

spülen · Das erste Klarspülbad sollte genau die gleiche Temperatur wie die
Waschmittellösung haben; die nachfolgenden Spülbäder dürfen jeweils
etwas niedriger temperiert sein.
Dem letzten Spülbad kann man einen Weichspüler (bei Synthetics) oder
einen Formspüler zusetzen. Stattdessen kann bei farbiger Wäsche auch
ein Schuß Essig zugegeben werden, der Waschmittelreste neutralisiert
und die Farben auffrischt.

erst Helles · Im allgemeinen werden zuerst die hellfarbigen Textilien gewaschen,
dann Dunkles · bevor die dunkelfarbigen folgen. Eine Ausnahme bilden stark flusende
Wäschestücke, weil hier die Gefahr besteht, daß hellfarbige Flusen und
Haare im Waschbad auf ein nachfolgendes dunkles Stück aufziehen.
Deshalb ist es ratsam, diese Teile in einer gesonderten Lösung zu
waschen.
Feinwäsche darf man im Waschbad nur sanft durchkneten und hin-
und herbewegen. Wringen, Reiben, Bürsten und Dehnen sollten vermieden werden. Die meisten Fasern, vornehmlich Wolle, vertragen
eine solch strapaziöse Behandlung nicht.
Wichtig ist es, systematisch vorzugehen, um keine Teile zu vergessen:

98

Bei Pullovern, Westen, Hemden werden zuerst die Ärmel nacheinander gewaschen, dann das Rückenteil und zuletzt die Vorderteile; oder erst Vorderteile, dann Rücken, dann Ärmel. Dabei stets unter der Wasseroberfläche arbeiten, damit der gelöste Schmutz gleich abgetragen wird. Wollartikel dürfen nicht im Wasser liegen bleiben, sondern jedes Teil wird komplett durchgewaschen, bevor das nächste an die Reihe kommt. Die Wäschestücke werden dann mehrmals in ein anderes Spülbad gegeben, bis das Wasser klar bleibt. Zwischendurch und zum Schluß wird durch vorsichtiges Zusammendrücken entwässert.

Pflegeleichte Wäsche aus Baumwolle und Chemiefasern kann nach dem Waschen 30 Sekunden angeschleudert oder im Schonschleudergang entwässert werden. Dies gilt jedoch nicht für Seide und nicht maschinenwaschbare Wolle. *schleudern*

Hemden, Blusen und ähnliches werden danach sofort auf nichtfärbende, rostfreie Bügel gehängt. So entstehen kaum Knitter, weil die Teile sich glatthängen; die Bügelarbeit wird verringert. Die Nähte werden glattgestrichen, Manschetten und Kragen hochgestellt, da sich andernfalls in den Ecken Schmutzpartikel sammeln und unschöne, dunkle Ecken entstehen. Die Knopfleisten werden geradegezogen und der oberste Knopf geschlossen. *aufhängen*

Übrigens...

Verwenden Sie zum Trocknen von Hemden, Blusen und Kleidern am besten aufblasbare Kunststoffbügel.

Pflege von Wollsachen

Die richtige Waschtemperatur liegt bei 20–30 °C.

Ausmessen von Wollwaren

Insbesondere locker gestrickte Wollartikel können sich durch die Behandlung beim Waschen weiten, andere Stücke laufen vielleicht etwas ein. Damit die Stücke nach dem Waschen wieder die richtigen Maße haben, kann man vorher Länge, Weite, Ärmellänge und -weite sowie Bündchenmaße notieren, um das gewaschene Stück vor dem Trocknen wieder maßgerecht in Form zu ziehen.

Trocknen von Wollwaren

Empfindliche Wollsachen werden glatt zwischen Frottiertüchern ausgelegt und mit der flachen Hand abgeklopft, bis die Tücher die Nässe größtenteils aufgesogen haben. Der Vorgang ist bei Bedarf zu wiederholen. Man sollte Wollsachen möglichst nicht einrollen, da die Gefahr der Überdehnung besteht. Dann werden sie auf trockenen Frottiertüchern (am besten auf einem Wäscheständer) *am besten auf dem Wäscheständer*

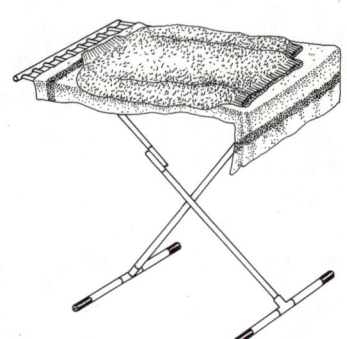

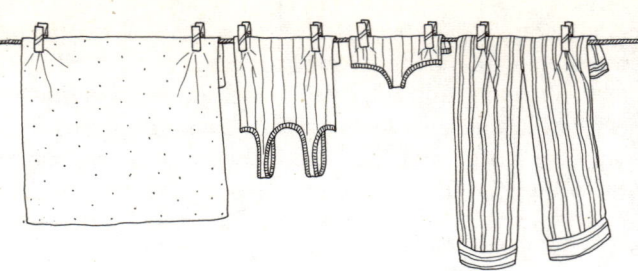

ausgebreitet, eventuell mit einem Tuch zwischen Vorder- und Rückenteil und zum Trocknen glatt in Form gezogen. Dabei werden gegebenenfalls die notierten Maße berücksichtigt, die Bündchen zusammengeschoben.

Eventuell wird nach einigen Stunden gewendet. Kleine Teile, wie Socken und Handschuhe werden auf die Leine gehängt, die Spitze angeklammert.

Leichtere Wollpullover und -westen kann man zum Trocknen über aufblasbare Bügel oder über die vorher gepolsterte Leine hängen. Schwere oder sehr nasse Teile können sich hingegen beim Aufhängen verziehen.

Beim Trocknen ist stets pralle Sonne oder Heizungsnähe zu meiden. Nach dem Trocknen werden die Teile zusammengefaltet in den Schrank gelegt. Sollte Bügeln notwendig sein, wird nur mit Hilfe eines feuchten Tuches gedämpft. Einstellung: zwei bis drei Punkte. Ausdünsten lassen.

Pflege von Seide

bis auf 30 °C Die Waschtemperatur darf maximal 30 °C betragen.

Waschbad und erstes Spülbad sollten gleich temperiert sein, die nachfolgenden Spülbäder haben absteigende Temperatur. Dem letzten, kalten Spülbad wird bei farbigen Stücken etwas Essig zugegeben, dadurch wird die Farbe aufgefrischt und der Glanz entfaltet sich wieder.

Essig zugeben

Zwischen Frottiertüchern wird entwässert (siehe oben) und nach kurzer Trockenzeit werden die noch feuchten Wäschestücke gebügelt. Bügeleisen-Einstellung: Seide. Es empfiehlt sich, ohne Dampf zu bügeln, sonst entstehen Wasserflecke. Die sogenannte Waschseide kann auf einem Bügel getrocknet werden. Direkte Sonneneinstrahlung ist zu vermeiden, weil sonst die Farben ausbleichen und weiße Seide vergilbt. Seide darf man nicht in den Trockner geben, die heiße Luft schadet der Faser. Wildseidengewebe werden in trockenem Zustand von links gebügelt oder von rechts mit Hilfe eines zwischengelegten, trockenen Tuches.

feucht bügeln

Spezielle Reinigungshinweise

Manche Flecke sind auf nassen Textilien nicht mehr erkennbar. Damit die verfleckte Stelle beim Waschen trotzdem zu finden ist und gegebe-

nenfalls intensiver bearbeitet werden kann, sollte man den Fleck vorher mit weißem Nähgarn kreisförmig markieren.

Einweichen von Feinwäsche, insbesondere Wolle, ist zu unterlassen. Stärker verschmutzte oder verfleckte Stellen werden vor dem Waschen mit einem Feinwaschmittel oder flüssigem Feinwaschmittel eingerieben, jedoch nicht bei Wolle.

Trocknen auf der Leine

Die billigste und umweltfreundlichste Methode zum Wäschetrocknen ist und bleibt das Trocknen auf der Wäscheleine. Ob dabei die Leine in herkömmlicher Weise gespannt ist oder in Form einer Wäschespinne, eines -ständers oder -auszuges, bleibt sich gleich. Die unterschiedlichen Trockenvorrichtungen ermöglichen je nach Art das Trocknen sowohl im Freien als auch in Räumen.

billig und umweltfreundlich

Im Freien luftgetrocknete Wäsche hat einen angenehmen, sehr typischen Duft und ist weicher als Wäsche, die in Räumen getrocknet wird, da die Luftbewegung das Gewebe auflockert. Die sogenannte Wasserstarre (auch Trockenstarre) entsteht nämlich vor allem, wenn ungenügend geschleuderte Wäsche ohne Luftbewegung trocknet.

Nachteilig sind der relativ große Zeitaufwand, der zum Auf- und Abhängen benötigt wird, die Abhängigkeit vom Wetter und die Gefahr der Wiederanschmutzung, beispielsweise in Industriegebieten mit verschmutzter Luft, durch Abgase oder Insekten.

Arbeitsmittel (Trocknen im Freien)

Wäschekorb oder -wanne mit Wäsche (nach Möglichkeit rechts abgestellt),
Zweiter Wäschekorb zum Abnehmen der Wäsche,
Klammerbehälter (Schürze oder Beutel) mit Wäscheklammern
Feuchtes Tuch, bei stark verschmutzter Leine zusätzlich Reinigungslösung
Kleiderbügel
Hocker oder ähnliches zum griffbereiten Abstellen des Wäschekorbes ohne Bücken

Allgemeine Regeln

Zunächst wird die Wäscheleine durch systematisches Abwischen mit einem Tuch gesäubert. Die Klammerschürze wird umgebunden oder der Klammerbeutel im Greifbereich angebracht.

Die Wäschestücke werden aus dem Korb genommen und ausgeschlagen.

fadengerade aufhängen

Fadengerade werden sie über die Leine gelegt, dabei ist zu beachten: Je kleiner oder kürzer und damit leichter das Wäschestück ist, desto weniger wird es über die Leine gelegt, mit zunehmender Größe und bei lockerem Gewebe hingegen mehr. Große, schwere Stücke werden womöglich bis zur Hälfte übergeschlagen, damit sie sich durch das herabhängende Gewicht beim Trocknen nicht verziehen.

Naturfasern

Textilien aus Naturfasern werden auf der Leine zur Mitte hin leicht zusammengeschoben, da sie während des Trockenprozesses schrumpfen können und sich dann verformen (Zipfel).

Chemiefasern

Textilien aus Chemiefasern sollte man möglichst faltenfrei aufhängen. Durch das Glatthängen wird das Bügeln vereinfacht oder zum Teil überflüssig.

Gleichartige Wäschestücke werden nebeneinander gehängt, weil sie in der Regel gleichlange Trockenzeiten benötigen. Das gilt auch für Bügelwäsche einerseits und andererseits für solche Wäschestücke, die nur gelegt werden sollen.

anklammern

Die Wäschestücke werden so aufgehängt, daß Klammerabdrücke an möglichst unauffällige Stellen kommen.

Nach dem Anklammern wird das Stück je nach Bedarf in Form gezogen und dabei Säume, Webekanten, Nähte, Bänder, Träger und Knopfleisten ausgestrichen.

Beim Trocknen im Raum erübrigt sich meist das Anklammern ganz oder teilweise.

Aufhängen einzelner Textilien

Tischtücher und Bettücher

Um Platz zu sparen und um Bodenkontakt zu vermeiden, werden die Teile bis zur Hälfte übergeschlagen.

Bei ausreichendem Vorrat an Wäscheleine ist es für das Wäschestück am schonendsten, die Säume über der Leine zu brechen, weil die Webekanten weniger strapazierfähig sind.

Bettbezüge und Kissenbezüge

Bett- und Kissenbezüge werden am besten so aufgehängt, daß die Öffnung zur Seite der Windrichtung zeigt und der einfließende Luftstrom zwischen die Stofflagen einstreichen kann. Das Textil trocknet schneller und gleichmäßiger. Außerdem hängt die Knopfleiste nicht nach unten durch.

Hand- und Geschirrtücher

Tücher werden einfach 10–20 cm quer übergeschlagen; bei guten Platzverhältnissen kann man auch die Säume über der Leine brechen, um Webekanten zu schonen und frühem Verschleiß entgegenzuwirken.

Taschentücher, Servietten und Windeln

Werden sie einmal quer gefaltet, zur Hälfte über die Leine gelegt und je nach Größe mit einer oder zwei Wäscheklammern befestigt, spart das Wäscheklammern und Platz.
Bei Baumwollwindeln wird so das spätere Zusammenlegen vereinfacht.

Unterhemden

Entweder werden die Träger angeklammert oder die Hemden werden bis zu den Achseln überschlagen und festgeklammert; oder das untere Ende wird übergeschlagen und angeklammert.

Unterhosen

Die obere Bundseite wird umgeschlagen und angeklammert, ohne sie zu dehnen. Schlafanzughosen und lange Unterhosen werden etwas mehr übergeschlagen.

Nachthemden, Schlafanzugjacken, Kittel, Hemden, Blusen

Jeder 2. Knopf wird geschlossen und der untere Saum je nach Länge des Stückes mehr oder weniger über die Leine gelegt und angeklammert. Oder Hemden und Blusen werden auf Kleiderbügel gehängt und dieser angeklammert. Kragen und Manschetten werden hochgestellt, damit sich in den Spitzen keine Schmutzpartikel sammeln können. Der oberste Knopf wird geschlossen, eventuell auch jeder zweite Knopf.

Schürzen

Der Rock- oder Latzteil wird übergeschlagen und am Bund angeklammert. Die Schürzenbänder werden glattgestrichen.

Strickwesten und -pullover

Wollartikel, die sich wegen ihres Gewichtes oder ihrer lockeren Strickart verziehen können, werden liegend auf Frottiertüchern getrocknet, siehe Seite 99). Übrige Westen und Pullover werden auf Kleiderbügel gehängt (aufblasbar oder mit farbechtem Tuch gepolstert). Bei Westen ist mindestens der oberste Knopf zu schließen. Oder die untere Hälfte des Teils wird über die Leine (eventuell gepolstert) geschlagen und unter den Achseln angeklammert.

Sweat-Shirts und T-Shirts

Die untere Hälfte des Kleidungsstückes wird über die Leine geschlagen, etwas zusammengeschoben und unter den Achseln angeklammert.

Röcke

Mit Aufhängern werden Röcke an Rock-Kleiderbügeln befestigt, vor allem Plisseeröcke und Faltenröcke. Einfache Röcke werden mit dem Bund über die Leine gelegt und angeklammert.

Socken, Strümpfe

Sie werden möglichst paarweise nebeneinander an den Fußspitzen angeklammert.

Strumpfhosen

Leichte, feine Strumpfhosen werden an den Fußspitzen festgeklammert. Bei Wollstrumpfhosen oder dicken Strumpfhosen wird der obere Bund mehr oder weniger übergeschlagen und angeklammert.

<u>Übrigens...</u>

Sonne schadet   Pralle Sonne schadet der Wäsche: Die Leuchtkraft vieler Farben verblaßt nach und nach. Synthetics können vergilben; Wolle und Seide trocknen aus, sie werden spröde und brüchig.
Lediglich Weißwäsche aus zellulosischen Fasern nimmt pralle Sonne nicht übel, sie bleicht nach.

Wäscheleine   Um Enttäuschungen zu vermeiden, sollte die Wäscheleine straff und hoch genug vom Boden gespannt sein. Eine glattbeschichtete, unbeschädigte und saubere Leine ist Bedingung, wenn die Wäsche beim Trocknen nicht beschädigt oder wieder angeschmutzt werden soll. Ähnliches gilt auch für die Klammern. Waschbare Kunststoffklammern ohne Beschädigung sind zweckdienlicher als Holzklammern.

Abnehmen der Wäsche von der Leine

Wenn es sich einrichten läßt, sollte die zum Bügeln bestimmte Wäsche bügelfeucht   noch bügelfeucht abgenommen werden. Dies spart Zeit und das Bügeln abnehmen   geht leichter vonstatten.
Ist eine Bügelmaschine vorhanden, wird maschinen- und handbügelbare Wäsche gleich getrennt.
Nach Möglichkeit werden auch hier schon Temperaturbereiche beachtet, indem etwa Wäsche, die bei niedrigen Temperaturen gebügelt wird, zuoberst in den Korb kommt.

sortieren   Falls Bügelwäsche zu trocken wurde und eingesprengt werden muß, ist ein Sortieren in geformte, in kleine glatte und in große glatte Wäschestücke sinnvoll.
Wäschestücke, die nur gelegt werden sollen, zum Beispiel Frottier und Trikot, müssen zum Abnehmen gut durchgetrocknet sein.

falten   Die Wäschestücke werden nur so gefaltet, daß sie in den Korb oder die Körbe passsen. Unnötiges Zusammenlegen begünstigt Falten- und Knitterbildung.
Tisch- und Bettwäsche wird einmal längs zur Hälfte, danach ziehharmonikaförmig zusammengelegt, Handtücher, Taschentücher, Servietten einmal in Querrichtung, geformte Teile, wie Blusen, Hemden, Kittel werden so gelegt, daß sie gerade in den Korb hineinpassen.

Trocknen im Wäschetrockner

Wichtige Vorbedingung zum energiesparenden Wäschetrocknen ist, daß die Restfeuchte aus der Wäsche sehr gut ausgeschleudert wurde. Waschmaschinen mit einer Schleuderdrehzahl von über 1000 U/min werden dieser Forderung im allgemeinem gerecht. Niemals darf tropfnasse Wäsche in den Trockner, auch die meisten pflegeleichten Textilien vertragen ein Anschleudern von 10–30 Sekunden Dauer.
Bei der Verwendung eines Trockners ist stets nach der Bedienungsanleitung zu verfahren und die Sicherheitshinweise für Elektrogeräte sind zu beachten.

Vorbereiten der Wäsche

Im allgemeinen erübrigt sich das Sortieren nach Farbe, Faser- und Gewebeart anhand der Pflegekennzeichnung, weil diese Maßnahme vor dem Waschen erfolgt. Bei Unsicherheit sollte man nachsehen, denn im allgemeinen sollte nur Wäsche mit gleichlanger Trockenzeit eingefüllt werden.

Soll einmal bügel- und schranktrocken gewünschte Wäsche zusammen trocknen, stellt man zunächst das Programm für bügeltrockene Wäsche ein. Nach Programmende entnimmt man die Bügelwäsche und trocknet die restliche Wäsche über das Schranktrockenprogramm zu Ende. Beim zeitgesteuerten Trockner sollte man nicht von vornherein eine zu lange Trockenzeit wählen, sondern je nach Bedarf nachtrocknen.

bügeltrocken
schranktrocken

Kissen und Bettbezüge sollten zugeknöpft werden, weil sonst leicht kleine Wäscheteile in die Bezüge gelangen. Reißverschlüsse, Haken und Ösen sollten geschlossen sein, weil damit Wäscheschäden entstehen können. Bänder und Träger werden locker verknotet.

Knöpfe schließen

Freizeitkleidung aus doppelschichtigem Gewebe, zum Beispiel außen Polyamid und innen Baumwolle, wird vor dem Trocknen auf links gewendet. Wirkwaren, wie Trikot, können ebenfalls auf die linke Seite gewendet werden, wenn sie nicht bereits von links gewaschen wurden.

Einfüllen

Die Wäscheteile werden aus dem Korb genommen, ausgeschüttelt und locker eingelegt.
Kleine Wäschestücke werden zusammen mit größeren eingefüllt, um eine bessere Luftumwälzung zu erreichen.
Bei Synthetics kann durch Zugabe eines Weichpflegetuches oder -vlieses die elektrostatische Aufladung verhindert werden. Tip: Meist reicht schon bei der ohnehin geringeren Füllmenge ein halbes Tuch oder Vlies.
Der Trockner darf nicht überfüllt werden. Überladung begünstigt die Knitterbildung und führt zu einem ungleichmäßigen Trockenergebnis.

Maximale Füllmenge

Koch- und Buntwäsche 4,5–5 kg (Trockengewicht)

Pflegeleichtwäsche   1,5–2 kg (Trockengewicht)

Das Füllvermögen des Wäschetrockners sollte dem Füllvermögen der Waschmaschine entsprechen.

Die maximale Füllmenge ist unbedingt voll auszunutzen, da nur so der Trockner wirtschaftlich arbeitet.

Beim Schließen der Türe ist immer zu kontrollieren, ob keine Wäschestücke in der Türöffnung eingeklemmt sind.

Netzstecker einstecken, Programm wählen und starten.

Programme

Extratrocken

nicht übertrocknen | Für dicke oder mehrlagige Stoffe (Bademäntel), nicht jedoch für Trikotwäsche, die durch Übertrocknen verstärkt einläuft.

Normal- oder Schranktrocken

Gleichartige Textilien aus Baumwolle (Frottierwäsche, Handtücher, Schlafanzüge, Leibwäsche); bügelfreie Bettwäsche (Biber, Frottier, Jersey); Wirkwaren (Trikot).

Pflegeleicht, Leichttrocken oder Fasttrocken

Pflegeleichte Textilien aus Synthetic und Baumwoll-Synthetic-Mischgeweben, dünne Baumwoll-Gewebe, leichte, dünne Stoffe, die nicht nachgebügelt werden oder Textilien, die leicht überbügelt werden; Unterwäsche, Oberbekleidung, Miederwäsche mit hohem synthetischen Faseranteil.

Bügelfeucht oder Bügeltrocken

Wäsche aus Baumwolle oder Leinen, die mit der Bügelmaschine oder einem Bügeleisen geglättet werden soll; pflegeleichte Wäsche, die noch nachgebügelt wird; gestärkte Wäsche (Bett- und Tischwäsche, Berufskleidung, Oberhemden, Kittel, Schürzen, Blusen).

Mangelfeucht oder Mangeltrocken

Baumwoll- und Leinengewebe, Wäsche, die mit einer Heißmangel geglättet werden soll (Bett- und Tischwäsche).

Entladen

Nach Programmende das Gerät ausschalten, Netzstecker ziehen.

Die Wäsche sollte immer möglichst bald aus dem Trockner herausgenommen werden, um Falten- und Knitterbildung zu vermeiden.

Während der sogenannten Knitterschutzphase kann die Wäsche zu jeder Zeit entnommen werden, weil die Drehbewegung der Trommel die Knittergefahr herabsetzt. Nach deren Ablauf sollte die Wäsche nicht länger im Trockner verbleiben.

Mit einem passenden Wäschekorb, der unter die Türöffnung gestellt wird, läßt sich die Wäsche leicht herausnehmen; die Stücke werden ein- oder mehrfach leicht zusammengelegt, sofort weiterverarbeitet und gebügelt oder gleich schrankfertig gefaltet.

Der Trockner ist nach jeder Benutzung zu reinigen.

Reinigen des Trockners

Bei Kondensationstrocknern ohne Wasserableitung muß der Wasserbehälter nach jedem Trockengang entleert und wieder in die Halterung eingesetzt werden.

Das Flusensieb wird nach jedem Trockengang von Hand oder mit einer weichen Bürste gereinigt, damit die Luft wieder ungehindert durchströmen kann.

Flusensieb

Die Trommel benötigt im allgemeinen keine besondere Reinigung. Sollte es nach dem Trocknen von Stärkewäsche zu Belägen gekommen sein, wird sie mit einem in Essigwasser (1 Teil Essig, zwei bis drei Teile Wasser) getauchten, ausgewrungenen Tuch feucht ausgewischt und trockengerieben.

Das gilt auch für die Abtastelektroden (Feuchtigkeitsfühler). Sie werden gelegentlich ebenfalls mit einem in Essigwasser ausgewrungenen Tuch abgewischt, damit sie ihre Funktion behalten.

Abtast-Elektroden

Das Äußere des Gerätes ist mit milder Reinigungslösung feucht abzuwischen.

Bei Kondensationstrocknern muß der Luftkühler mehrmals jährlich gereinigt werden (Gebrauchsanleitung).

Übrigens

Da reine Leinengewebe zum Aufrauhen neigen, sind die Herstellerangaben besonders zu beachten.

Empfindliche Gewebe und Fasern wie feine Handarbeiten, Seide, synthetische Gardinen sollte man besser nicht in den Trockner geben, um Wäscheschäden und Knitterbildung zu vermeiden.

Stark flusende Wäschestücke besitzen eine schlechte Eignung für den Trockner.

Wirkwaren sollten, wenn sie im Tumbler getrocknet werden, immer ein bis zwei Nummern größer gekauft werden.

Nicht geeignet zum maschinellen Trocknen sind:

– Textilien, die mit feuergefährlichen Reinigungsmitteln behandelt wurden, wegen möglicher Explosions- oder Brandgefahr,

nicht in den Trockner

– Wäschestücke, die schaumgummi- oder überwiegend gummiähnliches Material enthalten, da die Gefahr der Selbstentzündung besteht.

– Kleidungs- oder Wäschestücke, an denen Haarfestiger, Haarspray, Nagellackentferner etc. haftet, müssen unbedingt vor dem Trocknen gewaschen werden, sonst besteht Brandgefahr.

– Textilien aus Wolle und Wollgemischen verfilzen,

– Seide und moderne Wetterschutz- und Sportkleidung (WWA).

Einsprengen, Recken und Legen der Bügelwäsche

Feuchte Wäsche läßt sich leichter glattbügeln, weil durch Feuchtigkeit die Hitze des Bügeleisens besser bis ins Innere der Fasern und Gewebe gelangt.

Diesem Effekt tragen Dampfbügeleisen Rechnung; sie befeuchten die Wäsche während des Bügelvorganges. Das Einsprengen erübrigt sich deshalb häufig bei der Verwendung eines Dampfbügeleisens.

Das Einsprengen kann auch entfallen, wenn die Wäsche zum richtigen Zeitpunkt von der Leine abgenommen oder aus dem Trockner entnommen wird.

Auf der Leine getrocknete Wäsche braucht nicht mehr gereckt zu werden, sofern das Aufhängen und Abnehmen mit der nötigen Sorgfalt geschieht.

Eingesprengt werden Leinen, Baumwolle und Mischgewebe, insbesondere Stärkewäsche aus diesen Fasern.

Synthetische Chemiefasern, die nur ein geringes Feuchtigkeitsaufnahmevermögen besitzen und nur bei niedriger Temperatur gebügelt werden, können zum Bügeln fast trocken sein.

Nicht eingesprengt werden sollten Seide, Acetat und manchmal Viskose. Durch Einsprengen oder Dampfbügeln entstehen Wasserflecke auf diesen Geweben. Feuchte Wäschestücke aus Seide werden bis zum Bügeln in ein angefeuchtetes Frottiertuch eingeschlagen.

Selbstverständlich entfällt das Einsprengen bei Wäschestücken, die nicht gebügelt werden.

der Arbeitsplatz zum Einsprengen

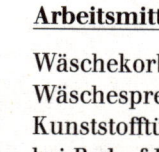

Arbeitsmittel

Wäschekorb oder mehrere Körbe,
Wäschesprenger, warmes Wasser,
Kunststofftüten zum Durchziehen der Wäsche,
bei Bedarf Kunststoffolie als Nässeschutz
für empfindliche Arbeitsflächen.

Allgemeine Regeln

Es erleichtert die Arbeit, wenn die zum Einsprengen bestimmte Wäsche vorsortiert ist in
– geformte Wäschestücke,
– kleine glatte und
– große glatte Wäschestücke.

Außerdem ist es zweckmäßig, wenn kleinere, glatte Wäschestücke einmal quer gefaltet werden (Küchentücher, Servietten, Taschentücher), rechte Seite innen.

Tischwäsche und Bettwäsche wird einmal längs, dann zieh-harmonikaförmig gefaltet. Kissenbezüge werden einmal gefaltet.

Bei geformten Wäschestücken (Blusen, Hemden, Kittel, Schürzen, Schlafanzüge) werden Ärmel, Träger und Bänder zur Mitte gelegt.

Den Wäschesprenger füllt man mit warmem Wasser, weil es schneller und gleichmäßiger in die Fasern einzieht.

Bei großen Wäscheteilen empfiehlt sich manchmal die Arbeit im Stehen, sonst wird nach Möglichkeit im Sitzen gearbeitet.

Zum Einsprengen legt man einen Stapel von 4 bis 6 gleichartigen Wäscheteilen vor sich auf die Arbeitsfläche, bei großen Teilen auch weniger. Abstehende Teile, wie Bänder und Ärmel, werden zum Einsprengen auf das Wäschestück gelegt.

Das Einsprengen geschieht systematisch mit gleichmäßigen, schlangenlinienförmigen Bewegungen, wobei Wäschekanten nicht vernachlässigt werden sollten.

Stärkewäsche und Leinen werden intensiver eingesprengt als die übrige Wäsche. Die nötige Wassermenge läßt sich regulieren durch den Druck auf den Sprenger, das Tempo der Arbeitsbewegung und die Entfernung zum Wäscheteil.

Nach dem Anfeuchten wird jedes Wäschestück glatt gezogen (gereckt). Saumränder und Seiten werden möglichst glatt ausgestrichen.

Bei geringer Stückzahl werden große Wäscheteile am besten gleich nach dem Einsprengen jedes einzelnen Exemplares gereckt, dann müssen die Teile nicht noch einmal in die Hand genommen werden. Sind größere Wäschemengen zu verarbeiten, ist Serienarbeit angezeigt: Erst alle Teile einsprengen, danach alle in Frage kommenden Teile recken.

Die aus einem bis etwa sechs Wäscheteilen bestehenden »Stapel« werden so eingeschlagen, daß die Saumränder nicht eintrocknen. Deshalb werden Säume, Nähte usw. möglichst nach innen gelegt.

Alles wird bügelgerecht zusammengefaltet; das bedeutet, daß gleiche Teile unter Umständen anders gelegt werden, wenn sie statt mit dem Bügeleisen mit einer Bügelmaschine geglättet werden.

Zu oftmaliges Einschlagen und Falten sollte man unterlassen, um Zeitverluste beim Bügeln zu vermeiden. Abstehende Teile werden stets mit eingeschlagen. Keinesfalls sollte man die eingesprengte Wäsche zusammenrollen, weil gerade in feuchtem Zustand Fasern und Gewebe schnell überdehnt werden.

Stapel, die zuerst gebügelt werden sollen, werden zuoberst gelegt.

Die vorbereitete Wäsche wird stapelweise zum Durchziehen in Kunststofftüten gegeben, die Öffnung durch Umschlagen verschlossen oder mit der Öffnung nach unten in den Wäschekorb gelegt.

Zeitdauer zum Durchziehen: 2–4 Stunden, Stärkewäsche etwa 6 Stunden, höchstens jedoch 24 Stunden, um die Bildung von Stockflecken durch das feuchtwarme Klima zu vermeiden. Ausnahmsweise kann die

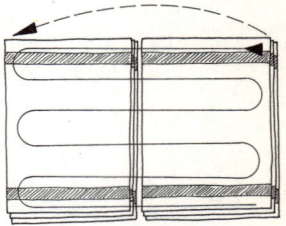

zwei Vorschläge für rationelles Einsprengen

Tücher nach links ablegen

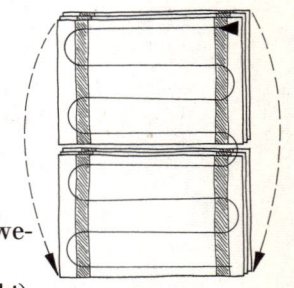

Tücher nach vorne ablegen

Wäsche-sprenger

Wäsche in der Folie bis zu 48 Stunden verwahrt werden, wenn sie in den Kühlschrank gelegt wird.

Übrigens...

Der Wäschesprenger sollte handlich sein, und der Verschluß muß gut schließen. Vorteilhaft sind möglichst kleine Wasseröffnungen, weil sie die Gefahr einer übermäßigen Durchfeuchtung der Wäsche verringern. Aus diesem Grund eignen sich auch Pumpzerstäuber (Sprüher) zum Befeuchten dünner, feiner Wäsche.

Recken

Es kann vorkommen, daß beispielsweise schief aufgehängte Wäscheteile nach dem Trocknen verzogen sind. Damit das Gewebebild wieder die gewünschte Struktur und das Teil sein Format erhält, ist in solchen Fällen das Recken erforderlich. Auch bei Wäscheteilen mit Besätzen (Bordüren, Borten, Paspeln) kann nicht darauf verzichtet werden.

Recken
in Schußrichtung (quer)
und in Längsrichtung

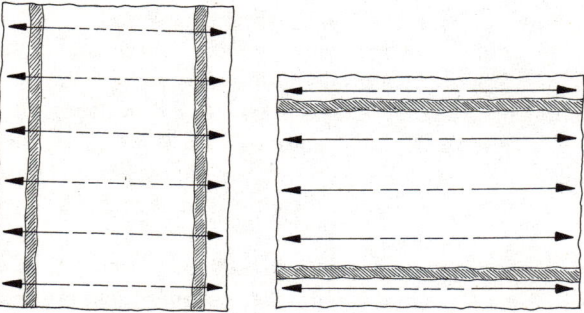

Wenn ein ganzer Stapel eingesprengter Wäsche gereckt werden soll, wird er zunächst umgedreht, so daß die zuerst eingesprengte Wäsche oben liegt.

Kleinere Teile, wie Küchentücher oder Servietten, werden erst in Schußrichtung (quer), dann in Kettrichtung (längs) gereckt. Bei umgekehrtem Vorgehen könnten sich die seitlichen Webkanten wellenförmig verziehen.

Das Wäscheteil wird gereckt, indem es Handbreite für Handbreite in entgegengesetzter Richtung fadengerade auseinandergezogen wird. Die Kraftanwendung sollte maßvoll erfolgen, insbesondere in Schußrichtung sind die Fäden weniger strapazierfähig. Saumkanten und seitliche Webekanten werden gleichzeitig ausgestrichen.

Das Recken von Tisch- und Bettüchern bedarf der Hilfe einer zweiten Person.

110

Nach dem Recken wird die Wäsche zusammengelegt und zum Durchziehen in eine Kunststofftüte gegeben.

Bügeln mit dem Bügeleisen

Beim Bügeln wird die Wäsche durch Hitzeeinwirkung geglättet, Glanz und Glätte bewirken ein besseres Aussehen. Die Anschmutzbereitschaft glatter Fasern und Gewebe verringert sich, außerdem sinkt durch die große Hitze der Keimbefall.

Arbeitsmittel

Bügeleisen (herkömmliches Leichtbügeleisen oder Dampfbügeleisen),
Bügelbrett oder Bügel-
tisch mit Moltondecke als Polster und Auflage aus Leinen oder Baumwolle,
Arbeitsstuhl, höhenverstellbar,
Pumpsprüher mit warmem Wasser oder kleine Schale mit Schwämmchen und warmem Wasser,
Handtuch,
Wäscheständer,
Hocker oder Stuhl zum Abstellen des Wäschekorbes,
Ärmelbrett,
Kleiderbügel, Hosenbügel,
Bei Bedarf Folie oder Tuch als Unterlage für den Boden, wenn große, herabhängende Teile zu bügeln sind; 1 bis 2 Stühle, Dämpftuch, Schüssel mit Wasser zum Auswringen des Dämpftuches, destilliertes Wasser für Dampfbügler.

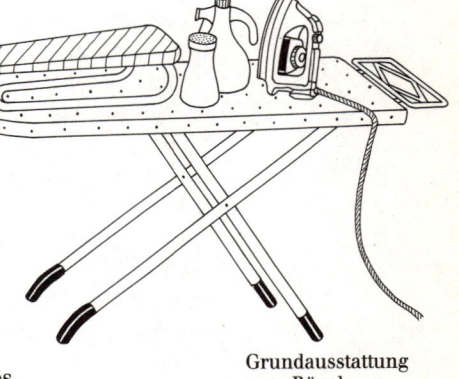

Grundausstattung
zum Bügeln

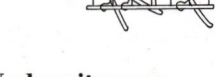 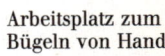

Arbeitsplatz zum
Bügeln von Hand

Vorbereitungen

Die Bügeleisensohle muß sauber und gleitfähig sein.
Bei Verwendung eines Dampfbügeleisens wird nach Gebrauchsanweisung Leitungswasser oder entkalktes, beziehungsweise destilliertes Wasser eingefüllt. Während des Bügelns sollte zum Nachfüllen von Wasser aus Sicherheitsgründen der Stromstecker gezogen werden.

Wird zum Bügeln ein Dämpftuch verwendet, sind unbedingt nach dem Auswringen des Tuches die Hände mit einem weiteren, bereitgehaltenen Tuch abzutrocknen. Das Kabel darf nicht mit Feuchtigkeit oder Nässe in Berührung kommen.

Bügelregeln

Die zu bügelnde Wäsche muß vor dem Einschalten des Bügeleisens nach Bügeltemperaturen sortiert sein.

So vermeidet man einerseits unnötige Arbeitsunterbrechungen, die höheren Stromverbrauch bedingen sowie andererseits Wäscheschäden und damit häufig verbundene Verunreinigungen des Bügeleisens, zum Beispiel durch geschmolzene Synthetics.

Anhaltspunkte für das Sortieren sind im wahrsten Sinne des Wortes die Punktsymbole der Pflegekennzeichen (siehe Seite 38 und 48).

Begonnen wird mit den Teilen, die im niedrigen Temperaturbereich gebügelt werden und die im Wäschekorb zuoberst liegen sollten. Danach folgen weniger empfindliche Teile im mittleren Temperaturbereich, bevor zuletzt die Wäschestücke bei hohen Temperaturen gebügelt werden. Durch dieses Vorgehen erspart man sich dauerndes Hoch- und Tiefschalten des Reglers und man riskiert weniger, weil beispielsweise nach dem Herunterschalten die Hitze falsch eingeschätzt werden kann.

Das Wäschestück wird dergestalt auf die Bügelfläche gelegt, daß die arbeitende Person von sich weg bügelt.

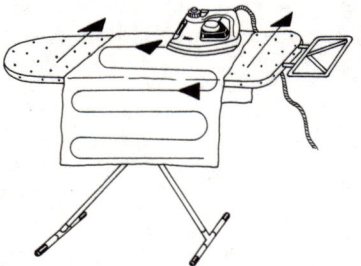

man bügelt
von sich weg:
vorne ungebügelt
hinten gebügelt

Das bedeutet bei der Arbeit:

Die ungebügelte Partie eines Wäschestückes liegt auf dem Schoß, beziehungsweise auf dem Bügelbrett. Die bereits geglättete Partie wird nach hinten abgelegt und hängt an der hinteren Seite des Bügelbrettes herunter.

Wenn die Hand das Bügeleisen hält, sollten Ober- und Unterarm einen rechten bis leicht stumpfen Winkel bilden. Bügelbrett und Arbeitsstuhl dementsprechend einstellen.

Nach Möglichkeit sollte man im Sitzen arbeiten. Stehen kann erforderlich werden, wenn ein großer Aktionsradius notwendig ist, zum Beispiel bei großen Teilen, wo das Bügelbrett in höchste Stellung gebracht wird, um Bodenkontakt der Textilien zu vermeiden. In diesem Fall ist eine Unterlage oder ein Stuhl zu verwenden.

Das Eisen wird zickzackförmig mit gleichmäßigen, ruhigen Bewegungen in Richtung des Fadenlaufes über den Stoff geführt. Die Hitze muß Gelegenheit erhalten, auf den Stoff einzuwirken. Dadurch erübrigt sich auch der Einfluß von Körperkraft durch Druck; die Arbeit ist weniger anstrengend und ermüdend.

Falsch sind fahrige, unkontrollierte Bewegungen, und ebenso, das Eisen seitlich hin- und herzuschieben.

Gebügelt wird immer vom »Weiten ins Enge«: Dazu wird das Wäschestück so auf die Bügelfläche gelegt, daß – bei Rechtshändern – die enge Seite des Textils nach links, die weite Seite nach rechts liegt. Volants, Falten, Kräuselungen werden in gleicher Weise aufgelegt.

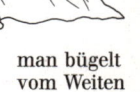

man bügelt
vom Weiten
ins Enge

Abstehende Teile, wie Ärmel, Bänder und Träger werden vor den flächigen Partien gebügelt. Bei umgekehrter Arbeitsweise könnten bereits gebügelte Flächen wieder Knitter bekommen.

Die Textilien werden im allgemeinen auf der rechten Stoffseite gebügelt, es sei denn, der durch das Bügeln entstehende Glanz ist unerwünscht.

Doppelte Teile wie Manschetten, Kragen, Taschen und Knopfleisten werden von beiden Seiten gebügelt, in der Regel zuerst von links, dann von rechts.

Bei Stickereien, Monogrammen und Spitzen wird zuerst die rechte Seite gebügelt, dann von links nachgebügelt, damit die Stickerei plastischer hervortritt. Spitzen werden nicht mit der Bügeleisenspitze, sondern mit der Seite unter Druck ausgebügelt, um Beschädigungen der Maschen zu vermeiden.

Aufhänger an Hand- und Geschirrtüchern werden nach außen gebügelt, an Kleidungsstücken nach innen.

Im allgemeinen wird über Nähte und Säume hinweggebügelt, nicht jedoch über Knöpfe, Haken, Ösen und Reißverschlüsse, um sie zu schonen. Verunreinigungen an der Bügelsohle durch geschmolzene Kunststoffe und Kratzer lassen sich so ebenfalls vermeiden.

Glanz-, hitze- oder druckempfindliche Gewebe müssen besonders schonend gebügelt werden, beispielsweise nur von links oder mit Hilfe eines Dämpftuches durch Aufsetzen des Bügeleisens (siehe auch Dämpfen, Seite 140).

Stärkewäsche wird zum Schluß gebügelt.

Jedes Wäschestück – mit Ausnahme von Wolle – muß vollkommen trocken gebügelt werden, bevor es zum Ausdünsten über Ständer oder auf Kleiderbügel gehängt wird. Nicht völlig trocken gebügelte Wäsche knittert während des Nachtrocknens wieder.

Gebügelte Teile werden passend zum Schrankfertigmachen über den Ständer oder die Ablage gehängt. Gleichartige Teile werden in einer Richtung abgelegt, alle mit der gleichen Seite nach oben, vorzugsweise mit der linken Seite.

Sinnvoll ist Serienarbeit: Alle Teile werden zügig nacheinander gebügelt und gleichartig auf den Ständer gehängt oder gelegt. Erst nach dem Ausdünsten werden die Wäschestücke schrankfertig zusammengefaltet. Wäschefalten bei eingeschaltetem Bügeleisen ist gröbliche Energieverschwendung.

Das Bügeleisen sollte man vor Arbeitsende so rechtzeitig abschalten, daß die Nachwärme noch genutzt werden kann (zum Beispiel für kleine Teile).

Besonderheiten

Seide bügeln

Wassertropfen hinterlassen auf trockenem Seidengewebe Flecke, deshalb sollte man Seide nicht einsprengen oder dampfbügeln. Um Glanzstellen zu vermeiden, Seide von links bügeln, solange sie noch feucht ist. Beim Bügeln nicht auf Nähte drücken. Einstellung des Temperaturreglers beachten.

Wildseide wird in trockenem Zustand von links gebügelt.

Wolle bügeln

Damit keine Glanzstellen entstehen, wird Wolle unter einem feuchten Tuch gedämpft. Man bügelt das Tuch fast trocken, danach wird das Teil leicht ausgeschlagen oder mit einer weichen Bürste abgeklopft, damit der restliche Dampf entweicht. Eine noch vorhandene geringe Restfeuchtigkeit ist bei Wolle normal und hat keine unerwünschten Folgen, wie etwa Knitterbildung bei anderen Fasern. Insbesondere bei Maschenwaren sollte man keinen Druck ausüben, das Bügeleisen nicht schieben, sondern Abschnitt für Abschnitt aufstellen.

Übrigens...

Der Arbeitsplatz zum Bügeln sollte so eingerichtet sein, daß Licht oder Beleuchtung von links oder von vorne auf die Arbeit einfallen (Rechtshänder). Das Stromkabel sollte beim Rechtshänder nach rechts zur Steckdose führen, damit es beim Bügeln nicht stört.

Wichtig für ein optimales Arbeitsergebnis und gutes Arbeiten ist neben dem richtigen Bügeleisen (siehe Seite 47) zweckmäßiges Arbeitsgerät. Ein ausreichend großes, höhenverstellbares Bügelbrett mit einem beschichteten, hitzereflektierenden Überzug ist einem Tisch als Arbeitsfläche vorzuziehen. Das Bügelbrett sollte ein stabiles Untergestell mit Einrückraum für die Beine besitzen. Praktisch sind auch Bügelschnurhalter und eine Ablage, zum Beispiel für Wäsche, entkalktes Wasser, Sprüher und anderes.

Ein Tisch muß zum Bügeln mit einer mehrfach gefalteten Moltondecke geschützt werden, darüber kommt ein Leinentuch, das häufiger gewaschen wird.

Das Ärmelbrett sollte standfest sein, was bei zusammenlegbaren Modellen nicht immer gewährleistet ist, und ein ungehindertes Überziehen von Ärmeln ermöglichen.

Um beim Arbeiten mit dem Leichtbügler versehentlich eingebügelte Falten zu korrigieren, ist ein Sprüher empfehlenswert. Den gleichen Zweck erfüllt ein kleiner Schwamm in einer Schale mit Wasser. Nachteile sind hierbei: Die Wasserschale kann umkippen und bei Benutzung wird die Hand naß (Unfallgefahr), deshalb sollte immer ein Tuch zum Abtrocknen der Hände bereit sein.

Zum Ablegen der gebügelten Wäschestücke eignet sich ein Ständer, wie sie zum Trocknen von Wäsche zu finden sind. Idealer für große Wäschestücke sind spezielle Ständer, die höhenverstellbar und stabiler sind.

Wer Zeit, Kraft und Kosten für das Bügeln sparen will, achtet beim Wäschekauf darauf, pflegeleichte, bügelfreie Wäsche zu kaufen. Das gilt beim Bügeln mit dem Bügeleisen ganz besonders für Bettwäsche. Biber und Flanell brauchen nicht, Jersey und Frottier sollten nicht gebügelt werden. Man sollte sich aber grundsätzlich fragen, ob die Bettwäsche überhaupt gebügelt werden muß. Das gilt auch für Küchentücher, erst recht für Unterwäsche.

Reinigen des Bügeleisens

Nach dem Bügeln wird sofort der Netzstecker gezogen. Bei Dampfbügeleisen wird das Restwasser sofort nach Arbeitsende ausgegossen. Dabei wird die Bügeleisenspitze über ein Gefäß gehalten und das Wasser aufgefangen, da es wiederverwendet werden kann.

Durch die noch vorhandene Speicherwärme wird die Restfeuchtigkeit ausgetrocknet. Auf dem Heck stehend läßt man das Eisen abkühlen, danach wird es staubgeschützt aufbewahrt.

Zur Entfernung von Stärke- oder Kalkrückständen wird die Bügelsohle bei Bedarf mit einem feuchten Tuch abgewischt, das in einer Lösung aus 1 Teil Essig und 2 bis 3 Teilen Wasser ausgewrungen wurde. Bei hartnäckigen Belägen stellt man das Eisen einige Zeit auf das Tuch. Danach kann man es trockenreiben.

Es gibt auch spezielle Putzmittel für Bügeleisen oder Metallputzmittel, die entsprechend dem Material der Sohle nach Gebrauchsanweisung anzuwenden sind.

Das Gehäuse ist gelegentlich mit einem feuchten Tuch abzuwischen.

Das Entkalken des Bügeleisens erfolgt nur nach Gebrauchsanweisung.

Die Bügelsohle ist vor Kratzern zu schützen. Vor allem solle man keine rauhen Untersetzer verwenden.

Das Bügeltuch oder der Bügelbrettbezug sind öfter zu waschen.

Bügeln einzelner Textilien

Küchentücher

Tuch mit der rechten Seite nach oben auf das Bügelbrett legen und glattstreichen.

Zunächst den hinteren Seitenrand, dann das Tuch bis zum vorderen Seitenrand bügeln. Die Saumränder dabei besonders beachten.

Eine weitere Möglichkeit besteht darin, zunächst die vier Außenseiten des Tuches glattzubügeln und dann die verbleibende Innenfläche zu glätten . (Ideal beim Bügeln auf dem Tisch, wenn die Bügelfläche groß genug ist, um das ausgelegte Tuch voll aufzunehmen.)

Man kann auch, wie gerade beschrieben, zuerst die Außenränder des Küchentuches bügeln und dann das Tuch einmal längs falten, rechte Seite außen. Danach die beiden Seitenhälften überbügeln. Allerdings riskiert man beim Einbügeln von Kniffen immer einen früheren Verschleiß an der Knifflinie, weil das Gewebe dort stärker strapaziert wird.

Servietten

Wie oben. Auf der rechten Stoffseite bügeln, danach von links (kräftigere Stärkewirkung).

Tischdecken

Um beim Bügeln großer Wäschestücke Bodenkontakt zu vermeiden, vorbeugend saubere Folie oder Tuch unterlegen, womöglich einen Stuhl oder Wäschekorb aufstellen.

Die Tischdecke wird mit der rechten Seite nach oben auf die Bügelfläche gelegt und im Bereich des vorgesehenen Mittelkniffs auf ganzer Länge gebügelt. Hier eignet sich häufig ein Arbeitstisch besser als ein schmales Bügelbrett.

Durch dieses Vorgehen wird das Einbügeln eines Mittelkniffes vermieden; insbesondere Stärkewäsche verschleißt in diesem Bereich weniger schnell.

Tischdecke gefaltet offene Seite links

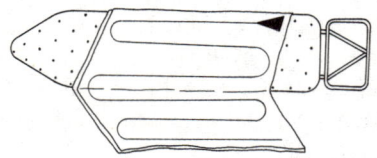

Anschließend die Tischdecke in Längsrichtung einmal falten, rechte Seite außen. In große Ziehharmonikafalten legen. Den Anfang der auf dem Schoß liegenden Tischdecke so auf die Bügelfläche legen, daß die geschlossene Seite nach rechts, die offene Seite nach links liegt, um mit der linken, freien Hand (Rechtshänder) den Rand noch glattstreichen und regulieren zu können. Bis an die Mittelfalte bügeln, jedoch nicht überbügeln.

Gebügelte Partien der Tischdecke werden nach hinten abgelegt und fallen ziehharmonikaförmig auf die Unterlage.

Nachdem die erste Seitenhälfte gebügelt wurde, wieder die ganze Decke ziehharmonikaartig gefaltet auf den Schoß holen und die zweite Hälfte bügeln.

Aufhängen zum Ausdünsten.

Bettücher

Die Mittelfalte kann bei ungestärkter Wäsche überbügelt werden. Deshalb entfällt das Bügeln der ungefalteten Mitte, das bei Tischdecken nötig ist. Das in Längsrichtung gefaltete Bettuch wird wie Tischdecken gebügelt s. oben.

Kissenbezüge, Bettbezüge

Bezüge können von der rechten Stoffseite gebügelt werden oder von links, wenn sie zum Waschen auf links gewendet wurden und auch von dieser Seite auf Kissen oder Bett aufgezogen werden.

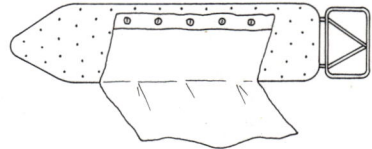

zuerst wird die Knopfleiste gebügelt

Den Kissenbezug in voller Breite so auf die Bügelfläche legen, daß zuerst die Seite mit der Knopfleiste (jeder zweite Knopf geschlossen) gebügelt wird. Das Kissen von beiden Seiten bügeln, bei Kissen mit ungleichen Seiten zuerst die Unterseite, dann die dekorativere Oberseite.

Am Bettbezug die Knopfleiste glattziehen (sofern nicht beim Einsprengen geschehen), jeden 2. Knopf schließen. Nach Wunsch zuerst die Unterseite des einmal längs gefalteten Bezuges in zwei Arbeitsgängen, wie bei Tischdecke beschrieben, bügeln. Dann die rechte Seite ebenso. Sollen Zeit und Energie gespart werden, nur die spätere Oberseite bügeln.

Herrenhemden (Kittel, Schlafanzugjacken)

Vorschlag für einen Arbeitsablauf

- Kragenunterseite. Kragen des Herrenhemdes so auf die Bügelfläche legen, daß das Rückenteil nach vorne liegt. Kragen bügeln.
- Passe von rechts bügeln.
- Passe von links. Das Hemd am Kragen fassen und auf die linke Seite wenden. Die Passe bügeln, Etiketten und gegebenenfalls Aufhänger so überbügeln, daß sie später nicht aus dem Kragen herausschauen. Weitere Möglichkeit: Passe über die Bügelbrettspitze ziehen und bügeln.

117

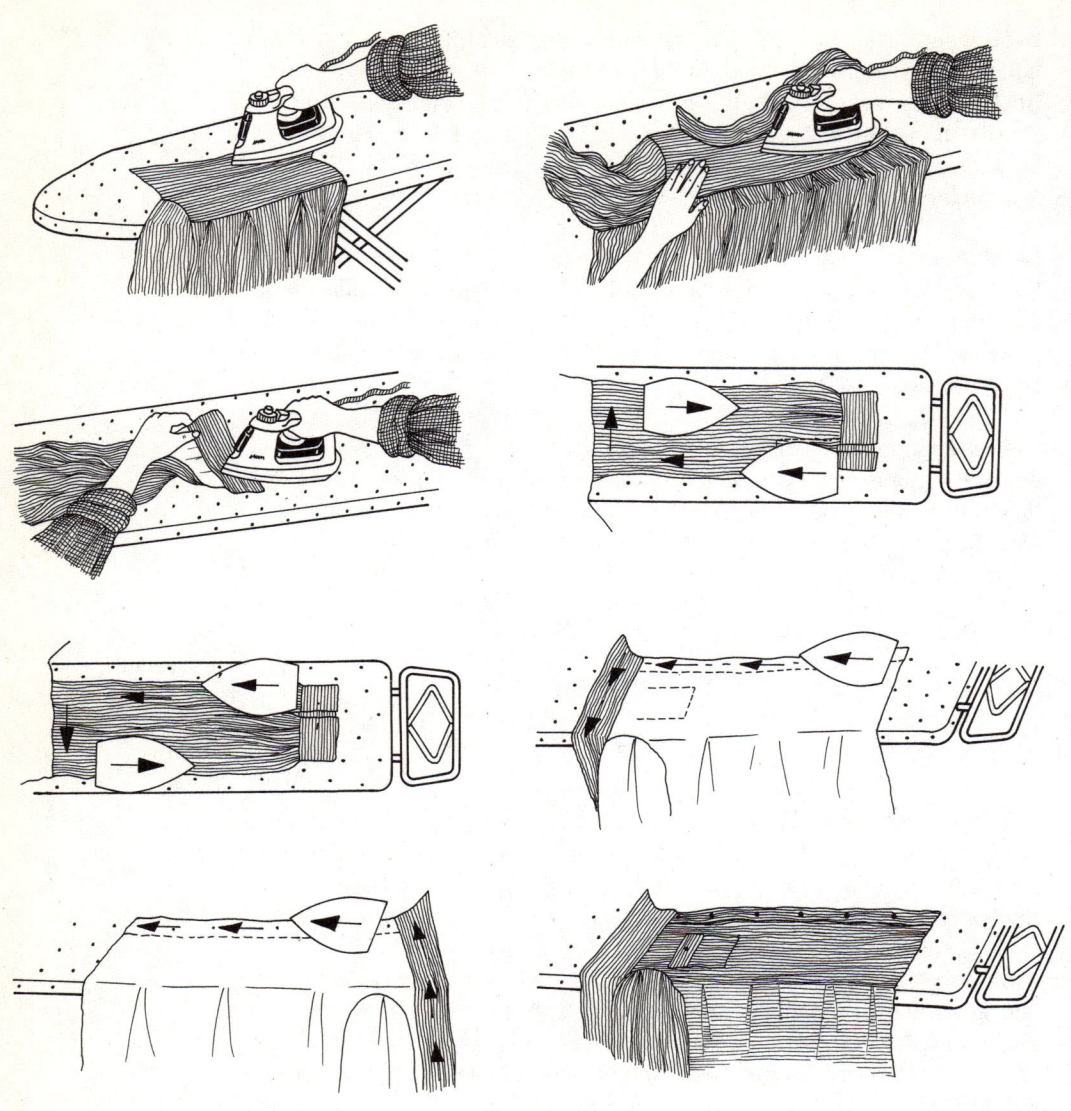

– Rechter Ärmel. Zunächst die Manschette von innen bügeln, dabei gleichzeitig in den Über- und Untertritt des Schlitzverschlusses hineinbügeln. Manschette außen bügeln.

Ärmel so hinlegen, daß die Rückseite des Ärmels oben liegt (Ärmelnaht vorne, parallel zur Kante des Bügelbrettes).

Das Bügeleisen von rechts nach links entlang der Ärmelnaht bis zur Schulternaht führen, dann in die linke Hand nehmen, Bügeleisen drehen und in die kleinen Falten hineinbügeln.

Ärmel drehen und Vorderseite ähnlich bügeln.

– Linker Ärmel. Manschette wie oben beschrieben bügeln. Ärmel so auflegen, daß die Rückseite nach oben liegt (Ärmelnaht nach hinten).

Mit dem Bügeln wieder entlang der Ärmelnaht beginnen und ab der Schulternaht die linke Hand einsetzen.
Vorderseite des linken Ärmels ähnlich bügeln.

– Knopflochleiste von links. Nach dem Bügeln des linken Ärmels die Knopflochleiste unten fassen und mit der linken Seite nach oben längs auf das Bügelbrett legen, (Kragen liegt nach links). Von unten nach oben überbügeln, gegebenenfalls linke Seite der Brusttasche miteinbeziehen. Von der Knopflochleiste gleich übergehen zur
– Kragenoberseite, (linke Hand führt), von dort durchbügeln zur
– Knopfleiste (Innenseite) unter Einbeziehung einer eventuell vorhandenen Brusttasche. Das untere Ende der Knopfleiste fassen, umschlagen auf die rechte Seite, das rechte Vorderteil, das als nächstes gebügelt wird.
– Rechtes Vorderteil, (Kragen liegt nach links) mit der Bügeleisenspitze vorsichtig zwischen den Knöpfen bügeln. Glattstreichen und bügeln, nach hinten ablegen.
– Rückenteil
– Linkes Vorderteil bügeln.
– Hemd zum Ausdünsten auf einen Bügel hängen. Später weghängen (obersten Knopf schließen) oder falten (siehe Seite 135).

Übrigens …

Mit etwas Übung läßt sich die Passe auch in einem Arbeitsgang mit den Vorderteilen und dem Rückenteil bügeln.
Ähnlich wie Herrenhemden werden auch Arbeitskittel und Jacken von Schlafanzügen gebügelt.

Damenblusen
Damenblusen werden, bis auf wenige Unterschiede, ähnlich wie Herrenhemden gebügelt.
– Kragenunterseite,
– Passe wie Herrenhemd, wenn die Passe doppelt liegt. Nur von rechts, wenn sie einfach liegt.
– Rechter Ärmel. Manschette wie beim Herrenhemd bügeln. Ärmel in Damenblusen werden ohne Kniff gebügelt. Dazu den Ärmel über das Ärmelbrett ziehen und von der Armkugel zur Manschette in die Fältchen hineinbügeln.
   Nachdem die auf dem Ärmelbrett aufliegende Armpartie gebügelt wurde, den Ärmel drehen und nächsten Abschnitt bügeln usw.
– Linker Ärmel,
– Knopfleiste von links,
– Kragenoberseite,
– Knopflochleiste von links,
– rechtes Vorderteil,
– Rückenteil,
– linkes Vorderteil.

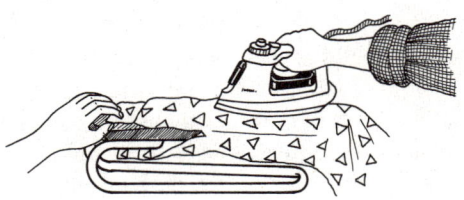

Blusenärmel bügeln
über dem Bügelbrett

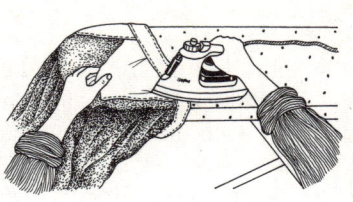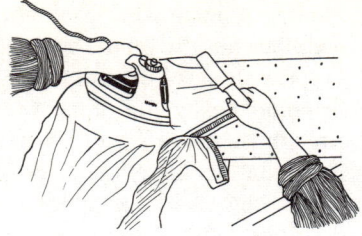

Hosenoberteil
von links und
von rechts bügeln

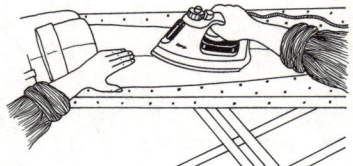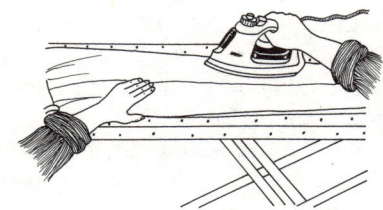

Hosenbeine
erst Innenähte
dann Bügelfalte
bügeln

Hosen

Hose mit geöffnetem Reißverschluß auf links wenden und bis zum Schritt über das Bügelbrett ziehen. Vom Bund an abwärts die obere Hosenpartie rundum bügeln, Reißverschluß, Untertritt und Taschen glatt und formgerecht ausbügeln.

Die Hose wieder auf die rechte Seite wenden und wie oben beschrieben über das Bügelbrett ziehen. Bei Bundfalten das Bügeleisen in die linke Hand nehmen vom Schritt her mit der Bügeleisenspitze in die Bundfalten hineinbügeln. Reißverschlußübertritt beachten.

Jeweils den Bund mit überbügeln.

Bei Hosen ohne Bundfalten Bund und obere Hosenpartie in einem Arbeitsgang bügeln (wie in Abschnitt 1).

Hose vom Bügelbrett ziehen und Reißverschluß schließen.

Hose ohne Bügelfalten, zum Beispiel Jeans

Nach dem Bügeln der oberen Hosenpartie werden die Beinnähte ausgebügelt. Hose so auf das Bügelbrett legen, daß beide Hosenbeine Naht auf Naht liegen (Bund nach links). Äußere Hosennaht bis zum Bund ausbügeln, die linke Hand bereitet vor. Dann Bein nach links über das obere Hosenteil ziehharmonikafaltig ablegen und Innennaht des anderen Hosenbeines bügeln. Hosenbeine wieder exakt aufeinanderlegen, Hose umdrehen und beim Bügeln der beiden übrigen Nähte wie oben beschrieben verfahren.

Anschließend die Hosenbeine bügeln. Rechtes Hosenbein mit der Rückseite nach oben glatt auf das Bügelbrett legen (Bund liegt nach links auf dem Bügelbrett). Hosenbein bügeln, dabei das Bügeleisen nicht über die Seitennähte bewegen, weil sonst unschöne, seitlich abstehende »Bügelfalten« an Innen- und Außennähten entstehen könnten. Rechtes Hosenbein nach hinten ablegen und linkes Hosenbein von hinten bügeln, danach die Vorderseiten der Hosenbeine.

Hose mit Bügelfalten

Bügelfalten sollten fadengerade verlaufen. Bei gestreiften oder karierten Stoffen kann man sich nach dem Muster richten. Ansonsten ist gutes Augenmaß wichtig. Eine Orientierungshilfe für die vorderen Bügelfalten können auch Abnäher oder Bundfalten (zum Beispiel die mittlere) sein.

Die Hose glatt so hinlegen, daß innere und äußere Beinnähte aufeinanderliegen, auf diese Weise ergeben sich auch am unteren Beinabschluß die richtigen Stellen für die Bügelfalten. Das obenliegende Hosenbein wird ziehharmonikafaltig nach links über das obere Hosenteil abgelegt. Kontrollieren, ob die Lage des glattgestrichenen, unteren Hosenbeines noch mit den Orientierungspunkten am oberen und unteren Hosenende übereinstimmt. Von unten beginnend – zuerst die vordere Bügelfalte einbügeln (die linke Hand reguliert). Um die hintere Bügelfalte zu erhalten, das Hosenbein von der vorderen Bügelfalte zur rückwärtigen Kante glattstreichen. Gleichermaßen beim Bügeln verfahren. Das Bügeleisen stets von der inneren Beinnaht zur Bügelfalte hin schieben, aber den Stoff nicht dehnen. Darauf achten, daß die untenliegende, äußere Hosennaht glatt liegt.

Beim zweiten Hosenbein ebenso vorgehen. Dann beide Beine wieder exakt aufeinanderlegen und von den Außenseiten die Bügelfalten nochmals einbügeln.

Zum Ausdünsten sofort auf einen Hosenbügel hängen.

Übrigens ...

Bei feineren, druck-, glanz- oder hitzeempfindlichen Stoffen Dämpftuch verwenden (siehe auch Seite 140).

Unter Umständen kann es erforderlich sein, zuerst die Nähte von links auszubügeln.

Danach die Hose auf rechts wenden und zunächst innere Beinnähte, dann äußere Beinnähte bügeln. Im übrigen wie oben beschrieben vorgehen.

Sind hingegen einfache Hosen zu bügeln, oder wird – aus welchen Gründen auch immer – kein besonderer Wert auf korrekt gebügelte Hosen gelegt, genügt vielleicht einfaches Überbügeln. Dabei auf das gesonderte Bügeln des Hosenoberteils von links, aber auch von rechts verzichten. Dieses wird sozusagen als Verlängerung der Hosenbeine hinten und vorn mitgebügelt. Häufig kann auch bei lässig getragenen Hosen auf das Ausbügeln der Beinnähte verzichtet werden.

Röcke

Bei Röcken mit Futter wird dieses aus dem Rock heraus- und über das Bügelbrett gezogen, der Rock hängt links am Bügelbrett herunter.

Wichtig ist die richtige Thermostateinstellung; Futterstoffe vertragen keine hohen Bügeltemperaturen.

Futter unter Beachtung der allgemeinen Bügelregeln bügeln. Wenn

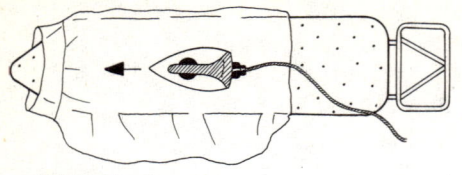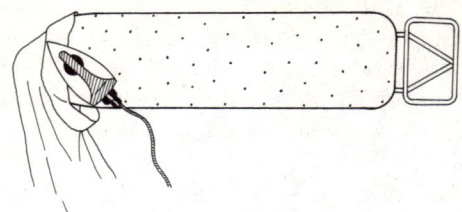

Röcke bügeln
erst vom Weiten
ins Enge
dann den Bund

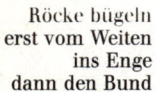

möglich, Taschenbeutel gleich mitbügeln oder Rockteil dazu von links neu aufziehen, so daß das Rockfutter links vom Bügelbrett herunterhängt (auch bei Röcken ohne Futter).

Um den Rockbund von links zu bügeln, kann man entweder den ganzen Rock mitsamt dem Futter auf links drehen oder nur den Reißverschluß des auf rechts gewendeten Rockes öffnen. Die Aufhänger und gegebenenfalls vorhandene Etiketten werden nach unten gebügelt.

Anschließend das Rockteil mit der rechten Seite nach oben auf das Bügelbrett ziehen. Futter vorher nach oben herausziehen, es hängt dann links herunter.

Rock unter Beachtung der allgemeinen Bügelregeln rundum bügeln, in Falten oder Rüschen am Bund hineinbügeln.

Bund von rechts bügeln, dabei eventuell die Bügeleisenseite gleichzeitig über aufgebügelte Falten führen, damit sich diese etwas anlegen.

Rock auf einem Rockbügel ausdünsten lassen.

Übrigens...

Bei druck-, glanz- und hitzeempfindlichen Stoffen Dämpftuch benutzen. Siehe auch Seite 140.

Schürzen

Schürze links auf dem Bügelbrett ablegen, Bindebänder nach rechts glatt nebeneinander herauslegen, rechte Seite oben.

Von den Bänderspitzen bis zum Bund bügeln.

Bund (linke Seite oben) glattlegen und bügeln, ebenso die Taschen von links, da diese Teile doppelt sind.

Schürze so auflegen, daß die Trägerbänder nach rechts liegen (Rockteil der Schürze nach links), bei doppelter Stofflage linke Seite nach oben.

Träger erst von links, dann von rechts bügeln.

Einfach liegende Träger nur von rechts glätten.

Von den Trägerbändern zum Latz übergehen und von rechts mitbügeln.

Die ganze Schürze auf dem Bügelbrett drehen, der Latz muß nach links liegen. Mit der rechten Seite nach oben so auflegen, daß der linke Rockteil zuerst gebügelt und nach hinten abgelegt werden kann, dann folgt der mittlere Rockteil usw.

Aufhängen zum Ausdünsten.

Bügeln mit der Maschine

Wenn in einem Haushalt umfangreiche Wäschemengen und viele große Wäscheteile anfallen, kann die Bügelmaschine eine wirkliche Arbeitserleichterung darstellen.

Voraussetzung dafür ist nicht nur eine sachgemäße Bedienung der Maschine, sondern auch die richtige Vorbereitung der Wäsche.

Zudem sollte der Arbeitsplatz optimal gestaltet sein, damit die Vorteile des Gerätes voll ausgenutzt werden können. Stimmen diese Bedingungen nicht, wird sich die Bügelmaschine vielleicht bald als »Stromfresser« herausstellen, es können Wäscheschäden entstehen oder die teuere Maschine steht ungenutzt in einer Ecke.

Die Gebrauchsanweisung und allgemeine Sicherheitshinweise sind zu beachten, und Kleinkinder sind fernzuhalten.

Arbeitsmittel

Bügelmaschine
Arbeitsstuhl
Hocker oder Stuhl zum Abstellen der Wäsche
Pumpsprüher oder kleine Schale mit Wasser und Schwämmchen
Handtuch
Wäscheständer (ersatzweise Bügelbrett) als Ablage zum Ausdünsten der Wäsche.

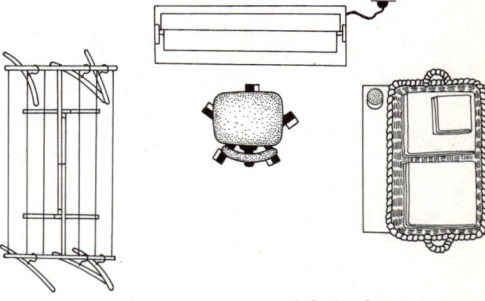

Arbeitsplatz
an der Bügelmaschine

Bügelregeln zum Bügeln mit der Maschine

Von den allgemeinen Hinweisen für das Bügeln mit dem Bügeleisen, treffen viele auch für das maschinelle Bügeln zu (siehe Seite 112).

Die zum Bügeln vorgesehene Wäsche wird vor dem Einschalten des Gerätes sortiert und vorbereitet. Eine gute Orientierungshilfe bieten die Punktsymbole der Pflegekennzeichen. Das Vorsortieren nach Temperaturbereichen und zusätzlich nach glatten und geformten Wäscheteilen ermöglicht ein zügiges Arbeiten ohne Unterbrechung, dadurch wird erheblich Energie eingespart. Im Prinzip sollte die Wäsche ähnlich wie zum Bügeln mit dem Bügeleisen vorbereitet sein (leicht feucht, gelegt und eventuell gereckt, Knopfleisten geschlossen).

Den zu bügelnden Wäscheposten legt man so vor sich auf den Schoß, daß die einzelnen Teile einfach entnommen und bereits bügelfertig in die Maschine eingelegt werden können. Bei eingesprengter Wäsche legt man sich eine Folie unter.

Begonnen wird mit den Teilen, die bei niedriger Temperatur gebügelt werden.

Nach Möglichkeit ist die gesamte Walzenbreite voll auszunutzen. Man läßt zum Beispiel Geschirrtücher versetzt auf der rechten und linken Seite einlaufen oder legt ein Tuch jeweils quer und nicht längs ein. Das

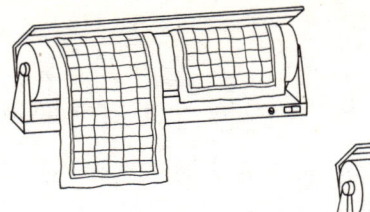

Küchentücher versetzt oder quer einlegen

spart nicht nur Strom, sondern wirkt ungleichmäßigem Verschleiß der Walzengrundbewicklung entgegen.

Jedes Teil muß glatt und fadengerade einlaufen. Während des Durchlaufens wird das Wäschestück von der Mitte nach außen glattgestrichen. Nicht an den Seitenrändern ziehen, um Wellen- und Zipfelbildung zu vermeiden.

Um Falten zu korrigieren, kann man die Stelle mit dem Sprüher oder Schwamm befeuchten und überbügeln.

Knöpfe Über Knöpfe kann hinweggebügelt werden, sofern sie hitzebeständig sind. Damit sie beim Einlaufen in das Gerät nicht abreißen, wird die Bügelmulde kurz abgehoben oder das Wäschestück leicht angehoben. Bei dickeren oder hitzeempfindlichen Knöpfen wird von links gebügelt, so können sie sich in die gepolsterte Walze eindrücken.

Nicht verdeckte Reißverschlüsse, Haken und Ösen sowie Metallknöpfe können die Mulde, den Nesselbezug oder die Walzenbespannung beschädigen. Zum Schutz legt man einen Stoffstreifen aus Leinen auf und bügelt ihn mit.

Bei sehr dünnen Stoffen ist darauf zu achten, daß sich der Anfang des Wäscheteils nach dem Durchlauf von der Walze löst.

Kräuselungen Wäscheteile mit Kräuselungen und Volants an einem Ende können von der glatten Seite her die Maschine durchlaufen. Vorher wird das Anlegebrett abgenommen und die Kräuselung kann am offenen Ende überstehen. Zum Rundbügeln von Manschetten und ähnlichem wird ebenfalls das Anlegebrett abgenommen. Bei einigen Gerätemodellen ist dies nicht nötig.

Fransen Fransen werden vor dem Bügeln ausgeschlagen, dann von der Stoffseite zu den Fransenenden überbügelt.

Serienarbeit Auch hier empfiehlt es sich, Serienarbeit zu verrichten: Alle Teile bügeln und zum Ausdämpfen ablegen oder aufhängen, erst nach dem Ausschalten der Maschine falten.

Textilien müssen immer ganz trocken gebügelt werden. Je nach Feuchtigkeitsgehalt ist der Geschwindigkeitsregler niedriger einzustellen; bei älteren Geräten ohne Drehzahlregler muß das Wäschestück auch mehrmals durchlaufen.

Das Gerät eignet sich auch zum Bügeln geformter Teile, selbst wenn es anfangs vielleicht etwas mehr Zeit kostet.

Mit zunehmender Übung lassen sich die Vorteile voll ausschöpfen.

Vor Arbeitsende werden die Thermostate ausgeschaltet und die Speicherwärme wird zum Bügeln von Kleinteilen (zum Beispiel Taschentücher) und zum Trockenbügeln der Walze genutzt.

Übrigens...

Wichtig für gutes Arbeiten ist der richtige Lichteinfall. Der Arbeitsplatz sollte so eingerichtet sein, daß das Licht von vorn oder von links auf die Arbeit fällt (Rechtshänder).

Zum Korrigieren versehentlich eingebügelter Falten sollte der Sprüher (oder die Schale mit Wasser und Schwamm) griffbereit stehen.

Gearbeitet wird von rechts nach links: Die ungebügelte Wäsche steht rechts von der Bügelmaschine auf einem Hocker oder Stuhl, die gebügelte Wäsche wird links über einen Ständer oder ein Bügelbrett zum Ausdünsten gehängt oder gelegt. Die Ablage soll mühelos zu erreichen sein, das heißt im Sitzen und ohne Standortwechsel. Wenig geeignet sind die an den Geräten auf der rechten Seite angebrachten Wäschestangen, die einem kontinuierlichen Arbeitsablauf von rechts nach links entgegenstehen und die kaum mehr als einige kleine Wäschestücke aufnehmen können. *(von rechts nach links arbeiten)*

Es ist sinnvoll, die Bügelzeiten so einzuplanen, daß immer ein größerer Wäscheposten gebügelt werden kann.

Gestärkte Wäsche wird durch den hohen Anpreßdruck beim Bügeln mit der Maschine steifer als beim Bügeln von Hand, deshalb sollte etwas weniger Stärke genommen werden.

Dämpfen: Ein feuchtes Tuch ohne Nähte wird zwischen Bügelmulde und Wäschestück gelegt, die Dämpfstellung betätigt (Anlegen der Mulde ohne Walzenbewegung). Nach kurzem Anpressen wird die Mulde abgehoben, damit der Dampf entweichen kann. *(dämpfen)*

Wichtig ist auch zu wissen, wie die Mulde von Hand anzuheben ist. Bei einem Stromausfall geschieht dies bei manchen Geräten automatisch, bei anderen muß per Hand- oder Fußdruck nachgeholfen werden, damit die heiße Mulde nicht auf Wäsche und Walze liegenbleibt.

Reinigen der Bügelmaschine

Nach dem Ausschalten der Temperaturwähler wird mit der Speicherwärme die Restfeuchtigkeit aus der Walzenbewicklung herausgebügelt.

Das Gerät wird ausgeschaltet und der Netzstecker gezogen; das Kabel darf nie über die noch heiße Bügelmulde gelegt werden.

Stärkereste auf der Mulde werden nach dem Abkühlen auf Handwärme mit einem in Essigwasser ausgewrungenen Tuch (1 Teil Essig, 2 bis 3 Teile Wasser) abgerieben.

Bei starker Verschmutzung kann man käufliche Spezialreiniger mit Gleitschutz nach Gebrauchsanweisung anwenden.

Das Gehäuse wird mit einem feuchten Tuch (Spülmittel- oder Allzweckreinigerlösung) abgewischt und das Fußschaltbrett oder -pedal gesäubert.

Den Nesselbezug kann man bei Bedarf abnehmen und waschen. Bei ungleich auftretenden Bügelergebnissen ist in größeren Zeitabständen nach Gebrauchsanweisung die Walzengrundbewicklung zu erneuern.

Bügeln einzelner Textilien

Küchentücher

siehe Abbildung
Seite 124
Tuch fadengerade, faltenlos und gleichmäßig mit der Längsseite auf die Walze legen, um die gesamte Walzenbreite auszunutzen. Außerdem wird der Nesselbezug auf diese Weise geschont, weil er nicht an den unbelegten Stellen durch Überhitzung angesengt wird.
Fußschalter betätigen, während des Durchlaufens Tuch von der Mitte zu den Seiten ausstreichen. Noch vor Ende des Durchlaufes den Fußschalter betätigen, Mulde abheben und nächstes Tuch einlegen. Gebügeltes Tuch zum Ausdünsten aufhängen oder ablegen.
Weitere Möglichkeit: Die Küchentücher wechselseitig versetzt einlaufen lassen; hierbei erfolgt der Durchlauf in Längsrichtung.
Das erste Tuch auf der rechten Walzenhälfte einlegen und nach dem Einlaufen unter die Mulde sogleich über die Oberseite des Gerätes nach hinten zurückschlagen. Mit dem zweiten Tuch, das auf der linken Seite eingelegt wird, ebenso verfahren, dann folgt wieder ein Tuch rechts usw.

Servietten

Serviette so zum Bügeln einlegen, daß eine der Saumseiten zuerst in die Maschine einläuft, Webkanten seitlich. Dadurch werden die weniger strapazierfähigen Schußfäden geschont.
Zuerst von links, dann von rechts bügeln, damit die Stärke voll aufgeschlossen wird und die Serviette einen schönen Glanz bekommt (Bügelseite = Glanzseite).
Ist ein Monogramm vorhanden, diese Ecke nochmals von links überbügeln, dadurch tritt es auf der rechten Seite plastischer hervor.

Tischdecken

Bei gestärkten Tischdecken keinen Mittelkniff einbügeln, um frühem Verschleiß vorzubeugen, weil dadurch das Gewebe in diesem Bereich übermäßig strapaziert wird.
Die Decke vom Schoß aufnehmen und mit Hilfe des Wäscheanlegebrettes so in die Maschine legen, daß zunächst eine Mittelbahn in Längsrichtung eingebügelt wird. Die Decke legt sich im Wäschestapelraum ziehharmonikafaltig aufeinander. Bei sehr langen Tüchern kann es noch während des Durchlaufes nötig sein, den Stapel nach vorn auf den Schoß zu nehmen.
Wenn die Mittelbahn gebügelt ist, die Decke einmal in Längsrichtung falten, einlegen und bügeln, dabei den Mittelbruch am offenen Walzenende einige Zentimeter herausstehen lassen. Mit dem Zeigefinger der

rechten Hand zwischen die Stofflagen greifen und korrigieren, mit dem Daumen die Seitenkanten glatt aufeinanderlegen. Das zuletzt gebügelte Ende aufnehmen und die andere Seite in gleicher Weise bügeln.

Bettücher
Das einmal der Länge nach gefaltete Tuch von beiden Seiten bahnenweise bügeln.

Kissenbezüge
Den Bezug zuknöpfen und am offenen Walzenende die Verschlußleiste einlegen und überbügeln. Knöpfe zur Walze drehen, damit sie nicht beschädigt werden. (Das Problem stellt sich nicht bei Bezügen, die noch vom Waschen auf links gewendet sind und auch von links gebügelt werden.)
Danach das Kissen von der Verschlußseite her in ganzer Breite ein- oder beidseitig überbügeln.

Bettbezüge
Knopfleiste schließen und am offenen Walzenende überbügeln, Knöpfe zur Walze gedreht. Bettbezug längs falten und von der Verschlußseite her bahnenweise durchlaufen lassen.
Sollen Bett- und Kissenbezüge nur etwas überbügelt werden, muß die Unterseite nicht berücksichtigt werden. Wird nur die Oberseite gebügelt, lassen sich Strom und Zeit sparen. Voraussetzung ist jedoch, daß die Wäsche nur sehr wenig Restfeuchtigkeit hat.

Gardinen, Vorhänge
Wenn das Gardinenband gestreckt wurde, lassen sich die Gardinen in zwei Längsbahnen bis zum Röllchenband bügeln. Das sollte vorsichtig geschehen, damit die Plastikröllchen nicht an die heiße Mulde gelangen. Glanz- oder druckempfindliche Stoffe eventuell von links bügeln. Wurde das Röllchenband nicht gestreckt und ist die Gardine noch am oberen Ende gekräuselt, wird folgendermaßen vorgegangen: Je nach Gerät das Wäscheanlegebrett entfernen, dann die Gardine in Querrichtung so einlegen, daß die Kräuselung am offenen Walzenende heraussteht, das untere Gardinenteil am anderen Walzenende. Rundbügeln, das heißt möglichst nah an die Kräuselung heran. Danach die übrige Partie der Gardine ebenfalls in mehreren Querbahnen bügeln, oder den Rest zweimal der Länge nach einlegen. Kleinere Unregelmäßigkeiten im Bereich der Kräuselung können anschließend mit dem Bügeleisen ausbügelt werden.

Herrenhemden, Kittel, Schlafanzugjacken

Rechten Ärmel mit der Manschettenöffnung nach unten auf der linken Walzenseite einlegen. Glattstreichen und bis zur Ärmelansatznaht überbügeln.

Mulde anheben, das Hemd am linken Walzenende bis zur Ärmelmitte herausrücken und die rechte Vorderpasse bis zum Kragenansatz bügeln.

Umdrehen und zunächst die rückwärtige Passe schräg einlaufen lassen, weiter den Ärmel von oben beginnend bis unten zur Manschette bügeln. Knöpfe auslassen oder abdecken.

Manschette am freien Walzenende einlegen und gesondert rundbügeln. Linken Ärmel entsprechend bügeln.

Rückenteil in Längsrichtung doppelt legen, Orientierungspunkte sind die Seitennähte und, sofern vorhanden, die Musterung, wie Streifen oder Karos.

Auf der linken Walzenseite den unteren Hemdsaum einlegen, der Bruch zeigt zur Mitte der Walze. Von unten nach oben unter Einbeziehung der Seitennaht bügeln.

Das Hemd drehen und die andere Hälfte des Rückenteils in gleicher Weise auf der rechten Walzenseite bügeln.

Linkes Vorderteil von unten nach oben bis zum Armausschnitt bügeln. Mulde anheben und das Hemd seitlich etwas herausziehen. Vorderteil mit Passe bis zum Kragenansatz zu Ende bügeln.

Rechtes Vorderteil – mit den Knöpfen zur Walze – in gleicher Weise bügeln.

Kragenunterseite wie Manschette rundbügeln.

Kragen von oben bügeln, indem die Oberseite der Breite nach aufgelegt und angepaßt wird. So wird vermieden, daß sich auf einer Kragenspitze Falten bilden.

Übrigens …

Mit zunehmender Übung kann man beim Hemdenbügeln auf das gesonderte Glätten der Passen verzichten, indem man bei den Ärmeln jeweils beide Seiten von unten nach oben bügelt und die Passen beim Bügeln von Vorderteilen und Rücken mit einbezieht.

Hosen mit Bügelfalten

Jedes Hosenbein einzeln so auf die Bügelwalze legen, daß das Oberteil nach links heraushängt. Je nach Material ein feuchtes Dämpftuch über das Hosenbein legen, Mulde absenken und kurze Zeit in Anpreßstellung verharren. Mulde öfter abheben, damit der Dampf entweichen kann.

Jedes Hosenbein von beiden Seiten dämpfen.

Anschließend beide Hosenbeine übereinander legen und Oberteil der Hose in zwei Arbeitsschritten in die Bügelmaschine einlegen und dämpfen.

Oder beim Dämpfen die inneren Beinseiten auslassen, gleich beide Hosenbeine übereinander auf die Walze zu legen und wie oben beschrieben dämpfen.

Hosen ohne Bügelfalten, Schlafanzughosen

Oberes Hosenteil über das freie Walzenende ziehen und rundbügeln. Die Hosenbeine – mit den Beinnähten seitlich – jeweils vom unteren Beinabschluß bis zum Zwickel nach oben bügeln.

Röcke

Anlegebrett abnehmen und Rockbund am offenen Walzenende rundbügeln oder je nach Materialempfindlichkeit dämpfen.
Das Rockteil vom freien Walzenende her zwischen Mulde und Walze einziehen und rundbügeln. Beim Dämpfen stets den Rock von Hand weiterbewegen, Tuch auflegen und Mulde anpressen. Anschließend Mulde nach kurzem Pressen anheben, damit der Dampf entweichen kann.

Schürzen

Beide Trägerbänder gleichzeitig einlegen und über das Latzteil bis einschließlich Bund bügeln, eventuell von beiden Seiten.
Linkes Bindeband am offenen Walzenende einlegen, bügeln und ohne Anheben der Mulde zum Rockteil übergehen, der Latz hängt seitlich heraus.
Bei schräggeschnittenen Schürzenbahnen je nach Bedarf die Mulde zwischendurch mehrmals anheben, Schürze fadengerade legen und weiterbügeln; zuletzt zweites Bindeband bügeln.

Falten der Wäsche

Viele Wäscheteile können unmittelbar nach dem Trocknen schrankfertig gemacht werden; Arbeitsgänge wie Einsprengen, Recken und Bügeln entfallen. Dazu zählen praktisch alle Gewebe, die aus pflegeleichten Fasern hergestellt oder pflegleicht ausgerüstet sind, aber auch solche mit »natürlicher Pflegeleichtigkeit«, wie etwa Wäschestücke aus Frottier, Jersey , Biber, Trikot.
Es bleibt jedem unbenommen, welche Wäschestücke im Haushalt für »pflegeleicht« erklärt und nicht oder nur leicht gebügelt werden.
Um die Wäsche schrankfertig zu machen, wird sie entweder zusammengefaltet oder – soweit noch nicht geschehen – möglichst glatt auf

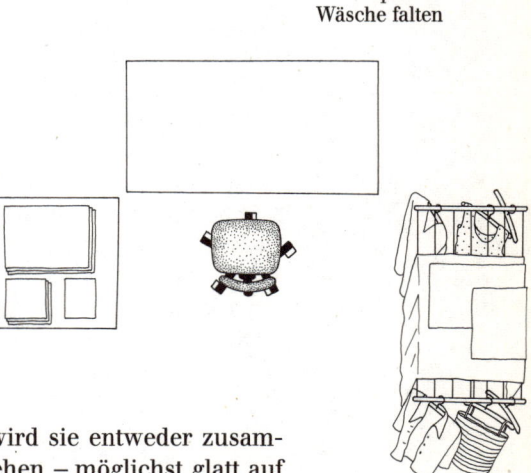

Arbeitsplatz
Wäsche falten

129

Bügel gehängt. Ob Herrenhemden und Damenblusen auf Bügel gehängt oder gefaltet werden, ist eine persönliche Entscheidung. Eine Rolle spielt auch der vorhandene Schrankraum, beziehungsweise seine Einteilung, die mitbestimmend ist für das Format der gefalteten Teile.

Gleichwohl werden hier einige allgemeine Regeln vorgestellt, die immer Gültigkeit besitzen, bevor spezielle Empfehlungen für einzelne Wäschearten folgen.

Allgemeine Regeln

Die Wäsche muß völlig trocken und ausgekühlt sein, bevor sie nach dem Bügeln zusammengelegt und in den Schrank geräumt wird.

Wäschestücke sollten grundsätzlich so wenig wie möglich gefaltet werden, um das Entstehen unnötiger Bruchkanten zu vermeiden.

Gestalt und Größe sind auf die vorhandenen Platzverhältnisse abzustimmen.

Gleichartige Wäscheteile werden immer einheitlich zusammengefaltet.

Gefaltet wird im allgemeinen so, daß die rechte Stoffseite nach außen kommt. Eine Ausnahme können Bettbezüge sein, die erst beim Aufziehen auf das Bett auf die rechte Seite gestreift werden.

Bei Wäschestücken mit Monogrammen sollte dieses nach dem Legen auf der rechten oberen Stoffseite sichtbar sein.

Wäsche sollte nie beengt oder in Kunststofftüten verpackt aufbewahrt werden.

Nach Möglichkeit sollte der erste (und damit schärfste) Kniff von Saum zu Saum verlaufen, weil dadurch die weniger strapazierfähigen Webekanten geschont werden.

Beim Zusammenlegen der Wäsche ist darauf zu achten, daß auch die mittleren Stofflagen glatt aufeinanderliegen. Dazu wird die linke Hand flach auf den Stoff gelegt und mit der rechten Hand übergeschlagen.

Wenn man die untere Kante beim Falten etwas herausstehen läßt, dann passen nach dem Falten die Seitenkanten einwandfrei übereinander.

Wäsche mit Beschädigungen wird zum Flicken aussortiert.

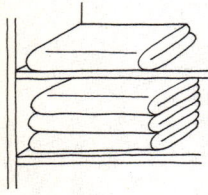

Die Wäschestücke werden nach dem Falten so aufeinandergelegt, daß beim fertigen Stapel jeweils alle offenen und alle geschlossenen Seiten (mit Bruchkante) übereinanderliegen.

Beim Einräumen des Stapels in den Schrank werden die Seiten mit der zuletzt gefalteten Bruchkante nach vorn eingeräumt. Dadurch sind die einzelnen Teile beim Herausnehmen besser greifbar, das nächstliegende Wäschestück wird nicht so leicht mit herausgezogen.

Nach Möglichkeit sollte die frisch gewaschene Wäsche unter die bereits im Schrank liegende eingeräumt werden, um eine gleichmäßige Abnutzung zu erreichen.

Falten einzelner Textilien

Küchentücher, Geschirrtücher

Küchentuch mit der linken Seite nach oben längs auf die Arbeitsfläche legen. Je nach Größe des Tuches und dem vorhandenen Schrankraum falten.

1. Möglichkeit in Längsrichtung

Das Tuch (linke Seite oben) von jeder Seite um ein Drittel einschlagen. Dann weiter falten zur Mitte, ohne das Tuch zu drehen. Vorteil: Seitenränder sind nicht sichtbar, was vor allem dann günstig ist, wenn Küchentücher nicht gebügelt werden.

Oder das Tuch wenden, so daß die offene Seite unten liegt und weiterfalten.

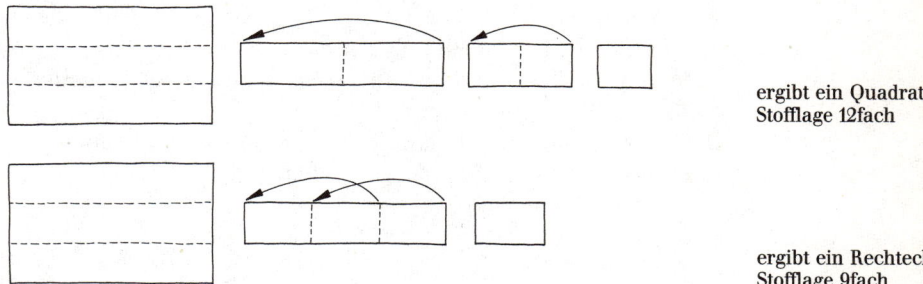

ergibt ein Quadrat
Stofflage 12fach

ergibt ein Rechteck
Stofflage 9fach

2. Möglichkeit in Längsrichtung

Das Tuch einmal zur Hälfte falten, dann nochmals zur Hälfte zusammenlegen. Auf sich zu oder von sich wegfalten, damit nachher die »richtige« Seite wunschgemäß oben liegt. Siehe auch vorherigen Abschnitt.

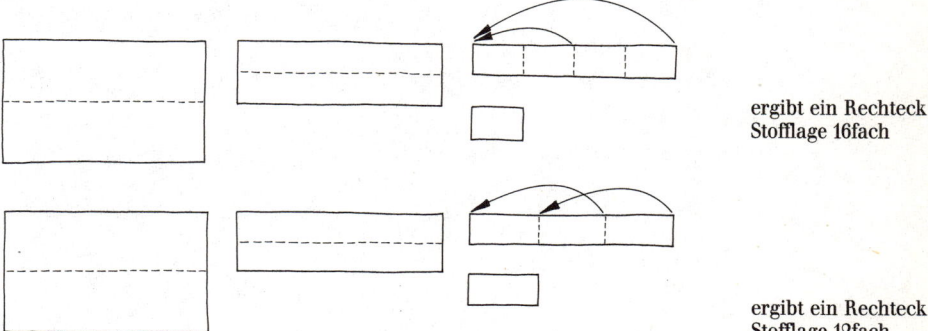

ergibt ein Rechteck
Stofflage 16fach

ergibt ein Rechteck
Stofflage 12fach

Nach dem Falten in Längsrichtung wird das Tuch entweder zweimal zur Hälfte übereinandergelegt oder zweimal zu einem Drittel. Dabei ist darauf zu achten, daß die Saumseite mit dem Aufhänger nicht eingeschlagen wird, sondern nach außen liegt.

Ergebnis: Rechteck oder Quadrat mit 9-, 12- oder 16facher Stofflage.

Frottiertücher

1. Möglichkeit

Frottiertuch in Längsrichtung vor sich auf die Arbeitsfläche legen, linke Seite oben.
Einmal längs falten. Dann zur Hälfte übereinanderlegen, nochmals zur Hälfte falten.
Ergebnis: Quadrat mit 8facher Stofflage.

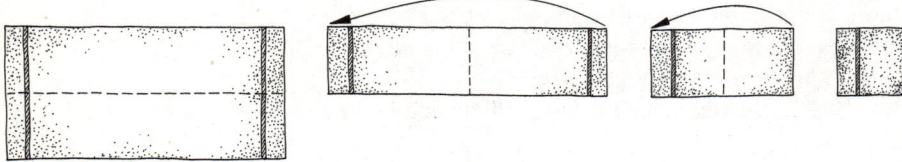

2. Möglichkeit

Frottiertuch in Längsrichtung auf die Arbeitsfläche legen, linke Seite oben und von beiden Längsseiten parallel zu den Seitenkanten um ein Drittel zur Mitte einschlagen.
Dann zur Hälfte übereinanderlegen und noch einmal falten.
Ergebnis: Rechteck mit 12facher Stofflage.

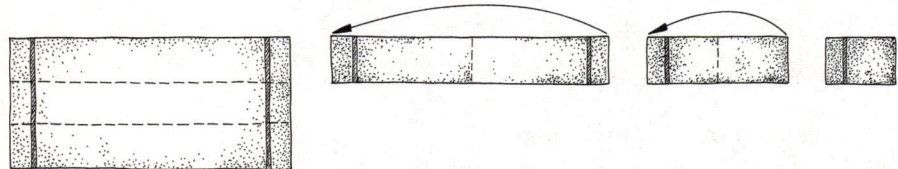

3. Möglichkeit

Frottiertuch in Längsrichtung auf die Arbeitsfläche legen und einmal längs falten. Das Tuch zur Seite übereinanderlegen und jeweils zu einem Drittel falten.
Ergebnis: Rechteck mit 12facher Stofflage.

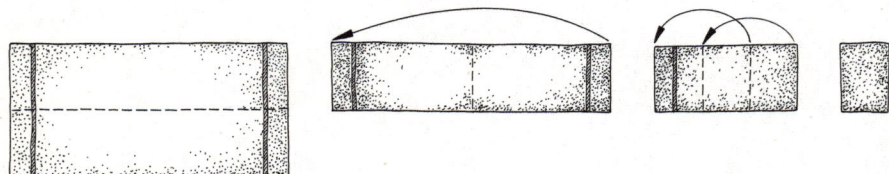

Servietten

Größere Servietten mit den Webekanten parallel zur Arbeitsfläche legen, linke Seite nach oben. Monogramm liegt oben rechts.
Erst die untere Längsseite, dann die obere Seite ein Drittel zur Mitte umlegen. Das so gefaltete Tuch mit der offenen Seite nach unten drehen.

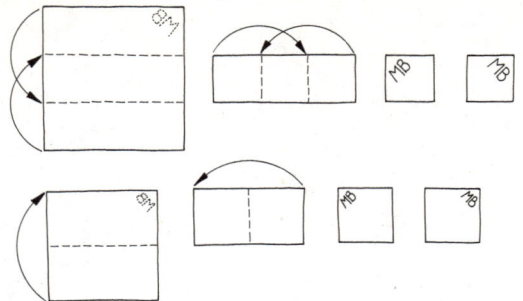

bei Servietten ist
auf das Monogramm
zu achten

Jeweils von links, dann von rechts ein Drittel überschlagen (Monogramm muß auf der Oberseite sichtbar sein).

So in den Schrank einräumen, daß die geschlossene Bruchseite nach vorn zeigt und das Monogramm sich hinten rechts befindet.

Ergebnis: Je nach Serviettenform Quadrat oder Rechteck mit 9facher Stofflage.

Kleine Servietten wie oben beschrieben vor sich legen. Einmal längs, dann quer falten. Das Monogramm sollte sich zum Schluß ebenfalls auf der Oberseite hinten rechts befinden.

Ergebnis: Je nach Serviettenform Quadrat oder Rechteck mit 4facher Stofflage.

Tischdecken und Bettlaken (bis etwa 2,2 m Länge)

Durch das Zusammenlegen beim Bügeln liegt das Tuch in der Regel schon einmal in Längsrichtung gefaltet vor.
Nochmals der Länge nach falten und das Tuch zweimal zur Hälfte übereinanderlegen.

Ergebnis: Rechteck mit 16facher Stofflage

Übrigens ...

Zum Falten großer Teile sollte man die Hilfe einer anderen Person in Anspruch nehmen. Wenn das nicht möglich ist, aber sehr große Teile zu falten sind, ausnahmsweise nur einmal in Längsrichtung, dann quer falten. Das Endergebnis sollte wie oben beschrieben aussehen.

Um unnötiges Falten und damit verbundene Kniffe zu vermeiden, kann man Tischdecken nach zweimaligem Legen in Längsrichtung über einen Kleiderbügel mit Hosenleiste hängen, vorausgesetzt man hat den notwendigen Schrankraum zur Aufbewahrung.

Spannbettücher

Um Spannbettücher ordentlich zu falten, bedarf es der Hilfe einer zweiten Person.

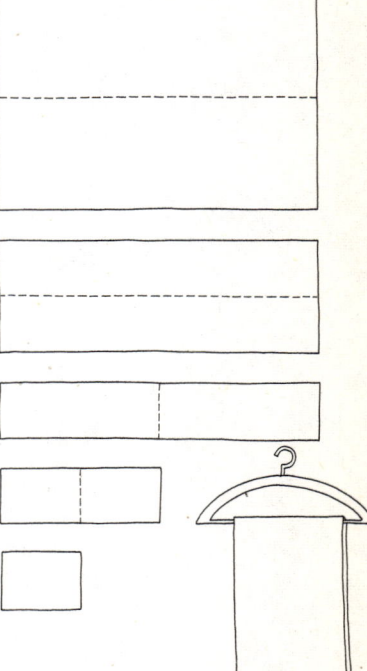

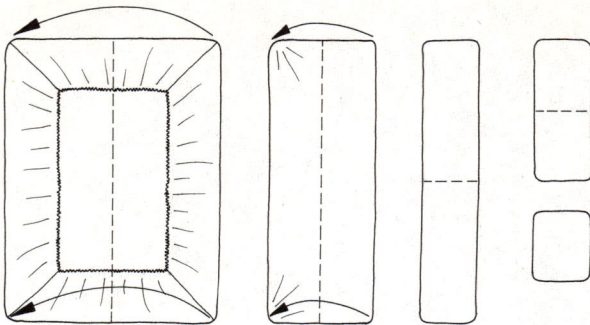

Spannbettücher
zweimal längs falten

Das Tuch an beiden Seiten straffziehen, dabei an den Abnäherspitzen festhalten. Die Ränder von Saum- und Webkanten liegen auf der Oberseite nach innen. Das Spannbettuch einmal der Länge nach falten, danach eventuell nochmals längs oder mit Hilfe der zweiten Person gleich mehrfach in der Gegenrichtung.

Oder zu zweit das Tuch straffziehen, dann aber eine Längsseite über die andere legen, gleichzeitig die Ecken ineinanderstecken. Wunschgemäß weiter zusammenfalten.

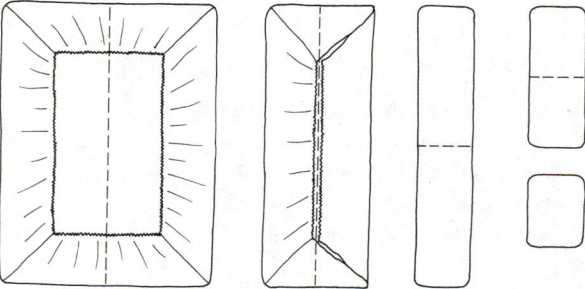

Spannbettücher falten
2. Möglichkeit

Bettbezüge

Bettbezug ähnlich wie Bettlaken der Länge nach zweimal doppelt legen. Dann in Gegenrichtung mehrmals übereinanderschlagen, je nach Platzverhältnissen.

Kissenbezüge

Je nach Platzvorrat im Schrank den Bezug zweimal zur Hälfte oder zweimal zu einem Drittel umschlagen.
In Gegenrichtung nochmals in gleicher Weise falten.
Ergebnis: Quadrat oder Rechteck mit 18-, 24- oder 32facher Stofflage.

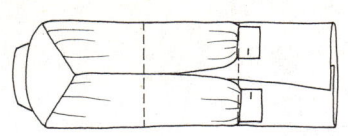 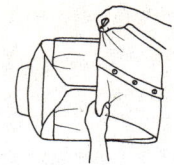 

Herrenhemden falten

Herrenhemden

Wird das Hemd auf dem Kleiderbügel in den Schrank gehängt, entfallen Knitterfalten durch das Legen. Der oberste Knopf wird geschlossen, damit es nicht vom Bügel herunterrutscht.

Zum Legen ebenfalls den obersten Knopf, zusätzlich aber noch jeden zweiten Knopf schließen.

Das Hemd an den oberen Kniffen der Schulterpasse fassen und mit dem Rückenteil nach oben auf die Arbeitsfläche legen, Kragen zeigt zur linken Seite.

Eine Hemdseite nach innen legen, die Bruchkante setzt oben etwa zwei Fingerbreit vom Kragen entfernt an und verläuft nach unten zu einem Punkt, der sich bildet, wenn die Seite zu knapp einem Drittel umgelegt wird. Den Ärmel zur Seite abknicken und so auf das gefaltete Seitenteil zurücklegen, daß Bruchkante des Hemdes und Ärmelkniff parallel übereinander liegen (Ärmelkniff etwas mehr nach innen). Manschette knicken und nach oben umschlagen.

Mit dem zweiten Ärmel und Seitenteil ebenso verfahren.

Oberteil (mit Kragenseite) so weit nach rechts umlegen, daß der obere Hemdrand leicht über die Manschetten hinausragt.

Das untere Hemdende nach links umschlagen und in die rückwärtigen Ärmelkniffe einstecken.

Oder nach dem Falten von Seitenteilen und Ärmeln zuerst das Unterteil des Hemdes zu knapp einem Drittel über das restliche Hemdteil legen und dann von links das Oberteil (mit Kragenseite) darüber schlagen. In diesem Fall kann auf das Umlegen der Manschetten verzichtet werden.

Übrigens ...

Ähnlich wie Herrenhemden werden auch Damenblusen, T-Shirts, Schlafanzugjacken, Nachthemden und Arbeitskittel gefaltet.

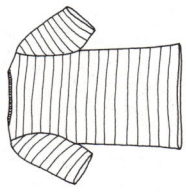 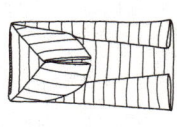 

T-Shirts falten

135

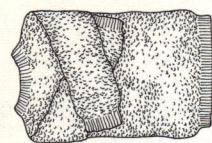

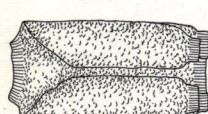

Pullover, Westen, Oberteile von Jogginganzügen

Mit dem Rückenteil nach oben auf die Arbeitsfläche legen, der Halsausschnitt liegt nach links.

1. Möglichkeit

Ähnlich wie beim Herrenhemd beschrieben Seiten und Ärmel zur Mitte legen, dann oberes Pulloverteil über die untere Partie schlagen.

2. Möglichkeit

Je nach Schrankverhältnissen oder bei dicken Pullovern und Kinderpullovern kann diese Art des Faltens günstiger sein.

Den Pullover nicht seitlich einschlagen, sondern nur die Ärmel auf dem Rückenteil kreuzweise glatt übereinanderlegen. Danach obere Pulloverpartie an den Schultern fassen und über die untere Partie schlagen.

Hosen, Jogginghosen, Schlafanzughosen

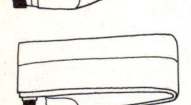

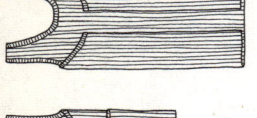

Nicht zu bügelnde oder bügelfreie Hosen so auf die Arbeitsfläche legen, daß die inneren und die äußeren Beinnähte aufeinanderliegen, Hose glattziehen und -streichen. Entweder mit den unteren Beinabschlüssen zwischen einem Klemmbügel aufhängen oder über einen Kleiderbügel mit Hosenleiste hängen.

Oder (zum Beispiel Jogginghosen) einmal zur Hälfte falten oder dreifach legen, je nach Platzvorrat im Schrank.

Unterhemden

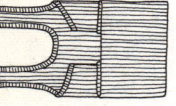

Ärmelloses Hemd mit dem Rückenteil nach oben auf die Arbeitsfläche legen, Träger zeigen nach links. Beide Längsseiten bis zu den Trägern zur Mitte hin umschlagen. Anschließend das untere Hemdende zu etwa einem Drittel nach links umlegen, dann das Oberteil zur Mitte umschlagen.

Unterhosen, Slips

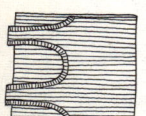

Unterhose mit der Bundseite nach links auf die Arbeitsfläche legen, Vorder- oder Rückseite nach oben. Vom Bund bis zum Schritt einmal zur Hälfte zusammenlegen.

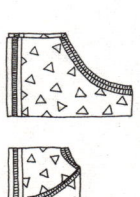

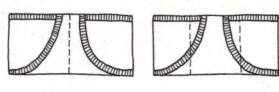

Dann von unten zum Bund hin nochmals falten.

Oder die Unterhose mit dem Bund nach hinten auf die Arbeitsfläche legen, Vorder- oder Rückseite nach oben.

Die Schrittpartie nach oben zum Bund umlegen, dann die Hose von beiden Seiten jeweils ein Drittel nach innen falten.

Schürzen

Schürze so falten, daß der Mittelkniff parallel zur Tischkante von der Latzmitte zur Rockmitte verläuft (Latz zeigt nach links, rechte Stoffseite außen).

Die Rockteilmitte ergibt sich, wenn die Saumecken gleichmäßig aufeinanderliegen.

Latzteil mit glatt aufeinanderliegenden Trägern ab dem Bund nach rechts über den Rockteil der Schürze legen; lange, überstehende Träger wieder nach links falten.

Die abstehenden seitlichen Rockteile soweit zur Schürzenmitte einschlagen, daß der restliche Rockteil ein gleichmäßiges Rechteck bildet.

Bindebänder am Bund knicken und gleichmäßig nach unten über das Rockteil legen; lange überstehende Bänder zurücklegen.

Rockteil nochmals längs falten, Bindebänder dabei festhalten.

Die Bundseite des Rockteils nach rechts zur Saumseite überschlagen und glattstreichen.

Socken

Socken exakt aufeinanderlegen. Von der oberen Socke das Bündchen zur Fußspitze umlegen. Bis zur Ferse in die untere Socke hineinlangen und die Mitte der Umbruchstelle ergreifen; obere Socke mit der Hand in die untere hineinziehen.

Oder beide Socken aufeinanderlegen. Mit beiden Daumen in die obenliegende Socke langen, gleichzeitig die untere mit ergreifen. Das Bündchen der oberen Socke 5–10 cm über die darunterliegende ziehen.

Strumpfhosen

Mit der rechten Hand bis zum Schritt in die Strumpfhose hineingreifen, der Daumen zeigt ins linke, die übrigen Finger in das rechte Bein. Beide Fußspitzen mit der linken Hand fassen (eventuell vorher Beine glatt aufeinanderlegen und einige Male falten) und in die rechte Hand übergeben. Fußteil und unteres Strumpfteil in den oberen Teil der Strumpfhose hineinziehen, der dabei gleichzeitig mit der linken Hand auf links gewendet wird.

Kleiderpflege

Nicht jedes getragene Kleidungsstück muß gleich in die Waschmaschine, weil es vielleicht nicht mehr ganz so frisch ist. Zu häufiges Waschen von kaum getragener Wäsche führt über Energie- und Waschmittelverbrauch zu einer Umweltbelastung, die mit Sicherheit vermeidbar ist. Auch nicht waschbare Kleidungsstücke müssen nicht gleich zur chemischen Reinigung. Jacken, Hosen und Röcke aus Wolle lassen sich oft auffrischen, ohne die geballte Kraft der Chemie zu beanspruchen. Trotzdem kann die aufgefrischte Kleidung alle Attribute besitzen, die gepflegte Kleidung kennzeichnen: sauber und fleckenlos, glatt, faltenfrei, gutsitzend, weder ausgebeult oder ausgeleiert, noch verzogen, ohne Glanz- oder Scheuerstellen, frei von Beschädigungen und störenden Gerüchen.
Durch sachgerechte Kleiderpflege lassen sich diese Eigenschaften – häufig ohne besonderen Aufwand – erhalten oder wiederherstellen.

Laufende Kleiderpflege

regelmäßig nach dem Tragen

Kleidungsstücke nach Gebrauch auf Kleiderbügel hängen und auslüften lassen, bevor sie in den Schrank kommen.
Insbesondere Kleidung aus verrauchten Räumen gut im Freien oder am Fenster lüften.
Feuchte Kleidung stets trocknen, bevor sie in den Schrank gehängt wird.
Verstaubte und verfluste Kleidungsstücke in Faserrichtung abbürsten (Taschen, Hosenumschläge usw. nicht vergessen) oder Flusen mit Fusselrolle oder -bürste entfernen.
Verschiedene Verschmutzungen (zum Beispiel Schlammspritzer) lassen sich nach dem Trocknen gut ausbürsten.

Gründliche Kleiderpflege

säubern flicken bügeln

Flecke nach Möglichkeit sofort nach ihrer Entstehung entfernen (siehe Seite 141).
Beschädigungen möglichst umgehend ausbessern. Langes Hinauszögern vergrößert und erschwert die Flickarbeit; die Flickstelle ist später größer und damit auffälliger.
Falten, Knitter, unerwünschte Glanzstellen und Ausbeulungen durch Bügeln oder Dämpfen beseitigen.

Gerüche, leichte Verunreinigungen und Flecke lassen sich durch Auffrischen der Kleidung entfernen.

Die Grenzen zwischen laufender und gründlicher Kleiderpflege sind fließend. Wenn hier Unterscheidungen gemacht wurden, so deshalb, weil die unter »gründlicher Kleiderpflege« angesprochenen Punkte besonders beschrieben werden.

Abbürsten

Taschen des Kleidungsstückes nachsehen, entleeren, nach außen stülpen und ausbürsten, wieder zurückstecken.

Das Teil auf die Arbeitsfläche legen oder über das Bügelbrett ziehen und systematisch, das heißt Strich für Strich, abbürsten in Faserrichtung. Nähte (besonders unter den Nahtzugaben), Taschenbeutel, Bundansätze und Säume besonders beachten.

Staub und Flusen vor dem erneuten Auflegen des Teils von der Arbeitsfläche entfernen.

Das Kleidungsstück mit der rechten Seite nach oben auflegen und wie oben beschrieben bürsten. Während des Bürstens auf Beschädigungen kontrollieren und gegebenenfalls sofort ausbessern. Danach entweder dämpfen (siehe unten) oder – je nach Zustand – auffrischen oder mit Schaum reinigen.

Reinigen mit Schaum

Die Schaumreinigung eignet sich zur Entfernung leichter Verschmutzungen und Flecke aus nichtwaschbarer Oberbekleidung. Man verwendet ein Spezial-Wollwaschmittel und bereitet nur kleine Mengen zu.

Für 100 ml lauwarmes Wasser nur ein paar kleine Tropfen flüssiges Wollwaschmittel oder knapp einen halben gestrichenen Teelöffel Pulver verwenden. Zur Behandlung eines Kleidungsstückes ist meist ein Schaum aus 50 ml Wasser und entsprechend weniger Waschmittel mehr als ausreichend.

Den Schwamm in der Lösung ausdrücken, damit ein feinporiger Schaum entsteht. Mit dem Schwamm oder einer Bürste den Schaum sparsam und gleichmäßig auftragen. Strichweise vorgehen, stärker verunreinigte Stellen mehrmals abreiben oder abbürsten. Durchnässen unbedingt vermeiden.

Mit einem in klarem Wasser ausgewrungenen Tuch nachreiben, bei empfindlichen Wollstoffen mehr tupfen als reiben.

Auffrischen

Diese Pflegemaßnahme neutralisiert den Kleidungsstücken anhaftende unangenehme Gerüche (zum Beispiel Zigarettenrauch) und frischt bei farbigen Stücken die Farben wieder auf.

1 Teil Essig (5 %) mit 10 Teilen Wasser (zum Bürsten) oder 15 Teilen Wasser (zum Aufdämpfen) vermischen. Das entspricht 50 ml Essig für 500 oder 750 ml Wasser.

Entweder das Kleidungsstück damit abbürsten, nachdem der meiste Staub vorher ausgebürstet wurde.

Oder das Dämpftuch in dieser Lösung gut auswringen, auf das Kleidungsstück legen und dämpfen (siehe unten).

Das Aufdämpfen mit einem in Essigwasser ausgewrungenen Tuch empfiehlt sich auch nach der Schaumreinigung, um Waschmittelreste zu neutralisieren.

Dämpfen

Dampfbügeleisen Dampfbügeleisen ermöglichen das Dämpfen vieler Textilien ohne das aufwendige Zwischenlegen eines Dämpftuches. Sie stellen, da sich außerdem das Einsprengen erübrigt, eine spürbare Arbeitserleichterung dar. Jedoch können sie nicht in jedem Fall das Dämpfen mit Hilfe eines zwischengelegten Dämpftuches ersetzen. Das Dämpftuch wirkt wie ein Polster; es verhindert oder mildert Nahtabdrücke, unerwünschter Bügelglanz wird vermieden. Hitzeempfindliche Fasern werden geschont und Prägungen werden nicht glattgebügelt.

Dämpftuch Beim Dämpfen mit einem Tuch sollte der Temperaturbereich eine Stufe höher eingestellt sein, als die Faser beim Bügeln ohne Tuch vertragen würde. Beispielsweise wird Wolle bei Verwendung eines Dämpftuches bei Dreipunkt-Einstellung gebügelt.

Das Dämpftuch stets gut auswringen.

Achtung: Unbedingt nach dem Auswringen des Dämptuches mit einem bereitgehaltenen Handtuch die Hände abtrocknen, bevor das Bügeleisen angefaßt wird.

Dämpftuch so auf das Kleidungsstück legen, daß ein möglichst großer Bereich bearbeitet werden kann.

Die Arbeitsweise gestaltet sich ähnlich wie beim normalen Bügeln, nur wird das Bügeleisen weniger bewegt als vielmehr aufgesetzt oder aufgestellt. Beim Schieben könnte das Dämpftuch vor dem Bügeleisen Wellen bilden, der Stoff darunter kann verschoben werden, Bügelfehler wären die Folge.

Das Tuch fast trockenbügeln (Wolle benötigt etwas Restfeuchtigkeit).

Nach dem Dämpfen das Kleidungsstück ausdünsten lassen.

Pflege einzelner Textilien

Röcke

Rock auf die linke Seite wenden und auf das Bügelbrett ziehen. Eventuell vorhandenes Rockfutter nach links herunterhängen lassen.

Zuerst linke, dann rechte Rockseite rundum systematisch vom Bund zum Rocksaum abbürsten. (Allgemeine Regeln beachten)

Bei Bedarf (z. B. Flecke) mit Schaum reinigen.

Nach der Schaumreinigung gegebenenfalls Rockfutter bei niedriger Einstellung bügeln.

Bügeleisen höher einstellen und Rock dämpfen oder auffrischen und dämpfen. (Siehe auch Seite 121 und 122.)

Nach dem Dämpfen ausschlagen und auf Bügel hängen zum Ausdünsten.

Bei Faltenröcken vor dem Dämpfen die Falten fixieren: Mit Stecknadeln auf dem Bügelbrett feststecken, bei Röcken mit Rundum-Falten die ganze Bügelbrettbreite ausnutzen.

Hosen

Nach dem Ausbürsten aller Taschen die Hose auf links wenden.

Hier ist ein Arbeitstisch praktischer als das Bügelbrett, weil er tiefer ist. Mit der Vorderseite nach oben auf den Tisch legen und vom Bund zum unteren Beinabschluß bürsten. Hose auflegen und Rückseite abbürsten.

Auf die rechte Seite wenden, Vorder- und Rückseite abbürsten, Saumaufschläge besonders beachten.

Arbeitsfläche zwischendurch entstauben, dabei Hose hochheben.

Bei Bedarf mit Schaum reinigen (Reihenfolge wie oben).

Hose dämpfen oder auffrischen und dämpfen, ausdünsten lassen (siehe Seite 120 und 140).

Bei Hosen mit ausgebeulten Bügelfalten zuerst die Hosenbeine von vorn im Kniebereich dämpfen, anschließend in Bügelfalten legen und dämpfen.

Übrigens ...

Das Dämpftuch darf nicht gesäumt sein, andernfalls könnten die Saumnähte Abdrücke auf dem Stoff verursachen. Dämpftuch

Ideal ist ein hitzeunempfindliches Tuch aus Baumwolle, dessen Seitenränder mit Zickzackstich umnäht sind.

Gegen fetthaltige Verunreinigungen bei Oberbekleidung (zum Beispiel speckige Kragenränder) kann auch Salmiakgeist unter Beachtung der Salmiakgeist auf Seite 142 oben erwähnten Vorsichtsmaßnahmen verwendet werden.

Bürste oder Schwamm in die Lösung tauchen (Mischungsverhältnis: 250 ml Wasser mit 1 Eßlöffel Salmiakgeist, je nach Bedarfsmenge entsprechend reduzieren) und das Kleidungsstück damit bearbeiten.

Fleckentfernung

Fleckentfernung ist eine Mühe, die sich allerdings lohnt:

Es erscheint sowohl aus finanzieller als auch aus ökologischer Sicht sinnvoller, Flecke zu entfernen, als ein Wäschestück aus Verdruß darüber wegzuwerfen. Die Kosten einer Neuanschaffung, der damit verbundene Rohstoffverbrauch sowie der Energiebedarf bei der Herstellung und Beseitigung des Wäschestücks rechtfertigen die Verwendung chemischer Fleckentferner. Zudem werden diese Mittel nicht regelmäßig und örtlich sehr begrenzt angewendet.

Dabei ist genauestens die Gebrauchsanweisung der Mittel mit den Sicherheitshinweisen zu beachten.

auf Sicherheit achten

Die Arbeit erfolgt stets bei geöffnetem Fenster, weil viele Fleckentferner flüchtige Lösungsmittel enthalten, die nicht eingeatmet werden sollten. Zu bedenken ist, daß manche Mittel feuergefährlich sind. Fleckentferner dürfen nicht achtlos herumstehen, die Packung ist sofort nach Gebrauch zu verschließen und alle Mittel sind kindersicher aufzubewahren.

Verträglichkeitsprüfung

Vor der Anwendung ist bei Unsicherheit die Farbechtheit eines Textils und die Faserverträglichkeit des Mittels zu prüfen.

Man gibt eine geringe Menge des vorgesehenen Fleckentferners auf ein weißes Tuch und verreibt ihn an unsichtbarer Stelle des Wäschestückes, zum Beispiel am inneren Saumaufschlag oder an einer Nahtzugabe. Wenn das Tuch keine Farbe annimmt und das Gewebe sich nach dem Trocknen nicht verändert, ist von einer Verträglichkeit auszugehen. Andernfalls das Textil zur Reinigung bringen.

im Zweifel zur Chemischen Reinigung

Auch Textilien, bei denen eine Fleckbehandlung eventuell mehr schadet als nützt, weil einem das Stück wert und teuer ist, gibt man besser zur Reinigung.

Allgemeine Regeln zur Fleckentfernung

Es ist wichtig, jeden Fleck möglichst sofort nach seiner Entstehung zu entfernen, damit er nicht in die Fasern einziehen und eintrocknen kann.

Flüssigkeiten

Flüssigkeiten: Sofort ein saugfähiges Tuch unterlegen und mit einem zweiten Tuch, Küchenkrepp oder Papiertaschentuch aufsaugen und abtupfen. Eventuell Salz aufstreuen (bei Wein, Fruchtsaft, Urin), dieses nach dem Aufsaugen der Flüssigkeit entfernen. Weiterbehandeln wie unten beschrieben.

feste Substanzen

Halbfeste oder feste Substanzen zunächst mit einem Löffel oder Messerrücken vorsichtig ablösen und abheben.

Trockene Fleckstellen vor der Behandlung entstauben und ein Tuch unterlegen.

Danach den Fleck mit einem weißen Tuchende (bei wasserlöslichen Flecken angefeuchtet) von außen zur Mitte hin abreiben.

lauwarmes Wasser

Bei waschbaren Textilien kann dazu auch etwas mehr lauwarmes Wasser genommen werden.

Wird bei hartnäckigen Flecken der Einsatz eines Mittels unumgänglich, sollte nicht in jedem Fall gleich zu einem aggressiven Fleckentferner gegriffen werden. Oft können harmlosere Mittel den gleichen Zweck erfüllen.

Vorgehensweise: Mittel (käufliche wie auch sogenannte Hausmittel) werden in der Regel nie direkt auf den Fleck gegeben, sondern auf die Ecke eines Tuches. Während der Fleckentfernung wird das Tuch so gehalten, daß der Fleck immer mit einem sauberen Tuchzipfel bearbeitet werden kann.

Bei der Fleckbehandlung zunächst mehr tupfen als reiben, dabei von außen nach innen vorgehen, um den Fleck nicht zu vergrößern. Hartnäckige wasserlösliche Flecke (Bier, Wein, Cola, Likör, Obst, Saft, Kaffee, Kakao, Milch, Schokolade, Zucker, Blut, Erbrochenes) werden mit Wasser und Seife oder etwas Feinwaschmittellösung (eventuell Spülmittel) bearbeitet. Gallseife kann bei weißen oder farbechten Textilien verwendet werden, wegen der bleichenden Wirkung jedoch nicht bei empfindlichen, farbigen Teilen. **Gallseife**

Der angefeuchtete Fleck wird mit Gallseife eingerieben, oder der Fleck mit der angefeuchteten Gallseife bearbeitet.

Stets mit klarem Wasser nachbehandeln oder wie gewohnt waschen.

Nicht wasserlösliche Flecke (Farbstift, Kugelschreiber, Lippenstift, Nahrungsfette, Schuhcreme, Teer, Gras) können durch Abreiben mit Spiritus verschwinden. Häufig werden insbesondere fetthaltige Flecke beim Waschprozeß durch das Einwirken der Waschlauge beseitigt. **Spiritus**

Einige Flecke erfordern eine spezielle Behandlung

Kerzenwachs mit Hilfe eines harten Gegenstandes zerbröckeln. Wachspartikel absaugen oder abbürsten. Löschpapier oder Küchenkrepp auf- und unterlegen und restliches Wachs ausbügeln. Vorsichtig arbeiten, damit ungeschützte Teile von empfindlichen Textilien nicht versengt oder angeschmolzen werden. Auch Bohnerwachs und Schuhcreme lassen sich ausbügeln. **Kerzenwachs**

Kaugummi mit Kaugummientferner oder Eiswürfeln vereisen, abklopfen bzw. zertrümmern und absaugen oder abbürsten. **Kaugummi**

Nagellack mit Nagellackentferner auflösen (außer bei Textilien aus Acetat). **Nagellack**

Dispersions- oder Ölfarbe mit einem saugfähigen Tuch abtupfen, auf das Lackverdünner gegeben wurde. **Farbe**

Schmiere mit Margarine oder Butter einreiben und einwirken lassen. **Schmiere**

Schweißflecke mit Essigwasser behandeln. **Schweißflecke**

Übrigens...

Eine angemessene Beleuchtung trägt wesentlich zu einem guten Arbeitsergebnis bei. Nach Möglichkeit sollte man bei Tageslicht arbeiten.

Zur Fleckentfernung aus nicht waschbaren Textilien (Pflegekennzeichen beachten) sollten keine wäßrigen Lösungen verwendet werden. Eventuell kann der Fleck leicht mit einem angefeuchteten Wattebausch oder einem sauberen Tuch bearbeitet werden.

Mittel mit Bleichwirkung (auch Gallseife) dürfen nur bei weißen und farbechten Textilien angewendet werden.

Wenn die erwähnten Maßnahmen nicht den gewünschten Erfolg zeigen, aber auch zur Entfernung nicht wasserlöslicher Flecke, wird man zu einem speziellen käuflichen Fleckentferner greifen.

Reinigen von lederähnlichen Textilien

Velourleder-Imitationen bestehen meist aus Mischungen synthetischer Chemiefasern, manchmal in Verbindung mit zellulosischen Chemiefasern. Die aus ihnen gefertigte Oberbekleidung zeichnet sich durch einen weichen, geschmeidigen Griff aus, das trifft ebenso für daraus gefertigte Heimtextilien, zum Beispiel Polsterstoffe, zu.

Pflegekennzeichnung beachten Vor geplanten Reinigungsmaßnahmen ist immer die Pflegekennzeichnung der Hersteller zu beachten. Manche Velourleder-Imitationen dürfen nur chemisch gereinigt werden.

Im allgemeinen sind diese Textilien jedoch waschbar und können im Schonwaschgang bei 30 °C oder von Hand gewaschen werden. Sie sollten liegend vortrocknen, danach auf einen Bügel zum Trocknen gehängt werden. Wäschetrockner können benutzt werden, sofern die Pflegekennzeichnung dies erlaubt.

Die druck- und glanzempfindlichen Gewebe sollten vorzugsweise mit einem zwischengelegten Dämpftuch gebügelt werden. Einsprengen und Bügeln mit dem Dampfbügeleisen sind zu unterlassen.

Um die samtartige Beschaffenheit der Oberfläche nach dem Waschen und Bügeln wiederherzustellen, kann ein weiche Bürste oder ein weicher Kunststoffschwamm verwendet werden.

Reinigen von wasserdichter Wetterschutz- und Sportkleidung

Die sogenannte WWA-Kleidung (= wasser-, winddicht, atmungsaktiv) besteht im allgemeinen aus synthetischen Chemiefasern und ist mit einer hauchdünnen Folie oder Membran versehen. Diese besitzt kleinste Poren, in die kein Wasser eindringen kann, die aber eine ungehinderte Ableitung von Wasserdampf (Schweiß) nach außen ermöglichen.

Die Folie oder Membran ist unsichtbar mit der Innenseite des Obermaterials oder mit dem Futterstoff verbunden oder liegt dazwischen. Sie ist recht empfindlich gegen mechanische Einwirkungen, deshalb sollten unter Beachtung der Pflegekennzeichnung schonende Wasch- oder Reinigungsverfahren gewählt werden.

Schonwaschgang bei 30–40 °C Das bedeutet in der Praxis, daß im Schonwaschgang oder von Hand gewaschen werden sollte, Waschtemperatur je nach Kennzeichnung 30–40 °C, unter Verwendung eines Feinwaschmittels. Das Teil muß sehr gut gespült werden, weil sonst Waschmittelreste die Wasseraufnahmefähigkeit des Obermaterials erhöhen.

144

Nicht schleudern, keine Weichspüler verwenden, damit sich die Poren von Folie oder Membran nicht verschließen.

Da das Material winddicht ist, kann beim maschinellen Trocknen nicht mit einem optimalen Trocknungseffekt gerechnet werden. Grundsätzlich kann der Trockner verwendet werden, aber besser wird das Teil hängend an der Luft getrocknet.

Nach Bedarf kann bei niedrigen Temperaturen (1 Punkt) gedämpft oder gebügelt werden (Pflegeanweisung).

Meist ist laut Herstellerempfehlungen nach dem Waschen oder Chemischreinigen eine Nachimprägnierung erforderlich, da auch das textile Obermaterial seine wasserabweisende Funktion behalten sollte. Nachimprägnierung

Reinigen von Bettzeug

Die regelmäßige Pflege des Bettzeugs ist mitentscheidend für eine lange Haltbarkeit und einen erholsamen, gesunden Schlaf.

Täglich nach dem Aufstehen sind die Betten 1 bis 2 Stunden bei geöffnetem Fenster zum Lüften auszulegen, wobei das Oberbett beispielsweise über einen Stuhl gehängt, die Kissen am Kopfende etwas hochgestellt werden. Bettzeug lüften

Lüften im Freien ist angebracht bei trockener Witterung. Dazu wird das Bettzeug über die saubere Fensterbank, das Balkongeländer oder einen Wäscheständer gehängt.

Bettbezüge, Laken

Oberbett- und Kopfkissenbezüge sowie die Laken werden bei Verschmutzung abgezogen und gewaschen (siehe Seite 79).

Matratzen

Die beste Pflege für Matratzen ist tägliches Lüften und häufiges Wenden und Drehen. Matratzen darf man niemals klopfen. Matratzen lüften

Zum Lüften braucht die Matratze nicht jedesmal aus dem Bett herausgenommen zu werden, es reicht, wenn das Oberbett bei geöffnetem Fenster zurückgeschlagen wird. Regelmäßiges Lüften ist besonders wichtig bei Kastenbetten.

Matratzen werden im allgemeinen nur mit einer weichen Bürste abgebürstet; lediglich bei stärkerer Verstaubung werden sie von beiden Seiten systematisch abgesaugt (Polsterdüse). Dabei dürfen die Seitenkanten der Matratzen nicht vergessen werden. Zum Lüften werden sie auf einer Zeitungsunterlage oder ähnlichem im Raum oder auf dem Balkon abgestellt. Häufiges Drehen und Wenden führt zu einer gleichmäßigen Abnutzung der Matratze, die Gefahr der Kuhlenbildung ist geringer. bürsten
absaugen

Auch die Matratzenschoner werden abgesaugt und zum Lüften aufgehängt.

Federbetten

im Schatten lüften

Federbetten und -kissen dürfen nie bei feuchtem Wetter oder in der prallen Sonne draußen lüften. Feuchtigkeit schadet den Federn. Durch direkte Sonnenbestrahlung werden sie trocken und spröde und können das Inlett beschädigen.

Regelmäßiges Lüften und Ausschütteln ist zur Pflege von Federbetten völlig ausreichend, allenfalls werden sie mit einer weichen Bürste abgebürstet.

Klopfen zerstört Federn und Inlett, die Folge ist eine vermehrte Staubbildung. Saugen schädigt ebenfalls die Federn, außerdem werden sie herausgezogen, wodurch das Inlett undicht wird.

Falls einmal eine Feder aus dem Inlett hervorsticht, wird diese nicht herausgezogen, sondern mit einer Schere dicht am Stoff abgeschnitten; den Federkiel drückt man ins Innere des Kissens und verschließt die entstandene Öffnung durch Reiben.

Decken

lüften waschen

Wolldecken werden im Freien ausgeschüttelt und gelüftet. Waschbare Wolldecken und Decken aus Chemiefasern können ab und zu gewaschen werden. Nicht waschbare Decken werden gelegentlich zur Chemischreinigung gegeben.

Übrigens...

Es ist unsinnig, methodisch-stur jede Woche die gesamte Bettwäsche zu wechseln. Bei Gesunden ist das nicht erforderlich. Nur die Bettwäsche von Kranken oder stark schwitzenden Personen bildet eine Ausnahme. Am besten führt man den Wäschewechsel höchstens an zwei Betten durch und gibt die abgenommene Bettwäsche mit anderen Wäscheteilen in die Maschine. Die übrigen Betten werden ein andermal frisch bezogen.

Zum Schutz der Matratzen ist es empfehlenswert, luftdurchlässige Schonbezüge, die sich abnehmen und waschen lassen zu verwenden. Auch Inletts von Kopfkissen halten länger und bekommen keine Schweißränder, wenn Schonbezüge verwendet werden. Dazu eignen sich auch alte Kopfkissenbezüge.

Kissen- und Bettfüllungen aus synthetischen Materialien sind meist waschbar und schnell trocknend. Füllungen aus Federn, Daunen und Wolle müssen in größeren Zeitabständen chemisch gereinigt werden. Federbetten gibt man etwa alle 4 bis 5 Jahre, Kopfkissen alle 2 bis 3 Jahre zur Bettenreinigung, wo auch Federn nachgefüllt werden.

Reinigen von Lederwaren

Richtige Pflege verlängert die Lebensdauer von Lederwaren und läßt sie wieder im Aussehen gewinnen. Hingegen können durch unsachgemäß ausgeführte Reinigungsmaßnahmen nicht reparable Schäden entstehen, insbesondere bei größeren Kleidungsstücken ein hoher Preis. Es ist wichtig, sich schon beim Kauf nach den Pflegemöglichkeiten zu erkundigen, die sehr variieren können, je nach Lederart, Behandlung, Bearbeitung, Farbe und Verwendungszweck.

Prinzipiell kann gesagt werden, daß Schuhe regelmäßig gepflegt werden sollten, Lederkleidung hingegen so wenig wie möglich, um die natürliche Patina des Leders zu erhalten.

In Bezug auf Reinigung und Pflege lassen sich Leder einteilen in   *Lederarten*
– Glattleder, z. B. Nappa und
– Rauhleder, z. B. Velours, Nubuk.

Nappaleder: Die äußere Seite des Leders (Haar- oder Narbenseite) liegt bei der fertigen Ware nach außen. Nappaleder ist glatt, weich und griffig.
Nubukleder: Bei diesem Leder liegt ebenfalls die Narbenseite nach außen. Durch Schleifen hat das Leder einen pfirsichartigen Griff.
Veloursleder: Im Gegensatz zu Nappa- und Nubukleder wird bei Veloursleder die Innenseite des Leders (Fleischseite) geschliffen und befindet sich bei daraus gefertigten Artikeln auf der Außenseite. Im Griff etwas gröber als Nubukleder, aber unempfindlicher.

Je nach Oberflächenbehandlung müssen Glattleder nach ihrer Bearbeitung unterschieden werden.
– Anilinleder sind hochwertige, mit Anilinfarben durchgefärbte, imprägnierte Leder, bei denen das Porenbild voll zu erkennen ist.
– Semi-Anilinleder sind ebenfalls anilingefärbt, zusätzlich werden Pigmentfarben und eine Deckschicht aufgetragen, dadurch sind sie weniger empfindlich als Anilinleder.
– Gedeckte oder Color-Finish-Leder besitzen außer einer deckenden Farbschicht einen schützenden Kunstharzfilm. Sie sind deshalb unempfindlicher, fühlen sich aber nicht mehr so weich und samtartig an wie Anilinleder.

Arbeitsmittel

Zeitungen als Unterlage für die Arbeitsfläche und bei Bedarf zum Ausstopfen der Schuhe.
Glattleder
Weiche Tücher, Bürsten
Materialgerechte, farblich passende Lederpflegemittel
Für Lederbekleidung farblose Pflegemittel
Bei Bedarf: wenig Feinwaschmittellösung
Tuch zum Abreiben
Rauhleder
Wildlederbürste mit Gummi- und Metallborstenseite oder

Velourstein oder weicher, weißer Radiergummi
Bei Bedarf: Feinwaschmittellösung,
Bürste,
Wildlederspray

Schuhe gründlich reinigen und pflegen

Bei gering verschmutzten Schuhen die Arbeitsschritte auslassen, die nicht notwendig sind.

Schnürsenkel entfernen oder Schnallen öffnen.

Groben, trockenen Schmutz durch Abbürsten von den Schuhen entfernen, Sohlen nicht vergessen.

Vor der Feuchtreinigung die Schuhe nach Verschmutzungsgrad und Farbe sortieren.

Mit den hellsten Schuhen beginnen, dann zu dunklem Leder übergehen und zuletzt schwarzes Leder bearbeiten.

Mit einem in Feinwaschmittellösung gut ausgewrungenen Tuch die Schuhe innen auswischen.

Glattleder von außen mit dem feuchten Tuch abreiben.

Rauhleder Naßreinigung Rauhleder läßt sich meist mit einer Wildlederbürste ausreichend säubern, ohne daß eine Naßreinigung erforderlich wäre. Nur bei sehr starker Verschmutzung mit milder Feinwaschmittellösung oder -schaum abbürsten und mit klarem Wasser nachbürsten. Keinesfalls die Schuhe durchnässen oder zu stark reiben, um Leder und Farbe zu schonen. Insbesondere bei Rauhleder kann starkes Reiben zu Scheuerstellen und Farbschäden führen.

Nach jeder Naßreinigung die Schuhe mit Papier ausstopfen. Für feuchte Schuhe können auch Schuhspanner benutzt werden. Zum Trocknen hochkant mit dem Absatz nach unten oder auf den Innenseiten aufstellen. Schuhe bei Zimmertemperatur trocknen lassen, jedoch nicht an oder auf Heizkörpern oder in der prallen Sonne.

Während der Trockenzeit die Schnürsenkel von Hand waschen oder mit anderer Wäsche in die Maschine geben.

Glattleder eincremen Nach dem Trocknen Glattleder dünn und gleichmäßig eincremen. Für feine Leder zum Auftragen des Pflegemittels ein weiches Tuch benutzen, für derbere Leder eine kleine Bürste.

Eventuell Pflegemittel mit Applikator verwenden.

Beim Eincremen Nähte und Zunge, Absätze und bei Ledersohlen Sohlenrand und mittlere Sohlenpartie (Steg) besonders beachten.

Die Schuhcreme mindestens 20 Minuten einziehen lassen.

Nach der Einwirkzeit die Schuhe mit einem weichen Tuch oder einer feinen Bürste polieren.

Wildlederbürste Rauhlederschuhe nach der Feuchtreinigung mit der Wildlederbürste bearbeiten. Gelegentlich, immer jedoch nach einer Naßreinigung, mit einem Wildlederspray einsprühen.

Lackschuhe Lackschuhe nach dem Reinigen mit einem Lackpflegemittel behandeln. Hausmittel: Abreiben mit Milch.

148

Lederbekleidung

Glattleder mit einem feuchten Tuch abreiben, trocknen lassen. *Glattleder*
Mit speziellen farblosen Pflegemitteln eincremen. Dabei das Mittel nie
direkt auf das Leder, sondern auf ein Tuch geben und verreiben. Nach
20 bis 30 Minuten mit einem weichen Tuch polieren.
Rauhleder-Bekleidung möglichst nur trocken reinigen. Auf eine *Rauhleder*
Arbeitsfläche legen und mit Wildlederbürste oder Velourstein abreiben.
Speckige Stellen stärker bearbeiten.
Danach absaugen oder abbürsten, um den Staub zu entfernen.
Nur farbneutrales Spray und dies höchst selten verwenden.

Lederhandschuhe

Verschmutzte Handschuhe anziehen und in wenig Feinwaschmittel-
lösung durch gegenseitiges Händereiben waschen.
Damit Glattleder nach dem Trocknen nicht so rauh und spröde ist, kann
dem letzten Spülwasser 1 Teelöffel Glycerin, auf 1–1,5 l Wasser zugesetzt
werden.
Handschuhe in Form ziehen und auf einem Tuch liegend trocknen.
Wenn sie fast trocken sind, nochmals überstreifen und durchkneten.
Nach dem völligen Trocknen Glattleder mit farblosem Pflegemittel
eincremen.
Rauhleder mit einer Bürste oder festem Schwamm abreiben.
Ab und zu mit farbneutralem Wildlederspray einsprühen.

Fleckentfernung aus Lederkleidung

Glattleder *Glattleder*
Wassertropfen sollten möglichst nicht auf dem Leder trocknen und
deshalb mit einem Tuch verrieben werden.
Fettflecke ziehen ins Leder ein und verschwinden mit der Zeit ganz.
Rauhleder *Rauhleder*
Wassertropfen werden abgetupft und die Stelle später mit der Wild-
lederbürste bearbeitet.
Fett- oder Ölflecke betupft man dick mit Kreide und läßt sie längere Zeit
einwirken, damit die Kreide das Fett aufnimmt. Die Kreide wird dann
abgebürstet.

Übrigens...

Neue Schuhe aus Glattleder vor dem ersten Tragen mit Pflegemittel
eincremen; neues Rauhleder vorher imprägnieren.
Beim Reinigen die Schuhe gleichzeitig auf Schäden kontrollieren.
Schuhe stets gereinigt an einem trockenen, luftigen Ort aufbewahren.
Am besten ausstopfen, damit sie ihre Form behalten. Bei guten Schuhen
zum Ausstopfen kein Zeitungspapier, sondern Küchenrolle oder WC-
Papier verwenden oder Schuhspanner benutzen.
Arbeitsschuhe mit Lederfett pflegen.

Kunstleder (Kunststoffe) feucht abwischen, trockenreiben. Eventuell Spezialpflegemittel anwenden.

Joggingschuhe aus Rauhleder oder Turnschuhe aus Stoffgewebe feucht abbürsten. Gelegentlich können sie mit anderer Feinwäsche in der Waschmaschine gereinigt werden.

Feucht gewordene Lederbekleidung bei Zimmertemperatur auf einem Bügel trocknen, bevor sie weggehängt wird.

Stellen, die ausgebeult sind, können von der Rückseite mit einem mäßig warmen Eisen gebügelt werden.

Für Lederbekleidung immer farblose Pflegemittel verwenden. Durch die Verwendung farblich passender Mittel können Abfärbungen auf anderen Kleidungsstücken entstehen.

Wildledersprays nur ausnahmesweise benutzen, sie können die Gesundheit schädigen und belasten die Umwelt.

Wenn ihr Gebrauch unumgänglich ist, vorzugsweise Produkte mit Pumpzerstäuber verwenden. Bei der Anwendung für gute Belüftung sorgen, besser im Freien arbeiten. Gebrauchsanweisung exakt beachten.

Wenn Lederartikel längere Zeit aufbewahrt werden müssen, sind Beutel aus Baumwolle oder Leinen solchen aus Kunststoff vorzuziehen, weil darin das Leder »atmen« kann.

Bei starker Verunreinigung und hartnäckigen Flecken das Teil zur Lederreinigung geben. Dabei auf das Gütezeichen Lederreinigung achten.

Bei zweiteiligen Stücken, zum Beispiel Kostümen oder Anzügen, immer beide Teile zusammen in die Reinigung geben. Dadurch werden Ungleichheiten durch farbliche Veränderungen des Leders bei der Reinigung vermieden.

Färben und Entfärben von Wäsche

Färben von Wäsche

Bett- und Tischwäsche, Jeans, T-Shirts und Blusen lassen sich mit Textilfarben dauerhaft ein- oder umfärben. Gleichwohl soll dieses Kapitel nicht als Aufforderung zum Wäschefärben verstanden werden, weil hierbei mit chemischen Substanzen umgegangen wird, die nach Anwendung ins Abwasser gelangen.

Vielmehr ist es nützlich, einige allgemeingültige Regeln zum Wäschefärben kennenzulernen. Einmal, um zu verhindern, daß Farbstoffe ungenutzt in den Abfluß gelangen, weil sich gewisse Fasern nicht färben lassen oder Wäsche durch Färbefehler unbrauchbar wird. Zum anderen aber auch, weil manches Kleidungstück auf diese Weise noch einmal aufgewertet werden kann, wenn es richtig gefärbt wird.

Allgemeine Regeln zum Färben

Anhand der Pflegekennzeichnung ist zu prüfen, ob das zum Färben vorgesehene Wäschestück waschbar ist. Nicht waschbare Stoffe dürfen nicht gefärbt werden.

Zum Färben in der Waschmaschine eignen sich

Baumwolle, Halbleinen, Leinen, Viskose sowie deren Mischungen mit Synthetics.   *Naturfasern*

Bei Mischfasern oder Mischgeweben wird nur der Naturfaser-Anteil gefärbt, dadurch entstehen meist Pastelltöne.

Nicht färbbar sind

Polyacryl, Polyester, Polyvinylchlorid, Polyurethan und Acetat.   *Kunstfasern*

Polyamide nehmen je nach Farbstoff die Farbe mehr oder weniger gut an.

Das Gewebe muß fleckenfrei und sauber sein, weil sonst eine ungleichmäßige Farbaufnahme erfolgt. Deshalb müssen Flecken vollkommen entfernt werden, am besten vor dem Waschen. Durch das Waschen vor einem Färbeprozeß werden außerdem unerwünschte Rückstände von Weichpflegemitteln entfernt.

Neue Wäsche muß zum Entfernen der Appretur über Nacht in einem enzymhaltigen Waschmittel eingeweicht werden. Anfangstemperatur 40 °C, danach ist ein Vor- und Hauptwaschgang bei höchstzulässiger Temperatur durchzuführen.

Unregelmäßigkeiten sind ebenfalls zu erwarten, wenn das Textilmaterial stellenweise ausgeblichen oder abgewetzt ist.

Das Färben in der Waschmaschine hat den Vorteil, daß der Farbstoff durch die andauernde mechanische Bewegung gleichmäßig und optimal auf dem Gewebe verteilt wird. Großflächige Textilien sollten deshalb in der Maschine gefärbt werden. Außerdem läßt sich so ein direkter Kontakt von Färbemittel mit den Händen ausschließen.

Überladen der Waschmaschine kann zu unregelmäßigen Resultaten führen. Andererseits sollte man die erlaubte Füllmenge für einen Färbevorgang nach Möglichkeit voll ausschöpfen.

Wolle und Seide sollten, andere Fasern können in einem Topf oder einer Schüssel gefärbt werden.

Die Textilien müssen nach dem Färben gewaschen werden, um überschüssige Farbe zu entfernen.

Färben in der Waschmaschine

Anleitung — Gebrauchs- und Dosieranleitung des Mittels beachten.

Stoff wiegen, da das Trockengewicht des Stoffes neben der Dosierung des Färbemittels für die gewünschte Farbintensität maßgeblich ist. Gewichtstabelle siehe Seite 81.

Stoff waschen (siehe Regeln).

Die Farbstoffmenge gemäß Dosieranleitung abmessen.

Je nach Gebrauchsanleitung entweder zuerst die Wäsche in die Maschine geben, Programm starten und Färbemittel zugeben oder zuerst die Farbe in die Trommel geben, dann den Stoff und erst danach das Programm einschalten. Kein Vorwasch-, Schon- oder Sparprogramm wählen.

Salz und Fixiermittel ebenfalls nach Gebrauchsanweisung zudosieren.

Zum Färben bei niedrigen Temperaturen bis 40 °C muß bei manchen Färbemitteln das Programm zweimal durchlaufen. Das bedeutet, daß vor Beginn des Spülens wieder auf Programmstart geschaltet werden muß.

Zum Entfernen von überschüssiger Farbe unmittelbar nach dem Färbeprogramm einen materialentsprechenden Hauptwaschgang unter Zugabe von Waschmittel bei höchstmöglicher Temperatur einschalten. Danach die gefärbte Wäsche trocknen und wie gewohnt weiterverarbeiten.

Nach Gebrauch sollte gefärbte Wäsche zwei- bis dreimal separat gewaschen werden, um nicht fixierte Farbe zu entfernen. Bei Personen mit Hautproblemen die Wäsche vor der Benutzung mehrmals waschen.

Färben im Topf

Stoff wiegen und bei Bedarf waschen (siehe Seite 151).

Anleitung — Nach Gebrauchsanweisung das Färbebad mit Wasser und Farbstoff in einem Kochtopf oder Plastikgefäß ansetzen und je nach Faserart Salz oder Essig und Fixierer zugeben.

Bei Verwendung eines Kochtopfes muß das Färbegut meistens darin erhitzt werden; bei Verwendung eines Plastikgefäßes sollte hingegen die Temperatur gehalten werden (zum Beispiel Plastikeimer in Wanne mit heißem Wasser stellen).

Färbegut einlegen und während des ganzen Prozesses darauf achten, daß es vollständig eingetaucht ist. Gelegentlich rühren.

Die Färbedauer ist der Gebrauchsanweisung zu entnehmen.

Nach dem Vorgang das Textilmaterial aus dem Färbebad nehmen, klar spülen und waschen, siehe Seite 152.

Übrigens...

Die Farbstoffe schaden der Waschmaschine nicht.

Eventuelle Verfärbungen an Kunststoff- und Gummiteilen verschwinden mit der Zeit. Durch die Wirkung des Bleichmittels in dem verwendeten Waschmittel werden sie häufig schon beim anschließenden Waschgang entfernt.

Die Dosierangaben beziehen sich auf das Einfärben von weißen oder naturfarbenen Textilien.

Beim Umfärben muß mit Abweichungen von der erwünschten Farbe gerechnet werden.

Vorsicht ist geboten beim Hantieren mit Farbstoffen in Pulverform, sie können nach dem Einatmen Allergien auslösen.

Wenn mehrere Teile identisch gefärbt werden sollen, müssen bei jedem Färbebad oder jeder Waschmaschinenfüllung Temperatur, Konzentration und Dauer gleich sein. Abweichungen sind trotzdem nicht ganz zu vermeiden.

Das Färberesultat hängt in starkem Maße von der Dichte des Gewebes ab. Insbesondere Frottierwäsche nimmt wegen der großen Oberfläche mehr Farbstoffe an und erscheint dadurch kräftiger im Farbton als dünne Gewebe.

Einleuchtend dürfte sein, daß dunkle Stoffe sich nicht hell färben lassen. Es kann also stets nur von hell nach dunkel ein- oder umgefärbt werden. Auch beim Um- oder Überfärben muß bedacht werden, daß sich Mischfarben bilden können, zum Beispiel Blau und Gelb ergibt Grün, Blau und Rot wird zu Violett, Rot und Gelb wird Orange.

Entfärben von Wäsche

Entfärber sind gesundheitlich und ökologisch bedenkliche Substanzen, die nur ausnahmsweise zur Anwendung kommen sollten. Ihre Verwendung erscheint gerechtfertigt, wenn verfärbte Weiß- und farbechte Buntwäsche entfärbt werden muß.

Entfärber sind stets unter Beachtung der Sicherheitshinweise zu verwenden und die Gebrauchsanweisung ist genauestens zu beachten.

Allgemeine Regeln zum Entfärben

Die Wäsche muß frei von Waschmittel-Rückständen sein. Obst- und Fettflecke vorher gesondert entfernen, Unregelmäßigkeiten sind sonst nicht auszuschließen.

Buntwäsche   Bei Buntwäsche die Probe auf Farbbeständigkeit der Originalfarbe durchführen. Farbechte Einfärbungen und Synthetics können nicht entfärbt werden.

Metallteile, wie Reißverschlüsse und Metallknöpfe, können dunkel anlaufen, deshalb im Zweifelsfall vorher abtrennen.

Wolle, Seide   Wolle, Seide und andere empfindliche Gewebe nicht in der Waschmaschine, sondern in einem Plastikgefäß, einem Plastikbeutel oder in einer Schüssel entfärben.

Wirkung   Die Entfärberwirkung ist um so intensiver, je länger die Einwirkzeit und je höher die Temperatur ist. Deshalb die höchstzulässige Temperatur wählen. Vorgang bei Bedarf wiederholen.

Nach dem Entfärbevorgang müssen die Textilien gründlich gewaschen werden.

Wolle ist besonders empfindlich gegen Temperaturunterschiede. Deshalb Wolle bei der Behandlung nie krassen Temperaturschwankungen aussetzen.

Farbechtheit von Buntwäsche prüfen

Etwas Entfärberlösung im gleichen Mischungsverhältnis wie zum Entfärben vorgesehen herstellen.

Unauffällige Stelle (zum Beispiel Saumecke) etwa eine Stunde in die Lösung tauchen. Spülen, trocknen und mit dem unbehandelten Stoff vergleichen.

Entfärben in der Waschmaschine

Anleitung   Wenn versehentlich eine ganze Maschinenfüllung verfärbt wurde, ist das Entfärben in der Maschine die Methode der Wahl.

Bei der Dosierung des Mittels ist das Trockengewicht der Wäsche zu beachten. Übliche Packungen reichen entweder für 800 g Trockenwäsche oder für 2,5 kg Trockenwäsche. Die gängigen Waschmaschinen fassen 4,5–5 kg Trockenwäsche (siehe Gewichtstabelle Seite 81).

Je nach Gebrauchsanweisung den Entfärber direkt in die Trommel geben oder erst nach einer vorgeschriebenen Zeitspanne dem Hauptwaschgang zufügen. Entfärberprogramme stets ohne Vorwaschgang ablaufen lassen.

Nach Beendigung des Programms die Wäsche mit Waschmittel bei höchstzulässiger Temperatur nachwaschen.

Entfärben im Kochtopf

Anleitung

Dies ist ein insbesondere zum Entfärben kleiner Wäschemengen oder für Wolle und Seide geeignetes Verfahren.

Dazu wird ein rostfreies Emailgefäß benötigt oder ein Gefäß aus Edelstahl. Aluminium und Metalle mit Neigung zur Rostbildung sind ungeeignet.

Der Topf soll groß genug sein, damit das Wäschestück stets ganz mit Entfärberlösung bedeckt ist.

Das Mittel nach Gebrauchsanweisung auflösen und mit der vorgegebenen, richtig temperierten Wassermenge mischen.

Wäschestück in die Lösung eintauchen und während der vorgeschriebenen Einwirkzeit gelegentlich umrühren.

Um die Temperatur zu halten, das Gefäß auf dem Herd warmstellen.

Zur Beseitigung von Rückständen die Textilien nach dem Entfärben waschen.

Entfärben in Schüssel oder Plastikbeutel

Für kleinere Wäschemengen oder Wolle und Seide eine Plastikschüssel, einen Eimer oder einen Plastikbeutel gemäß Gebrauchsanweisung und Wäschegewicht mit Wasser füllen. Den Plastikbeutel dazu in einen Eimer einhängen. Vorgeschriebene Temperatur einhalten. Entfärber nach Vorschrift auflösen und zugeben.

Stoff eintauchen, Beutel oder Eimer schließen.

Entfärbedauer der Gebrauchsanleitung entnehmen.

Längeres Verweilen im Bad oder Wiederholung ist möglich.

Nach dem Entfärben waschen.

Übrigens ...

Vorsicht ist geboten

Die Sicherheitshinweise genau beachten. Entfärber sind aggressive Chemikalien. Bei ihrer Anwendung entwickeln sich schleimhautreizende Dämpfe, deshalb den Raum gut lüften. Besondere Vorsicht ist geboten bei Personen mit Asthma und Allergien.

Nie mit anderen Präparaten wie Essig, Säuren oder Fleckensalzen zusammen verwenden.

Nicht zur Körperreinigung, etwa von verfärbten Händen, benutzen.

Von Kindern fernhalten.

Vergabe von Wäschepflegearbeiten

In fast allen Haushalten wird zumindest gelegentlich eine Wäschepflegearbeit vergeben, die unmöglich zu Hause durchgeführt werden kann: die Chemischreinigung.

Aber auch andere Arbeiten, wie Waschen, Mangeln und Reparaturarbeiten an Textilien können außer Haus erledigt werden. Die Gründe für solche Vergaben sind verschiedenartig: Zunahme von Kleinhaushalten, in denen das entsprechende Gerät fehlt, Berufstätigkeit von Frauen und damit verbundene Zeitknappheit; Arbeitserleichterung durch Verzicht auf bestimmte Arbeitsgänge, etwa indem Wäsche zum Mangeln vergeben wird.

Vergabe zur Chemischreinigung

Pflegekennzeichnung
siehe Seite 38

Schon beim Einkauf von Textilien sind die Pflegemöglichkeiten in Erwägung zu ziehen. Waschbare Stücke ersparen den Gang zur Reinigung. Vor allem aber lassen sich gesundheitliche und ökologische Belastungen durch die verwendeten Lösungsmittel vermeiden.

Der Buchstabe mit dem Kreis steht in der Pflegekennzeichnung für das zu verwendende Lösungsmittel, in der Chemischreinigung

P für Perchlorethylen,

F für Fluorchlorkohlenwasserstoff (FCKW)

A für alle Lösungsmittel.

Untersuchungen haben ergeben, daß Textilien aus Münzreinigungen (Kiloreinigung) mit größeren Rückstandsmengen an Lösungsmitteln belastet waren als solche aus herkömmlichen Reinigungen.

Von Reinigungsbetrieben sollte der Kunde Fachkenntnisse und spezielle Fähigkeiten erwarten dürfen. Betriebe mit Gütezeichen unterziehen sich laufend gewissen vorgeschriebenen Kontrollen.

Zur Chemischreinigung (Trockenreinigung) gibt man nur Textilien, die auf gar keinen Fall gewaschen werden sollten. Dafür kommen in Frage: Mäntel, Jacken, Anzüge, Kostüme, Kleider und nicht-waschbare Hosen und Röcke sowie Heimtextilien.

Kombinationen, die zusammengehören, sollten stets zusammen gereinigt werden. So lassen sich Ungleichheiten bei Kostümen, Anzügen etc. verhindern.

Die Vergabe sollte nicht zu lange hinausgezögert werden, weil sich sonst die Reinigung schwieriger gestaltet.

Vor der Vergabe sind die Taschen zu kontrollieren und gegebenenfalls Schmuckstücke, Zierschnallen und empfindliche Knöpfe zu entfernen.

Besondere Flecke sollten markiert werden. Oft ist es auch hilfreich, wenn man dem Reinigungsbetrieb erklären kann, aus welcher Substanz der Fleck besteht.

Gleich beim Abholen, noch im Beisein des Personals, sollte man alle gereinigten Teile kontrollieren, weil Mängel oder Schäden bei sofortiger Reklamation eher anerkannt werden.

Es ist ratsam, chemisch gereinigte Textilien vor dem ersten Tragen mehrere Tage im Freien oder am Fenster zu lüften, damit die gesundheitsschädlichen Lösungsmittel ausdünsten können. Vor dem Lüften ist unbedingt die übergezogene Folie zu entfernen.

Das gilt auch für Bettenfüllungen, Decken und ähnliches, die vor Gebrauch besonders intensiv gelüftet werden sollten.

Bettzeug, Kinderwäsche und Leibwäsche sollten auf keinen Fall in Münzbetrieben gereinigt werden.

Übrigens…

Gewisse Ausrüstungsmaßnahmen können durch die Chemischreinigung Einbußen erleiden.

Lederbekleidung sollte man zur Ledereinigung geben, möglichst in Betriebe mit dem Gütezeichen Lederreinigung.

Wenn ernsthafte Probleme im Zusammenhang mit der Chemischreinigung auftreten, sollte man sich an die Verbraucherzentrale wenden.

Vergabe zum Waschen und Bügeln

Ob man verschmutzte Textilien in die Wäscherei gibt oder bereits gewaschene zum Mangeln abliefert, stets ist eine Liste beizufügen, auf der die Artikel einzeln aufgeführt sind. So wird Mißverständnissen und Verlust am ehesten vorgebeugt. *Wäscherei*

Wichtig ist auch die Kennzeichnung mit Namen und Adresse.

Im allgemeinen ist es empfehlenswert, sich bei der Firma nach dem genauen Umfang der angebotenen Dienstleistung zu erkundigen, um sich einen Überblick über das Preis-Leistungs-Verhältnis zu verschaffen und zu erfahren, welche Vorarbeiten notwendig sind.

Für die Vergabe zum Waschen kann der Kunde in der Regel die Wäsche unsortiert abliefern. Es ist aber anzuraten, die üblichen Vorbereitungsarbeiten durchzuführen, vor allem die Kontrolle der Textilien, zum Beispiel Taschen leeren, Schmuck entfernen, eventuell auf die linke Seite wenden, usw.

Zum Mangeln oder Bügeln erwarten die Betriebe oft unterschiedliche Vorarbeiten vom Kunden.

So bevorzugen Heißmangelbetriebe meistens schleuderfeuchte Wäsche, während Bügelwäsche häufig in trockenem Zustand abgegeben wird. Hierüber sollte von Fall zu Fall eine Absprache mit dem Betrieb getroffen werden. *Heißmangel*

Das gilt auch für das Stärken. Manche Betriebe führen diese Arbeit aus, andere erwarten diese Vorarbeit vom Kunden.
Beim Abholen sollte der Wäscheposten noch im Betrieb auf Vollzähligkeit, Mängel oder Schäden kontrolliert werden. Eine notwendige Reklamation hat so eher Aussicht auf Erfolg.

Grundausstattung
für Näharbeiten

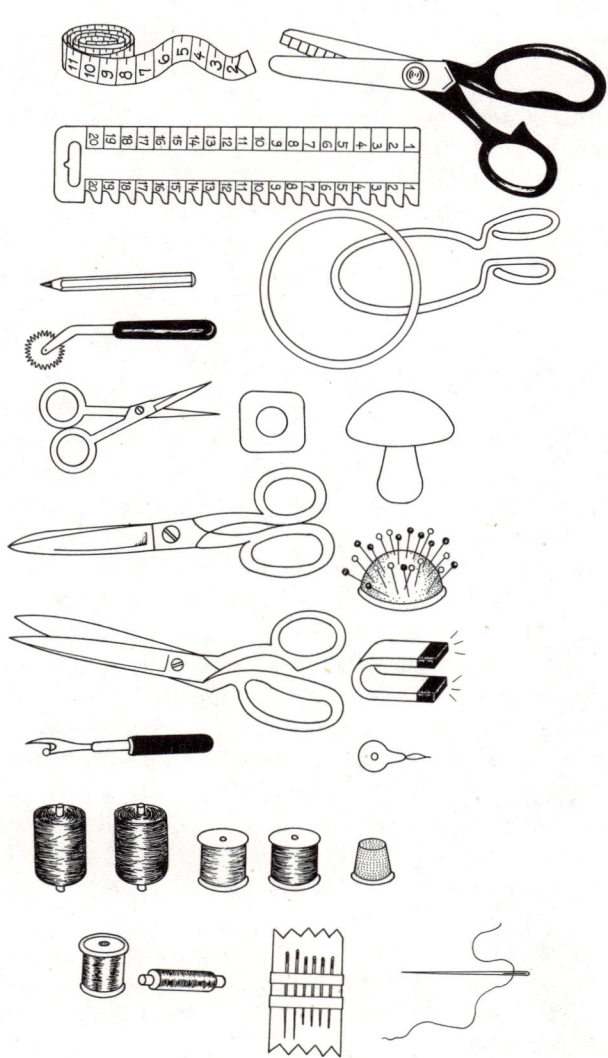

Nähen und Ausbessern von Textilien

Durch Gebrauch und Pflegemaßnahmen werden die Textilien beansprucht; sie verschleißen mit der Zeit. Es entstehen durchgescheuerte Stellen oder es treten Beschädigungen, wie Risse und Löcher auf.

Durch das Ausbessern von Textilien läßt sich deren Gebrauchswert wieder voll herstellen, das Aussehen wird verbessert und somit können Ausgaben für neue Wäschestücke zumindest hinausgezögert werden. Das gilt sowohl für Stopf- und Flickarbeiten als auch für das Instandsetzen von Reißverschlüssen und das Annähen von Knöpfen und Aufhängern. Außerdem kann es vorkommen, daß defekte Nähte oder lose Säume repariert werden müssen. Deshalb werden an dieser Stelle auch grundlegende Nähtechniken beschrieben, die sowohl bei der Neuherstellung als auch bei der Instandsetzung von Textilien hilfreich sind.

Vor Ausbesserungsarbeiten ist zu überlegen, ob sich der Aufwand noch lohnt. Umfang der Beschädigung und Wert des Wäscheteils müssen dabei gegeneinander abgewogen werden. Faktoren, die bei der Entscheidung außerdem Bedeutung haben, sind die eigene finanzielle Situation sowie vorwiegend bei Kleidungsstücken zusätzlich Modetrends und figürliche Veränderungen.

Grundausstattung für Näharbeiten

Diverse Hilfsmittel

Maßband
Notwendig ist ein flexibles, jedoch nicht dehnbares Maßband, dessen Enden mit Metallklammern verstärkt sind. Es wird verwendet zur Abnahme von Körpermaßen und zum Abmessen von Rundungen und großen Stoffpartien.

das gehört in den Nähkasten

Handmaß oder Lineal
Zum Abmessen kurzer, gerader Distanzen, wie Saumbreite und Reißverschlußlängen dient ein 20 cm langes Handmaß oder Lineal.

Schneiderkreide
Weiße Schneiderkreide eignet sich für Markierungen auf dunkelfarbigen Stoffen. Farbige Schneiderkreide ist aus Stoffen oft schwer zu entfernen.

Bleistift
Zum Anbringen von Markierungen auf hellfarbigen Stoffen ist ein Bleistift dunkler Schneiderkreide vorzuziehen, weil er sich später leichter auswaschen läßt.

Kopierrädchen, Kopierpapier

Bei Ausbesserungsarbeiten werden diese Markierhilfen im allgemeinen nicht benötigt. Sie erleichtern das Übertragen von Schnittmustern auf Stoffe.

Zuschneideschere

Das Zuschneiden dicker Stoffe oder mehrerer Stofflagen erfordert eine große, handliche Schere. Sie sollte rostfrei und scharf sein und die Möglichkeit des Nachschleifens bieten. Sie darf nie zum Schneiden von Papier verwendet werden.

Haushaltsschere

Damit Stoffscheren geschont werden, sollte zum Schneiden von Schnittmustern und Papier eine mittelgroße Haushaltsschere vorhanden sein.

Stickschere

Gezieltes, millimetergenaues Schneiden von Knopflöchern und Einschneiden von Schnittkanten gelingt am besten mit einer kleinen spitzen Schere. Sie sollte für diesen Zweck gerade, bis in die Spitzen gut geschliffene Schneiden haben.

Zackenschere

Zum Versäubern von Futterstoffen und wenig fransenden Stoffkanten. Stoffe, die stark zum Fransen neigen, sollten durch entsprechende Nähte (z. B. Rechts-Links-Naht) oder Säume versäubert werden.

Pfeiltrenner

Dieses kleine Hilfsmittel ist praktisch zum Auftrennen von Nähten und Säumen, Aufschneiden von maschinengenähten Knopflöchern und zum Abtrennen von Knöpfen.

Stick- und Stopfring

Unentbehrlich zum Einspannen von Stopfgut, das sich dadurch sicherer beim maschinellen Stopfen führen läßt.

Stopfpilz oder Stopfei

Hilfreich beim Handstopfen; unter die Schadstelle zu legen.

Weitere wichtige Kleinigkeiten

Magnet zum Aufsammeln heruntergefallener Nadeln.

Nadelkissen, Einfädler, Fingerhut.

Garne (siehe Seite 161).

Nadeln (siehe Seite 162)

Nähmaschine samt Zubehör (siehe Seite 49)

Bügelzubehör wie Bügeleisen, Bügelbrett, Ärmelbrett, Dämpftuch, Sprüher zum Ausbügeln von Nähten, Umbügeln von Schnittkanten, Überbügeln von ausgebesserten Stellen.

Garne

Das richtige Garn beeinflußt den Nähvorgang wesentlich. Wenn beispielsweise ein qualitativ minderwertiges Garn dauernd reißt, sind unerwünschte Arbeitsunterbrechungen die Folge. Außerdem werden Aussehen und Haltbarkeit der Nähte beeinträchtigt.

Die Auswahl des passenden Nähgarnes richtet sich nach
– der Faserart,
– der Stärke des zu verarbeitenden Stoffes
– der Näharbeit sowie
– der Farbe des Stoffes.

Für die Stärke des Nähgarnes gilt: Je höher die angegebene Nummer, desto feiner das Garn.

Häufig verwendete Garnstärken bei Baumwoll-Garnen: 40, 50 und 60; bei Synthetik-Garnen und Nähseide: 100 und 120.

Siehe auch Seite 24, Garn-Numerierung.

Baumwollgarn Baumwoll-Nähgarn aus mercerisierter Baumwolle eignet sich für Stoffe aus Naturfasern, besonders für Baumwolle und Leinen.

Syntheticgarn Synthetic-Nähgarn ist meist aus Polyester, seltener aus Polyamid hergestellt. Es ist als Allzweck-Nähgarn vielseitig verwendbar für alle Stoffarten, für leichte und schwere Gewebe.

Nähseide Nähseide ist ein sehr feinfädiges Garn zum Nähen von Seide und seidenähnlichen Chemiefasern (Viskose, Acetat) und feinen Wollstoffen. Sie eignet sich auch zum Heften von sehr feinfädigen Stoffen.

Knopflochgarn Knopflochgarn aus Synthetic, Seide oder Baumwolle ist ein dickeres Nähgarn in der Stärke 30 oder 40. Es wird zum Nähen handgefertigter Knopflöcher oder als Einlauffaden für maschinell hergestellte Knopflöcher benutzt. Weitere Verwendung zu Ziernähten und zum Nähen schwerer Stoffe.

Reihgarn Reihgarn, auch als Heftfaden bezeichnet, ist aus 100 % Baumwolle oder aus Viskose und ausschließlich zum Heften von Hand gedacht. Damit es sich nach dem Nähen leicht ausreißen und entfernen läßt, ist es nur lose gezwirnt. Für feinfädige Stoffe sollte zum Heften vorzugsweise ein dünnerer Faden genommen werden, zum Beispiel normales Nähgarn oder Maschinen-Stick- und Stopfgarn.

Leinenzwirn Leinenzwirn (»Sternchenzwirn«) ist ein besonders haltbares Garn zum Annähen von Knöpfen, Haken und Ösen von Hand.

Maschinenstickgarn Maschinen-Stick- und -Stopfgarn wird als sehr feines, weiches Garn für maschinelle Stick- und Stopfarbeiten sowie maschinengefertigte Wäscheknopflöcher verwendet. Es eignet sich zum Versäubern von Nahträndern und zum Nähen sehr feiner Stoffe.

Stopfgarn Hand-Stopfgarn aus mercerisierter Baumwolle (Twist) ist mehrfädig, lose gedreht und kann je nach Stärke des Stopfgutes geteilt werden. Dadurch ergibt sich eine große Anwendungsbreite: zum Ausbessern von Wäsche aus Baumwolle, zum Beispiel Unterwäsche, Socken, Strümpfe, Strumpfhosen.

Stopfgarn aus Synthetic oder aus Wolle wird zum Handstopfen von Strickwaren, wie Westen, Pullovern und Socken verwendet.

Übrigens...

Beim Stoffkauf sollte man möglichst das passende Nähgarn gleich mitkaufen.

Für Ausbesserungsarbeiten ist es empfehlenswert, immer ein Sortiment an häufig gebrauchten Garnen in verschiedensten Farben vorrätig zu haben.

Nadeln

Es ist praktisch und vermeidet Verzögerungen beim Nähen, wenn wie bei den Garnen immer ein Vorrat an oft verwendeten Nadeln zur Verfügung steht. Für Handnähnadeln und Maschinennadeln gilt:
Die Auswahl der richtigen Nadel wird von der Stärke des vorgesehenen Garnes bestimmt, das soeben die Breite des Nadelöhrs ausfüllen sollte. Da sich die Garnstärke nach dem Stoff richtet, werden folglich für dicke Stoffe stärkere Nadeln, für dünne Stoffe feine Nadeln verwendet.

Näh- und Stopfnadeln für das Nähen von Hand

Nadeln zum Nähen und Stopfen von Hand gibt es in verschiedenen Stärken und Längen.

Nadelstärken   Je höher die angegebene Nummer, desto feiner ist die Nähnadel. Eine Nadel mit der Nummer 5 ist also stärker als eine mit der Nummer 9. Außer der Stärke unterscheiden sich Nadeln zusätzlich in der Form des Nadelöhrs und der Spitze.
Zum Reihen oder Heften eignen sich bei langen Stichreihen lange Nähnadeln, zum Nähen kleiner Stiche werden kurze Nadeln verwendet. Am meisten verwendet werden Nadeln mit der Nummer 7 oder 5 in halblanger oder langer Ausführung.
Zum Stopfen mit Twist sollten zweckmäßigerweise lange, feine Stopfnadeln verwendet werden, für Stopfarbeiten mit Wolle oder Polyacryl dickere, lange Nadeln.

Nadel- und Garntabelle für das Nähen von Hand

Näh- Nadelstärke	Nr. 3	Nr. 5	Nr. 7	Nr. 9
Garnstärke Baumwolle	6–30	40–50	60–80	100
Garnstärke Synthetic	bis 60/3	bis 100/3	bis 150/3	bis 200/3
Garnstärke Nähseide	10/3–60/3	70/3–80/3	100/3–140/3	160/3–200/3

Stecknadeln

Ihre Verwendung erstreckt sich auf das Markieren und das Zusammenstecken von zwei oder mehr Stofflagen. Während sich für das Markieren unterschiedlicher Nähte gut Stecknadeln mit verschiedenfarbigen

Köpfen eignen, kann über Nadeln mit Metallköpfen besser hinweggenäht werden. Dazu werden die Nadeln quer zur Nahtrichtung in den
Stoff gesteckt, mit dem Kopf zur rechten Seite. Stecknadeln sollten aus
rostfreiem Stahl sein.

Nähmaschinennadeln

Am häufigsten werden in Nähmaschinen die sogenannten Flachkolben-
Nadeln verwendet. Sie werden in den Stärken 60, 70, 80, 90, 100, 110 und
120 angeboten. Je höher die Nummer, desto stärker die Nadel. **Nadelstärken**
So ist bei feinen Stoffen die Nadelstärke 70 angebracht. Für normal
dicke Stoffe wird im allgemeinen eine Nadel der Stärke 80 benutzt und
für dicke, feste Stoffe ist Nadelstärke 90 oder 100 erforderlich.
Maschinennadeln sind je nach Verwendungszweck in unterschiedlichen Ausführungen zu erhalten:
Universal- oder Standardnadeln in den Stärken von 60–120 sind mit **Standardnadeln**
einer leicht abgerundeten Spitze versehen, die beim Einstechen zwischen die Fäden des Stoffes trifft und diese nicht beschädigt. Sie tragen
die Systembezeichnung »130/705 H« oder »130 R/705«.
Spezielle Jersey-Nadeln (Kugelspitznadeln) besitzen eine kleine Kugel- **Jerseynadeln**
spitze, die beim Nähen von Wirk- und Strickwaren die Maschenfäden
nicht durchsticht, sondern diese verdrängt.
Stretch-Nadeln mit ihrer feinen Kugelspitze bewirken beim Einstechen **Stretchnadeln**
in empfindlichen Maschenwaren und Geweben (z. B. Miederwaren)
den gleichen Effekt wie Jersey-Nadeln.
Jeansnadeln haben eine ausgesprochen schlanke Spitze und eignen **Jeansnadeln**
sich für feste, dichte Stoffe, zum Teil auch für Leder und Felle.
Ledernadeln empfehlen sich zum Nähen von derbem Leder, Fellen und **Ledernadeln**
Lederimitaten. Die Schneidspitze durchdringt auch festes Material; sie
darf nicht zum Nähen von Stoffen verwendet werden.

Nadel-Garn-Tabelle für das Nähen auf der Maschine

Nadelstärke	70	80	90	100	110
Garnstärke Baumwolle	50, 60, 70	40, 50, 60	30, 40, 50	24, 30, 40	20, 24, 30
Garnstärke Synthetic	80/3 100/3 120/3	70/3 100/3 120/3	60/3 70/3 100/3	50/3 60/3 70/3	30/3 40/3 50/3
Garnstärke Nähseide	80/3 100/3 120/3	70/3 80/3 100/3	60/3 70/3 80/3	50/3 60/3 70/3	40/3 50/3 60/3
Garnstärke Leinen-Nähmaschinenzwirn			60/3 70/3	50/3 60/3 70/3	40/3 50/3 60/3

Zum Nähen feiner Stoffe verwendet man jeweils das Garn mit der
höchsten Nummer, zum Nähen normal dicker Stoffe die mittlere Garn-
nummer und für grobe Stoffe Garne mit niedriger Nummer.

Nähen von Hand

Häufig ist in jungen oder kleinen Haushalten noch keine Nähmaschine vorhanden, um anfallende Näharbeiten und Reparaturen an Textilien auszuführen.

Manchmal sind die Arbeiten auch so geringfügig, daß sich das Auspacken oder Aufstellen der Nähmaschine nicht lohnt, weil zum Beispiel nur ein Knopf anzunähen ist.

Stets von Hand ausgeführt wird auch das Heften, bei manchen Näharbeiten unverzichtbar.

Schließlich sind knifflige, komplizierte Näharbeiten oft einfacher und schneller mit der Hand zu erledigen.

In all diesen Fällen ist es nützlich, wenn einige grundlegende Techniken des Nähens von Hand beherrscht werden.

Allgemeine Hinweise

Stets sollte ein zum Stoff passendes Nähgarn und eine auf Nähgarn und Stoff abgestimmte Nähnadel verwendet werden. Diese Empfehlung gilt auch für das Stopfen. Siehe auch die Nadel-Garntabelle auf Seite 162.

Einfädeln

Der Nähfaden sollte nicht zu lang sein, deshalb ist er bei einer Länge von etwa 60–70 cm schräg abzuschneiden, wenn mit einfachem Faden genäht wird, bei doppeltem Faden 80–100 cm.

Die Nadel wird mit dem Nadelöhr nach oben gehalten, mit der anderen Hand das Fadenende durch das Nadelöhr geschoben. Der Faden wird zu gut einem Drittel durchgezogen, wenn mit einfachem Faden genäht werden soll, genau zur Hälfte zum Nähen mit doppeltem Faden.

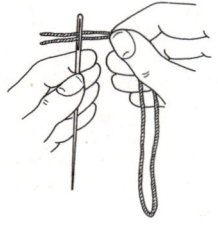
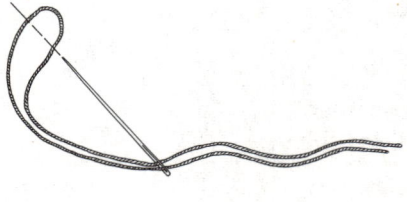

Einfädeln des
doppelten Nähfadens

Im allgemeinen wird mit einfachem Faden genäht. Lediglich Knöpfe, Druckknöpfe, Haken und Ösen werden mit doppeltem Faden angenäht, weil dadurch weniger Stiche bei guter Haltbarkeit notwendig sind.

Einfädeln des doppelten Nähfadens

Eine weitere Variante des Einfädelns besteht darin, beide Fadenenden des abgeschnittenen Nähfadens zusammenzunehmen und so weit durch das Nadelöhr zu ziehen, bis nur noch eine kleine Schlaufe von 3–6 cm Länge übrig bleibt. Die Nadel wird dann durch diese Schlaufe

geführt und die Schlaufe zugezogen. So entsteht ein doppelter Nähfaden, der auch ohne Knoten am Fadenende nicht mehr rutscht, weil
die Schlaufe am Nadelöhr dies verhindert.

Das Verknoten des Fadenendes ist nur angebracht, wenn der Knoten
hinterher im Stoff nicht mehr sichtbar oder fühlbar ist oder bei Nähten,
die später wieder aufgetrennt werden, etwa beim Heften.

Wird das Fadenende nicht verknotet, muß der Nahtanfang befestigt
werden, indem am Nahtanfang und Nahtende einige Vor- und Rückstiche ausgeführt werden.

Die wichtigsten Nähstiche von Hand

Vorstich (auch Heftstich oder Reihstich)

Dieser Stich wird angewendet zum Heften von Nähten, Säumen, Reißverschlüssen und ähnlichem, um während der Näharbeit zwei oder
mehr Stofflagen zusammenzuhalten. Er dient auch als Markierung und
als Hilfe beim Kräuseln (Reihen).

Zum Heften Fadenende verknoten. Von rechts nach links arbeiten, die
Stichlänge beträgt 5–10 mm. Die Abstände auf Stoffober- und -unterseite
sollten gleich groß sein.

Mit der Nadel mehrmals ein- und ausstechen, bevor der Faden ganz
durchgezogen wird. Vorgang bis zum Nahtende wiederholen. Nicht auf
der vorgesehenen Nahtlinie heften, sondern dicht daneben, damit der
Faden nicht stört oder übernäht wird.

Das Nahtende durch einige Rückstiche sichern.

Beim Zusammenheften und Kräuseln ist eine kürzere Stichlänge
(3 mm) zu wählen, zum Kräuseln werden zwei Nähte nebeneinander
angelegt.

Vorstich

Steppstich oder Rückstich

Mit diesem Stich können haltbare, feste Nähte angefertigt werden.
Ferner ist er geeignet zum Einsetzen von Reißverschlüssen von Hand.
Fadenende verknoten oder mit kleinen Rückstichen vernähen. Von
rechts nach links arbeiten und zunächst einen Vorstich ausführen. Die
Nadel zurückführen und in die Ausstichstelle des Vorstiches einstechen.
Die Nadel in doppelter Stichlänge von unten wieder einstechen und
nach oben herausziehen. Nadel wieder zurückführen und in die Aus-
stichstelle des Vorstiches einstechen usw. Auf diese Weise stoßen die
Stiche oben stets aneinander und sehen von oben einer Maschinennaht
ähnlich, unten einem Stielstich; Stichlänge auf der Oberseite: 2–5 mm.

Steppstich

Überwendlingsstich

Er wird hauptsächlich benutzt zum Versäubern von Schnittkanten, die
sonst ausfransen würden.

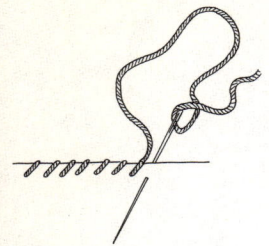

Die Schnittkanten müssen gerade und sauber sein. Der Stich wird von links nach rechts gearbeitet.

Mit der Nadel in gleichmäßigen Abständen von hinten in den Stoff einstechen und den Faden nur locker anziehen, damit sich die Schnittkante nicht einrollt. Die Fäden liegen auf der Oberseite leicht schräg zur rechten Seite geneigt. Die Abstände zwischen den einzelnen Stichen um so geringer halten, je mehr der Stoff zum Fransen neigt.

Überwendlingsstich

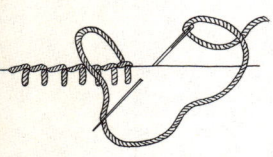

Schlingenstich (Festonstich)

Ebenfalls zum Versäubern von Stoffen, die stark zum Fransen neigen, kann der Schlingenstich verwendet werden. Der Stich wird von links nach rechts gearbeitet.

Die Nadel wird von hinten in den Stoff eingesteckt und vorne durch eine Fadenschlinge geführt, bevor der Faden angezogen wird.

Schlingenstich

Auf gleichmäßige Stichlänge und -abstände achten.

Hexenstich

Zum Versäubern von Naht- und Saumkanten, besonders bei dicken Stoffen, kommt auch der Hexenstich in Frage. Die Stoffkanten können dabei auf dem Unterstoff mit angenäht werden.

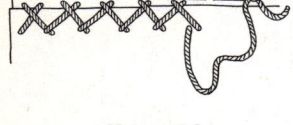

Der Stich wird von links nach rechts gearbeitet.

Die Nadel sticht im Wechsel oben und unten versetzt ein, wobei der Einstich jeweils von rechts nach links erfolgt.

Beim Versäubern von Saumkanten dürfen die Stiche rechts nicht zu sehen sein, deshalb werden in diesem Fall nur wenige Gewebefäden der unteren Stofflage erfaßt.

Hexenstich

Saumstiche

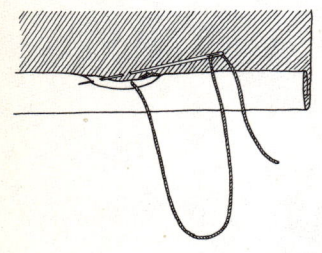

Beim Säumen von Hand kommt es darauf an, daß die Stiche auf der rechten Stoffseite nicht zu sehen sind. Dabei werden um so weniger Gewebefäden erfaßt, je dünner der Stoff ist. Bei sehr dünnen Stoffen darf nur ein Fadenkreuz des Oberstoffes erfaßt werden, damit die Stiche auf der rechten Stoffseite nicht sichtbar sind.

Der einfache Saumstich wird von rechts nach links gearbeitet; dazu die Nadel abwechselnd durch den Oberstoff und die Saumkante führen. Stichlänge 5–10 mm.

Saumstich

Der hohle Saumstich darf weder von der rechten noch von der linken Stoffseite sichtbar sein. Nach dem Einbügeln von Saumeinschlag und -umschlag wird das ganze Stoffstück so gedreht, daß die Saumseite nach oben liegt. Der Saum wird nach hinten umgeschlagen, der Stoffbruch des Saumeinschlages steht dann 3–6 mm hervor.

Der Saum wird von rechts nach links gearbeitet.

Abwechselnd in Oberstoff und Saumeinschlag einstechen. Vom Oberstoff jeweils nur einen (bei dünnen Stoffen) bis zwei Gewebefäden (bei dickeren Stoffen) fassen. Stichlänge 5–10 mm.

166

Vorteilhaft bei diesem Saumstich ist, daß von links in den Saum hineingebügelt werden kann, dadurch entstehen auf der rechten Seite keine unschönen Abdrücke beim Bügeln.

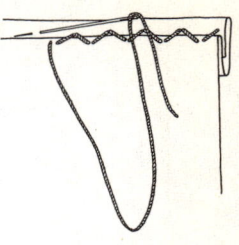

Nähen mit der Nähmaschine

Der Arbeitsplatz zum Nähen

hohler Saumstich
mit Einschlag (oben)
ohne Einschlag (unten)

Es ist praktisch, wenn ein gesonderter Raum für Näharbeiten zur Verfügung steht, weil bei Arbeitsunterbrechungen nicht jedesmal auf- und weggeräumt werden muß.

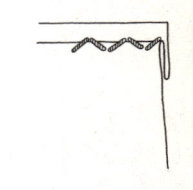

Eine Raumecke, mit Nähtisch oder Nähmaschinenmöbel und entsprechenden Unterbringungsmöglichkeiten für Zubehör und Stoffe, kann ebenfalls eine Lösung sein.

Häufig muß man sich indes mit einem Tisch, einigen Nähutensilien und einer Koffer-Nähmaschine begnügen. In diesen Fällen sollte das Zubehör in erreichbarer Nähe geordnet untergebracht sein.

Für entstehende Abfälle beim Nähen ist ein Abfallbehälter neben der Maschine bereitzuhalten.

Die Maschine sollte so aufgestellt sein, daß der Lichteinfall von vorn oder von links kommt. Zu Zeiten ohne Tageslicht ist eine zusätzliche Lichtquelle notwendig, am besten eine schwenkbare, blendfreie Leuchte.

Der Arbeitsstuhl sollte bequem und höhenverstellbar sein.

Es ist nützlich und erspart Arbeitsunterbrechungen, wenn schon vor Nähbeginn auch der Bügelplatz eingerichtet wird. So lassen sich zum Beispiel Säume zwischendurch schnell umbügeln, Nähte ausbügeln und fertige Teile überbügeln.

Arbeitshaltung

Beim Nähen auf der Maschine sollte man sich nicht hinten am Stuhl anlehnen, sondern leicht nach vorn gebeugt sitzen. Die Sitzhöhe wird so eingestellt, daß die Arme bei der Arbeit entspannt auf der Nähmaschine liegen, weder zu hoch, noch zu tief.

die richtige
Arbeitshaltung
an der Nähmaschine

Die Nadel sollte ganau im Blickfeld sein. Der rechte Fuß bedient im allgemeinen das Fußpedal, wobei die Ferse auf dem Boden ruht. Der linke Fuß steht flach und locker auf dem Boden.

Bedienung der Nähmaschine

Durch die richtige Nutzung einer Nähmaschine wird die Näharbeit wesentlich erleichtert; das Nähen erfolgt damit schneller, gleichmäßiger und haltbarer als von Hand.

Überdies bieten Nähmaschinen eine Fülle von Möglichkeiten, sowohl im technischen, als auch im gestalterischen Bereich. Um die Maschine optimal ausnutzen zu können, ist der Bedienungsanleitung die nötige Aufmerksamkeit zu schenken. Nur sachgemäße Handhabung und Pflege unter Beachtung der Sicherheitsmaßnahmen führen zu den gewünschten Resultaten.

Sicherheitshinweise

Bei allen Wartungs- und Reinigungsarbeiten sollte die Maschine elektrisch abgeschaltet werden, das heißt, der Netzstecker sollte gezogen werden. Das gilt auch für den Wechsel von Nadel, Nähfuß, Spule, Stichplatte und Glühbirne sowie für Arbeitsunterbrechungen ohne Aufsicht.

Beim Anschließen der Maschine sollte aus Sicherheitsgründen der Maschinenstecker angeschlossen sein, bevor der Schukostecker mit dem Stromkreis verbunden wird.

Wegen der auf- und abgehenden Nadel ist die nötige Vorsicht walten zu lassen. Die Nähstelle ist während der Arbeit ständig zu beobachten.

Nähmaschine zum Nähen vorbereiten

Unterfaden aufspulen und Spule einsetzen

Nähwerk ausschalten und darauf achten, daß Nähfuß und Nadel sich in ihrer höchsten Stellung befinden.

Hinsichtlich der Fadenführung beim Spulen die Bedienungsanleitung der Maschine beachten, dies betrifft auch das Spulen selbst. Für saubere Nähte sollte die Spule möglichst gleichmäßig bewickelt sein, deshalb nicht allzu schnell spulen.

Gefüllte Spule richtig in die Spulenkapsel einsetzen:

Bei herausnehmbaren Spulenkapseln muß die Spule im Uhrzeigersinn ablaufen, bei eingebauten Spulenkapseln entgegen der Uhrzeigerrichtung. Fadenende durch den Schlitz in der Spulenkapsel herausziehen. Ober- und Unterfaden sollten die gleiche Qualität und Stärke haben.

Unterfadenspannung prüfen und Spulenkapsel einsetzen

Am Fadenende ziehen. Der Faden soll einen gewissen Widerstand bieten, er soll sich weder ganz leicht, noch besonders schwer abziehen lassen. Die herausnehmbare Spulenkapsel mit eingelegter Spule wird am Fadenende festgehalten und sollte bei richtiger Spannung nur langsam nach unten gleiten. Die Einstellung muß korrigiert werden, wenn sich die Kapsel nicht bewegt oder zu schnell nach unten gleitet. Bei zu schwacher Spannung wird die Schraube an der Spulenkapsel nach rechts gedreht (im Uhrzeigersinn), bei zu starker Spannung nach links (entgegen dem Uhrzeigersinn).

Die Spulenkapsel mit der gefüllten Spule in den Greiferkessel der Maschine einsetzen.

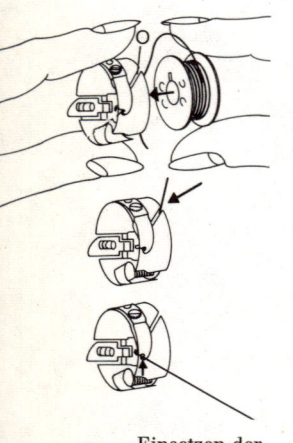

Einsetzen der
gefüllten Spule
in die Spulenkapsel

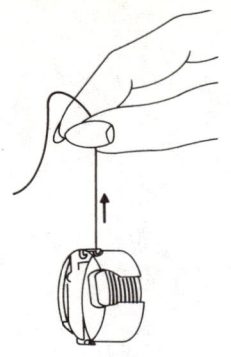  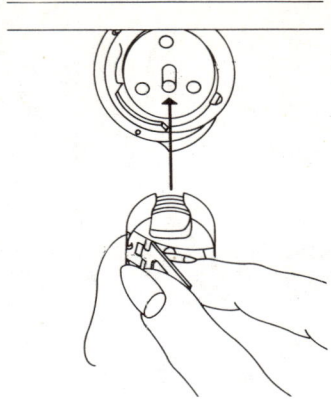

links: Prüfen
der Unterfadenspannung
Mitte: Korrigieren
der Spannung durch
Drehen der Schraube
rechts: Einsetzen
der Spulenkapsel

Nadel einsetzen

Die Maschinennadel muß zu Garn und Stoff passen. Zum Einsetzen wird im allgemeinen die Nadel mit der flachen Kolbenseite nach hinten bis zum Widerstand in die Nadelstange eingeschoben und mit der Schraube befestigt.

Eine verbogene oder beschädigte Nadel sollte sofort ausgetauscht werden, denn nur eine fehlerfreie Nadel garantiert eine saubere Naht.

Oberfaden einlegen

Zum Einfädeln müssen sich Fadengeber und Nähfuß in der obersten Stellung befinden.

Die Führung des Oberfadens richtet sich nach den Herstellerangaben. Grundsätzlich verläuft der Faden zwischen den Spannungsscheiben der Oberfadenspannung, dann zum Fadengeber. Von dort führt er zur Nadel, wo er auf der Seite mit der langen Rille eingefädelt wird.

Nach dem Einfädeln des Oberfadens wird der Unterfaden nach oben geholt. Dazu den Oberfaden lose mit der linken Hand festhalten und mit der rechten Hand das Handrad auf sich zu bewegen, bis der Unterfaden als Schlinge erscheint. Beide Fadenenden etwa 10–15 cm nach hinten legen.

Oberfadenspannung prüfen

Zur Überprüfung der Einstellungen für Fadenspannung und Stichbild näht man auf einem doppelt liegenden Stück des vorgesehenen Stoffes eine Probenaht.

Die Oberfadenspannung muß der Spannung des Unterfadens angepaßt werden.

Niedrige Ziffern auf der Einstellskala ergeben geringe Spannungen, bei höheren Ziffern ist die Spannung stärker.

Genau aufeinander abgestimmte, eher geringe Spannungen ergeben ein schöneres Nahtbild als zu starke Fadenspannungen.

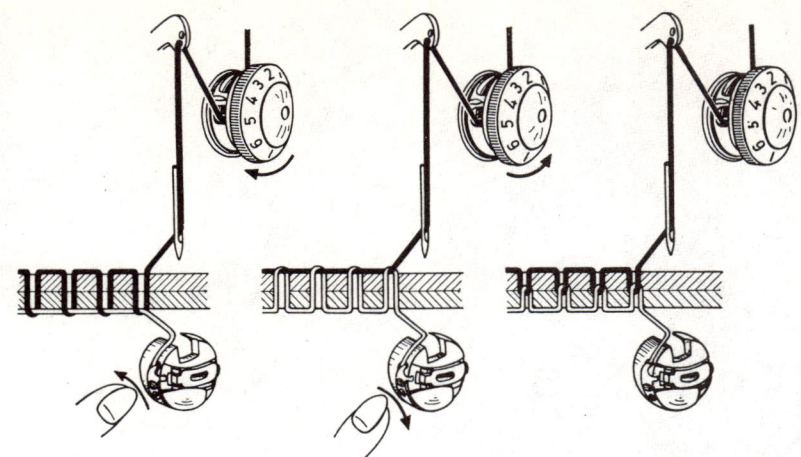

Fadenspannung
an einer Nähprobe
prüfen
links: Oberfaden
zu locker
oder Unterfaden
zu straff
Mitte: Oberfaden
zu straff
oder Unterfaden
zu locker
rechts: richtig
eingestellte Spannung

Wenn die Fadenspannung stimmt, erfolgt die Stichverschlingung genau in der Mitte des Gewebes.

Änderungen der Fadenspannungen sind im allgemeinen nicht jedesmal erforderlich. Allerdings kann es notwendig werden, bei Verwendung eines dickeren Nähgarnes die Spannung zu verringern, bei feinerem Garn zu verstärken.

Einstellungen für Stichlängen

Nähgut	Nadel u. -stärke	Stichart	Stichlänge
normal dicke Stoffe	Normalnadel 80–90	Geradstich	2–2,5
feine, dünne Stoffe	Normalnadel 70–80	Geradstich	1,5–2
dicke, feste Stoffe, z. B. Jeans	Normalnadel od. Jeansnadel	Geradstich	2,5–3,5
Maschenwaren, z. B. Jersey	Jersey- oder Stretchnadel	Geradstich	1,5–2
Leder	Ledernadel	Geradstich	3–4
Stores	Jersey- oder Stretchnadel	Geradstich	2–3

Allgemeine Hinweise für das Nähen

Bei Nähbeginn den Stoff unter den Nähfuß legen, die größere Stoffmenge liegt zur linken Seite. Bevor das Nähfüßchen gesenkt wird, das Nähgut so plazieren, daß etwa 1 cm von der hinteren Stoffkante mit Nähen begonnen werden kann.

170

Nähfuß senken und die nach hinten gelegten Fadenenden festhalten, damit sie sich bei Nähbeginn nicht in der Spulenkapsel oder der Greiferbahn verfangen.

außerdem:
Bedienungsanleitung
des Herstellers
genau beachten

Maschine langsam anlaufen lassen und die Naht durch einige Rückwärtsstiche verriegeln. So wird das Aufgehen der Naht verhindert.

Während des Nähens wird der Stoff nur leicht weitergeschoben. Der sogenannte Transporteur sorgt für den Stofftransport, wobei der Stoff nur gleiten soll, deshalb niemals am Stoff ziehen. Lediglich zum Führen des Stoffes die rechte Hand vor den Nähfuß legen, die linke seitlich dahinter oder umgekehrt.

Die Geschwindigkeit kann durch Drücken des Fußpedals bei Bedarf langsam erhöht werden. Das Nähergebnis ist dabei aber ständig zu überprüfen.

Bei Arbeitsunterbrechungen während des Nähens, zum Beispiel bei langen Stoffbahnen oder bei Änderungen der Nährichtung, sollte sich die Nadel in der tiefsten Position im Stoff befinden.

Kurz vor dem Nahtende einige Stiche rückwärts nähen, um die Naht zu verriegeln. Auf den nackten Transporteur-Rillen sollte nicht weitergenäht werden.

Nähfuß anheben, Nadel in die höchste Position bringen und die Näharbeit 10–15 cm nach hinten ziehen.

Ober- und Unterfaden dicht am Stoff abschneiden.

Nach Abschluß der Näharbeit können Nadel und Transporteur in die tiefste Stellung gebracht und das Nähfüßchen gesenkt werden, damit sich die Feder entspannt.

Nähstörungen und mögliche Ursachen

– Oberfaden reißt
  Nähgarn nicht richtig eingefädelt, knotiges Nähgarn, Oberfadenspannung zu straff, Nadel falsch eingesetzt oder beschädigt.
– Unterfaden reißt
  Spulenkapsel falsch eingesetzt, Unterfadenspannung zu straff, Lochkanten der Stichplatte beschädigt.
– Nadel bricht ab
  Unpassende oder beschädigte Nadel, Nadel falsch eingesetzt, Ziehen des Stoffes beim Nähen.
– Stiche fehlerhaft
  Unpassende oder beschädigte Nadel, falsch eingesetzte Nadel, Spannung stimmt nicht, Garn falsch eingefädelt, unpassendes Nähgarn, Spule falsch eingesetzt.
– Naht ungleichmäßig
  Spannung falsch eingestellt, unpassendes Nähgarn, Unterfaden nicht richtig aufgespult.
– Naht zu locker
  Fadenspannung zu locker eingestellt.
– Naht zu fest, zieht sich zusammen
  Fadenspannung zu straff.

– Stofftransport funktioniert nicht oder fehlerhaft
  Transporteur ist versenkt, Transporteur-Rillen sind verstaubt, Stich-
  länge zu kurz eingestellt, Nähfuß ist nicht herabgelassen.
– Maschine geht schwer
  Fadenreste in der Greiferbahn, Staub und Flusen unter der Stich-
  platte, Fadenanfang hat sich verwickelt.

Reinigen und Pflegen der Nähmaschine

Reinigung und Pflege
schont die Maschine
erleichtert die Arbeit

Netzstecker ziehen.
Je nach Häufigkeit der Benutzung gelegentlich Nadel und Nähfuß
entfernen, Stichplatte abnehmen und die Unterseite entstauben.
Transporteur-Rillen abpinseln oder mit einem Zahnstocher reinigen.
Flusen und Staub im Greiferbereich mit einem Pinsel beseitigen.
Nach Herstellerempfehlung ölen, danach mit einem Tuch abwischen
und auf einem Probelappen ohne Garn nähen, um überschüssiges Öl
aufzunehmen.
Gehäuse mit einem trockenen Tuch abwischen.
Schrank oder Koffer entstauben und Gerät staubgeschützt aufbe-
wahren.

Die wichtigsten Näharbeiten

Schnittkanten versäubern

Das Versäubern der Schnittkanten ist häufig bei Säumen überflüssig,
weil sie hinterher geschützt im Sauminnern liegen.
Bei einfachen Nähten liegen dagegen die Schnittkanten oft frei und
müssen in den meisten Fällen versäubert werden, damit die Wäsche-
stücke bei Gebrauch und Pflegemaßnahmen nicht ausfransen.
Der Haltbarkeit der Naht dient außerdem die Nahtzugabe: ein schmaler
Stoffstreifen zwischen Schnittkante und Stichlinie, damit die Naht bei
Belastung nicht ausreißt oder -franst.
Werden die Nahtzugaben nach dem Nähen auseinandergebügelt, sind
die Schnittkanten einzeln vor dem Nähen der Naht zu versäubern.
Ist vorgesehen, die Schnittkanten später nach einer Seite zu bügeln,
können sie nach Fertigstellung der Naht gemeinsam in einem Arbeits-
gang versäubert werden.

Versäubern mit der Zackenschere
Diese Art der Versäuberung eignet sich für Stoffe, die nicht zum
Ausfransen neigen.

Versäubern mit Handstichen
Überwendlingsstich, Schlingenstich oder Hexenstich (siehe Seite 166)
sind Handstiche, mit denen die Schnittkanten von leicht fransenden
Stoffen versäubert werden können.

Versäubern mit der Nähmaschine

Am gebräuchlichsten ist hierfür der Zickzackstich. Den Stoff so unter den Nähfuß legen, daß die Nadel beim Einstechen abwechselnd in den Stoff und exakt neben der Schnittkante einsticht.

Weitere Versäuberungstechniken: Säumen, Einfassen.

Nähte

Durch eine Naht werden zwei oder mehr Stoffteile miteinander verbunden.

Dies geschieht im allgemeinen mit der Nähmaschine, jedoch eignet sich hierfür auch der Stepp- oder Rückstich.

Einfache Naht

Die Nahtzugabe beträgt im allgemeinen bei der einfachen Naht 1–3 cm. Schnittkanten werden vorher versäubert.

Stoffoberseiten nach innen aufeinanderlegen, daß sie rechts auf rechts liegen. Die Stoffteile mit Stecknadeln quer zur Nahtrichtung feststecken, dabei achtgeben, daß beide Schnittkanten genau aufeinanderliegen und Stoffmuster übereinstimmen.

Bei Bedarf einige Millimeter von der vorgesehenen Nahtlinie entfernt heften. In diesem Fall die Stecknadeln vor dem Nähen entfernen.

Naht auf der Maschine mit normaler Stichlänge oder von Hand nähen. Gegebenenfalls Stecknadeln und Heftfäden herausziehen. Naht ausstreichen und bügeln.

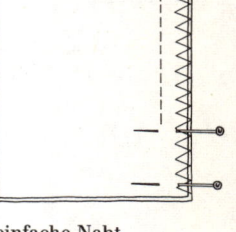

einfache Naht

Übrigens...

Einfache Nähte, die gerade sind, müssen nicht unbedingt geheftet werden. Mit etwas Übung gelingen sie, wenn über die quergesteckten Stecknadeln hinweggenäht wird.

Rechts-Links-Naht

(auch Doppelnaht oder Französische Naht)

Anwendungsbereich: Wäsche, zum Beispiel Schlafanzüge, Nachthemden und Haushaltswäsche wie Kissen und Bettbezüge. Bei Oberbekleidung wie Blusen, Kleider und überhaupt alle leicht fransenden Stoffe.

Die Naht eignet sich vorwiegend für dünne und feinere Stoffe.

Sie ist sehr haltbar, weil sie doppelt genäht ist. Ausfransen ist nicht möglich, weil die Schnittkanten im Inneren der Naht eingeschlossen werden.

Die Nahtzugaben nicht versäubern, da sie später innen liegen.

Die Stoffteile links auf links mit den Schnittkanten genau aufeinanderlegen.

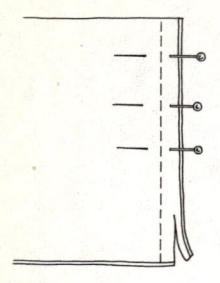

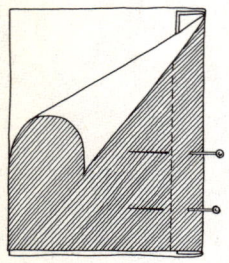

Stoff mit Stecknadeln feststecken, bei Bedarf heften. Naht etwa 3–5 mm von der Schnittkante entfernt absteppen.

Eine zu breite Nahtzugabe nach dem Absteppen auf etwa 3 mm Breite beschneiden. Heftfäden entfernen. Die Naht gut ausstreichen oder ausbügeln.

Den Stoff wenden und die Stoffteile rechts auf rechts legen, so daß sich die Naht genau im Stoffbruch befindet. Stecken, heften und nochmals überbügeln.

Die zweite Naht 5–7 mm vom Stoffbruch entfernt nähen. Die Schnittkanten der ersten Naht dürfen anschließend von rechts nicht mehr sichtbar sein.

Falls geheftet wurde, Heftfaden entfernen. Naht zu einer Seite umbügeln.

Rechts-Links-Naht
1. uns 2. Naht

Kappnaht

(auch Flachnaht, Jeansnaht, Übernaht)

Anwendungsbereich: Herrenhemden, Blusen, Jeanshosen, Sportkleidung, Wendejacken, Schürzen

Die Kappnaht ist ebenfalls eine Doppelnaht. Sie ist besonders dann empfehlenswert, wenn eine strapazierfähige Naht gewünscht wird, die von der rechten und linken Stoffseite sauber aussieht. Sie kann auch als Ziernaht dienen, wenn die Anleitung für rechte und linke Stoffseite genau entgegengesetzt ausgeführt wird.

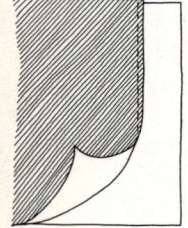
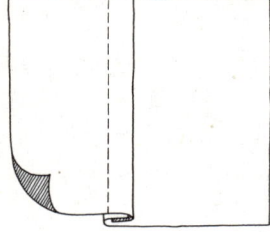

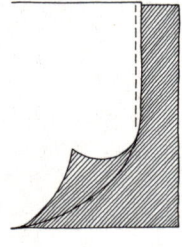
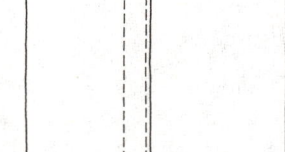

1. und 2. Naht, Stoffteile rechts auf rechts   1. und 2. Naht, Stoffteile links auf links

Die Nahtzugaben liegen später im Inneren der Naht und brauchen deshalb nicht versäubert zu werden.

Stoffteile rechts auf rechts so aufeinanderlegen, daß die Schnittkante des unteren Stoffteils 1 cm übersteht.

Bei Bedarf stecken, heften.

Die erste Naht 3–5 mm von der obenliegenden Schnittkante entfernt steppen.

Zusammengenähte Stoffteile auseinanderlegen und Naht ausbügeln.

Die breitere Nahtzugabe über den schmalen Nahtrand einschlagen, heften und knappkantig feststeppen. Überbügeln.

174

Säume

Durch das Säumen werden abschließende Stoffkanten dauerhaft versäubert. Säume können sowohl mit der Nähmaschine als auch von Hand genäht werden. Die Art des Saumes, ob Maschinen- oder Handsaum, und die jeweilige Ausführung richten sich nach dem zu verarbeitenden Kleidungs- oder Wäschestück, seiner Verarbeitung und dem Material. Handsäume siehe Seite 166.

Für alle bei Gebrauch und Pflege strapazierten Textilien werden meist die sehr haltbaren Maschinensäume bevorzugt:

Haushaltswäsche, Heimtextilien, Kinderkleidung, Arbeits- und Hauskleidung, aber auch Röcke und Hosen.

Eingeschlagener Saum (Wäschesaum)

Dieser Saum entsteht aus einem Einschlag von 0,5–1 cm und einem Umschlag in beliebiger Breite, in der Regel 1–3 cm, bei Kinderkleidung eventuell mehr.

Die Stoffkante sollte gleichmäßig verlaufen.

Mit dem Handmaß die gewünschte Breite von Saumeinschlag und Saumumschlag abmessen, markieren und jeweils nach links einschlagen.

Eventuell überbügeln, stecken, heften.

Entlang der Saumkante knappkantig steppen oder von Hand mit einem Saumstich annähen. Überbügeln.

Offenkantiger Saum

Der offenkantige Saum wird ohne besonderen Einschlag gearbeitet, deshalb eignet er sich gut für dickere Stoffe.

Die gleichmäßig verlaufende Schnittkante wird versäubert, zum Beispiel mit Zickzackstich auf der Nähmaschine oder von Hand mit Überwendlings- oder Schlingenstichen.

Die Breite des Saumumschlages (2–4 cm) abmessen und nach links umschlagen, eventuell überbügeln, stecken, heften.

Maschinell mit Blindstich oder von Hand annähen, wenn auf der rechten Seite kein Stichbild zu sehen sein soll. Saumstiche siehe Seite 166.

Bei einfacher Kleidung mit der Nähmaschine feststeppen.

Eine Variante des offenkantigen Saumes ist der Kleidersaum, der häufig bei weiten, glockigen Röcken zur Anwendung kommt.

Die versäuberte Schnittkante höchstens 1 cm nach links umschlagen, bei Bedarf bügeln, stecken und heften.

Danach 1–3 mm von der Bruchkante entfernt steppen. Überbügeln.

Falscher Saum

Der »falsche Saum« wird mit Hilfe eines Besatzes (Stoffstreifen, Futterstreifen, Nahtband und bei nicht gerade verlaufenden Säumen mit

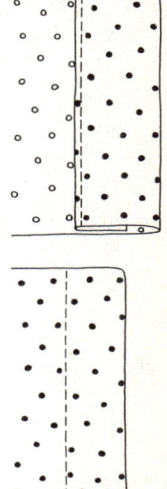

eingeschlagener Saum
oben von links
unten von rechts

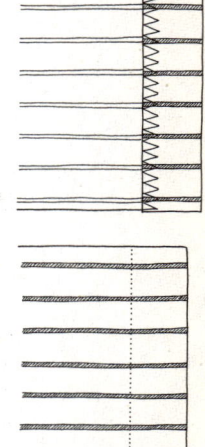

offenkantiger Saum
oben von links
unten von rechts

175

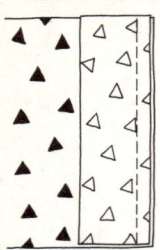

falscher Saum

Stoff und Besatz
liegen
rechts auf rechts

Schrägstreifen) hergestellt. Der Besatz sollte weitgehend zum Stoff passen, vor allem in Farbe und Pflegeeigenschaften des Materials.

Anwendungsbereich

- Verlängern von Kleidungsstücken, die keine Stoffreserve mehr besitzen.
- Zu knapp bemessene Stoffmenge, um noch einen ausreichenden Umschlag zu erhalten.
- Dicke Stoffe, bei denen ein Saumumschlag aus dem gleichen Material zu sehr aufträgt oder durchdrückt.

Entsprechenden Besatz auswählen oder passend zum Stoff zuschneiden, je nach gewünschter Saumbreite 3–5 cm breit. Die fertige Saumbreite beträgt gut 1 cm weniger als die Breite des ausgeschnittenen Besatzes.

Die Länge richtet sich nach dem Nähgut, eventuell den Besatzstreifen verlängern (aneinandernähen).

Den Besatzstreifen an einer Längsseite 0,5 cm einschlagen, und zwar nach links, falls sich rechte und linke Stoffseite unterscheiden. Einschlag umbügeln. (Oder gleich aufeinanderlegen, heften und feststeppen, wie im nächsten Abschnitt beschrieben und danach erst einschlagen.)

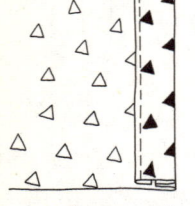

Besatz nach
links umgeschlagen

Die andere Längskante des Besatzes rechts auf rechts genau auf die untere Stoffkante legen, stecken und heften.

Einen halben Zentimeter von der Kante entfernt eine Naht steppen und anschließend auseinanderbügeln.

Den Besatz so weit nach links umschlagen und überbügeln, daß sich die Naht im Stoffbruch, besser noch 1 mm dahinter auf der linken Seite befindet.

Nach dem Bügeln den Saumumschlag stecken, heften und entweder möglichst unauffällig von Hand annähen (siehe Seite 166). Oder als Einfassung (bei weniger guten Wäschestücken) mit der Maschine knappkantig feststeppen.

Der Saumumschlag sollte auf der rechten Seite nicht sichtbar sein.

Einfassungen

Einfassungen dienen dazu, Stoffkanten (Halsausschnitte, Ärmelrundungen, Taschenabschlüsse usw.) zu versäubern, zu befestigen und zu verzieren. Auch der im vorigen Abschnitt beschriebene »Falsche Saum« kann als eine Art Einfassung verarbeitet werden, wie sich auch Einfassungen manchmal als Säume eignen können.

Zum Einfassen werden verschiedenartige Besätze (Blenden) verwendet:

- gerade geschnittene Stoffstreifen und Saumbänder für fadengerade Kanten. Das Einfassen damit gestaltet sich wie bei Schrägband oder Schrägstreifen.

– Schrägstreifen oder vorgefalztes Schrägband mit bereits umgebügelten Schnittkanten für alle, besonders aber für rundgeschnittene Abschlußkanten. Sie eignen sich für gerade und wegen ihrer Elastizität vor allem für gerundete Stoffabschlüsse.

Einfassen mit vorgefalztem Schrägband

Die nach innen gebügelten Kanten von fertig vorgefalztem Schrägband aufeinanderlegen (links auf links), so daß es vierfach liegt und bügeln. Die untere Kante sollte etwas hervorstehen (2 mm).

Das Schrägband wird um die zu versäubernden Schnittkanten gelegt, wobei die etwas breitere Bandseite nach unten kommt, die schmälere Seite nach oben.

Schrägband stecken und heften; darauf achten, daß beim Nähen die Unterseite des Bandes mit erfaßt wird.

Das Schrägband von der rechten Stoffseite knappkantig feststeppen.

Andere Methode

Bei bereits vorgefalztem Schrägband wird auf einer Längsseite der Umschlag auseinandergelegt.

Danach wird das Band – linke Seite oben – mit der auseinandergefalzten Längsseite kantengleich auf die linke Seite des Stoffes gelegt.

Das Band wird etwa 0,5 cm von der Kante auf den Stoff gesteppt, dabei dient der Falz als Orientierung. Nahtzugabe eventuell nach unten bügeln.

Anschließend Schrägband nach rechts umlegen und knappkantig annähen.

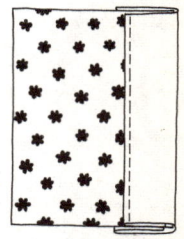

vorgefalztes Schrägband

mit Schrägband versäuberte Stoffkante

Einfassen mit Paspel

Eine Variante ist das Einfassen mit Paspel, bei dem der Besatz zum Beispiel als Verzierung etwa zur Hälfte auf der rechten Stoffseite sichtbar ist.

Den Besatzstreifen kantengleich mit der rechten Seite auf die rechte Stoffseite legen. Stecken, heften und 0,5 cm entlang der Kante aufsteppen.

Besatzstreifen umlegen (rechte Seite von Stoff und Besatz nach oben) zum Überbügeln. Dabei darauf achten, daß die Nahtzugaben zum Rand liegen.

Dann den Besatzstreifen 0,5 cm einschlagen, auf der linken Stoffseite 1–2 mm über der ersten Naht feststecken und heften, die Naht sollte verdeckt werden. Von rechts mit der Nähmaschine annähen, dabei sollte die Naht genau auf der Verbindungslinie zwischen Wäschestück und Besatzstreifen verlaufen (im »Schatten« der ersten Naht). Darauf achten, daß der Umschlag des Besatzstreifens auf der linken Seite voll erfaßt wird.

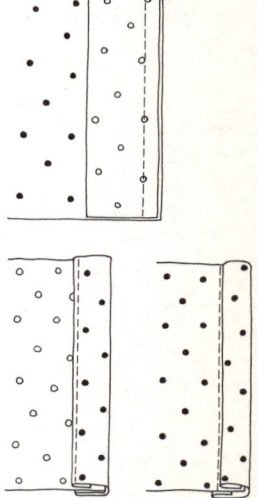

einfassen mit Paspel

Einfassen mit Schrägstreifen

Zuschneiden von Schrägstreifen

Oft ist gerade kein passendes, vorgefertigtes Schrägband zur Hand oder die Wünsche sind so speziell, daß Schrägstreifen selbst hergestellt werden müssen.

Den Stoff an einer Ecke schräg zum Fadenlauf umlegen. Längs- und Querfaden sollen genau übereinanderliegen.

Stoffbruch markieren durch Einbügeln der Umbruchlinie, dann auf dieser Linie den Stoff durchschneiden.

Von der diagonalen Schnittkante her die gewünschte Streifenbreite (meist 3–5 cm) an mehreren Stellen abmessen. Mit dem Lineal die Punkte verbinden, markieren und Stoffstreifen abschneiden.

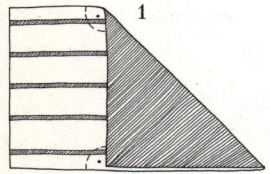 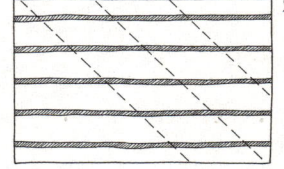

Schrägstreifen markieren und schneiden

Zusammensetzen von Schrägstreifen

Falls der Schrägstreifen zu kurz für die vorgesehene Schnittkante ist, müssen zwei oder mehr Streifen abgeschnitten und zusammengesetzt werden (1 und 2).

Die Schrägstreifen im rechten Winkel rechts auf rechts aufeinanderlegen. Die Streifen verschieben, bis sich zwei kleine rechte Winkel bilden. Stecken, heften, gegebenenfalls Muster beachten (3).

Die beiden Schrägstreifen von Winkel zu Winkel aneinandernähen.

Naht ausbügeln und die überstehenden Ecken der Nahtzugabe entlang den Schnittkanten abschneiden (4).

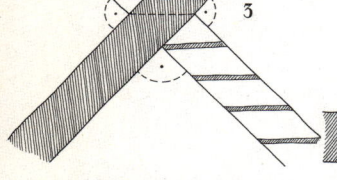 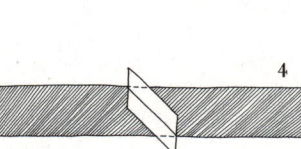

Schrägstreifen zusammensetzen

fertiger
Schrägstreifen

Einfassen mit einfachem Schrägstreifen

Die rechte Seite des Schrägstreifens wird auf der linken Stoffseite – Kante auf Kante liegend – festgesteppt.

Schrägstreifen umbügeln auf die rechte Stoffseite (Naht liegt genau im Umbruch).

Die Schnittkante des Streifens 0,5 cm einschlagen, stecken, heften und eventuell überbügeln.

Auf der rechten Stoffseite knappkantig annähen.

Einfassen mit doppeltem Schrägstreifen

Der Schrägstreifen wird in Längsrichtung zur Hälfte umgebügelt, linke Seite nach innen.

178

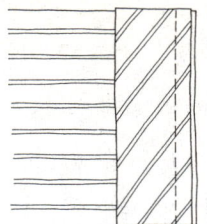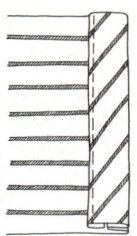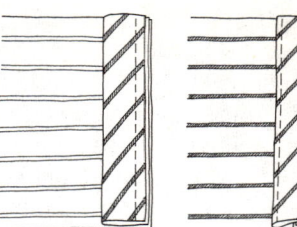

einfassen mit
einfachem Schrägstreifen
(links)

einfassen mit
doppeltem Schrägstreifen
(rechts)

Den doppelt liegenden Schrägstreifen kantengleich auf die linke Stoffseite legen und aufsteppen.
Umbügeln auf die rechte Stoffseite, die Naht liegt genau im Umbruch.
Schrägstreifen knappkantig auf der rechten Stoffseite annähen.

Ecken

Briefecke

(abgeschrägte Ecke, diagonale Ecke)
Die Briefecke bietet die Möglichkeit, Schnittkanten unter Einbeziehung der Ecken zu versäubern. Durch diese Technik entsteht auch bei breiteren Säumen und dickeren Stoffen noch eine flache, saubere Ecke.
Briefecken können auf der linken Stoffseite als Versäuberung oder auf der rechten Stoffseite als Verzierung gearbeitet werden, dann häufig in Verbindung mit Borte, Zackenlitze oder aufgesetzter Spitze.
Anwendungsbereich: Tischdecken, Mitteldecken, Läufer, Deckchen, Sets, Servietten.

Briefecke als Versäuberung auf der linken Stoffseite

Der Stoff (quadratisch oder rechteckig) muß fadengerade abgeschnitten sein, damit die Ecken rechtwinklig werden können.
Für den Saumeinschlag 0,5–1 cm, für den Saumumschlag 2–3 cm abmessen und markieren.
An allen vier Seiten Saumeinschlag und Saumumschlag zur linken Seite einbügeln (1).
Die Umbruchlinien müssen gut zu sehen sein, sie dienen als Markierung bei der Ausarbeitung der Ecken.
Ecke rechtwinklig umbiegen und diagonale Bruchlinie gut ausstreichen oder -bügeln (2).

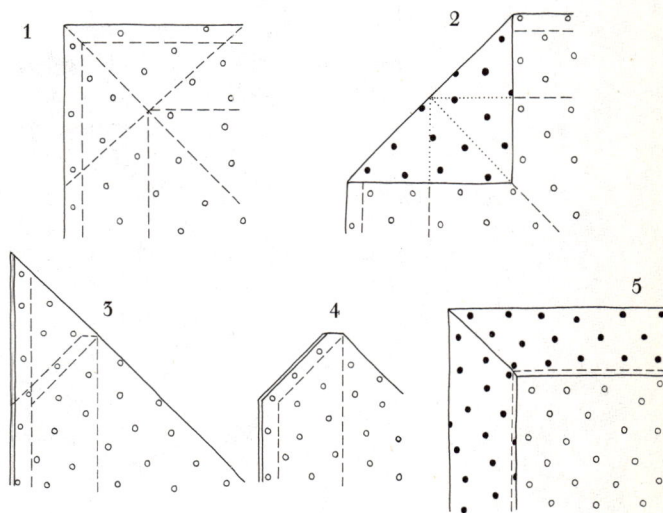

Als Orientierungshilfe dafür, wie weit die Ecke umgebogen wird, kann eine Stecknadel dienen, die genau am Kreuzungspunkt der beiden Umbruchlinien eingesteckt wird.

Die umgeschlagene Ecke wieder in ihre ursprüngliche Lage bringen und den Stoff rechts auf rechts in Diagonalrichtung falten (3).

Von der diagonalen Bruchkante bis zur Bruchlinie des Einschlages auf der Knifflinie steppen, Saumeinschlag auslassen. Nahtanfang und -ende gut verriegeln.

Die Ecke etwa 0,5 cm von der Stepplinie entfernt abschneiden. Ecke wenden, gut ausstreichen (4).

Nach Fertigstellung aller Ecken den Saum annähen (5).

Saumecke

Mit dem Handmaß die gewünschte Breite des Saumeinschlages und die Breite des Saumumschlages abmessen und markieren, stecken, heften (eventuell vorher überbügeln).

Saum knappkantig feststeppen.

Dann Einschlag und Umschlag an der vorderen Längskante abmessen, überbügeln, stecken und heften.

Ebenfalls knappkantig steppen.

Variante der Saumecke (bei dicken Stoffen)

Zunächst mit dem Handmaß, wie oben beschrieben, erst für den Saum Einschlag und Umschlag abmessen, markieren und einbügeln, aber nicht feststeppen.

Dann für die vordere Längskante Einschlag und Umschlag abmessen, markieren und einbügeln (1).

Vor Nähbeginn wird ein Stück der Ecke herausgeschnitten (2). Dabei ist unbedingt darauf zu achten, nicht zuviel Stoff oder Stoff an der falschen Stelle auszuschneiden.

Vom Saum her höchstens soweit einschneiden, daß noch rund 0,5 cm vor dem Saumumbruch stehen bleiben.

Von der Längsseite einschneiden, dabei mindestens 0,5 cm neben dem Saumumbruch stehen lassen. Nur soweit einschneiden, daß der Umschlag an der Längsseite die ausgeschnittene Stelle gut überdeckt. Saum einschlagen, umschlagen, stecken, heften (3).

Danach Längskante einschlagen, umschlagen, stecken, heften. In einem Arbeitsgang Saum und Längsseite knappkantig feststeppen (4) oder von Hand mit einem Saumstich annähen.

Knopflöcher

Knopflöcher können von Hand oder mit der Nähmaschine gefertigt werden. In jedem Fall werden sie auf doppelte Stofflagen gearbeitet, in den sogenannten Übertritt. Dieser ist bei Damenkleidung auf der rechten, bei Herrenkleidung auf der linken Seite der Verschlußkante.

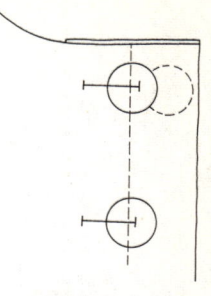

waagerechte
Knopflöcher

Markieren der Knopflöcher

Die Größe des Knopfloches muß der des Knopfes entsprechen:
Das Knopfloch sollte bei flachen Knöpfen 2–3 mm länger als der Knopfdurchmesser sein, bei dicken Knöpfen wird das Knopfloch um die Höhe des Knopfes länger gearbeitet.
Beispiel: Knopfdurchmesser 18 mm, plus Knopfhöhe 3 mm plus Zugabe 2–3 mm = 23–24 mm Knopflochlänge.
Knopflöcher werden im allgemeinen waagerecht gearbeitet, lediglich an Verschlußblenden verlaufen sie senkrecht.
Zunächst wird die Mitte von Über- und Untertritt festgelegt und mit einer Linie markiert.
Waagerechte Knopflöcher werden 2 mm über die vordere Mitte (zur Verschlußkante hin) in den Übertritt gearbeitet. So sitzt der Knopf später genau in der äußeren Seite des Knopfloches, exakt auf der vorderen Mitte des Untertritts.

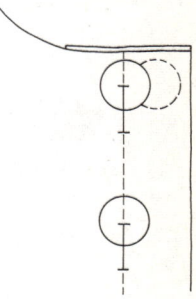

senkrechte
Knopflöcher

Der Abstand zwischen Verschlußkante und vorderem Knopflochende sollte etwa eine Knopfbreite, mindestens aber 0,5 cm betragen.
Senkrechte Knopflöcher werden genau auf der vorderen Mitte gearbeitet.
Der Knopf sitzt bei senkrechten Knopflöchern am oberen Ende.
Der Abstand zwischen den einzelnen Knopflöchern muß stets gleich sein.

Knopfloch von Hand nähen

Das Knopfloch je nach Wäschestück in waagerechter oder senkrechter Richtung markieren.
Auf der markierten Linie fadengerade einschneiden.
Knopflochgarn oder normales Nähgarn, passend zum Stoff, verwenden. Die Schnittkanten von stark fransenden Stoffen zunächst mit Überwendlingsstichen versäubern.
Wäscheknopfloch
Fadenende verknoten und mit dem Nähen am linken unteren Ende beginnen. Von links nach rechts mit Knopflochstich arbeiten, dadurch entsteht die sogenannte Raupe. Die Knopflochstiche gleichmäßig nebeneinander ausführen.
Knopflochstich
Für den Knopflochstich die Nadel durch das Knopfloch nach hinten führen und einige Millimeter unterhalb der Schnittkante einstechen. Dabei darauf achten, daß auch die untere Stofflage richtig erfaßt wird. Den Faden bis auf eine kleine Schlinge durchziehen.

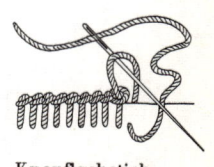

Knopflochstich

Nadel von hinten durch diese Schlinge führen. Faden anziehen, so daß sich an der Schnittkante ein kleiner Knoten bildet.

Am rechten Knopflochende den Stoff um 90 Grad drehen, um einen Riegel zu arbeiten. Dazu werden quer zum Knopfloch einige große Stiche genäht, die der Breite des fertigen Knopfloches entsprechen.

Den entstehenden Steg aus gespannten Fäden mit Knopfloch- oder Schlingenstichen übernähen, den Stoff darunter kann man mit erfassen. Stoff drehen und die obere Schnittkante mit Knopflochstichen umnähen. Zuletzt den Riegel auf der anderen Seite arbeiten. Faden vernähen.

Knopfloch mit zwei Riegeln

An Bettwäsche und bei senkrecht verlaufenden Knopflöchern (Herrenhemden, Blusen) wird, wie oben beschrieben, an beiden Seiten ein Riegel gearbeitet.

Bei waagerecht verlaufenden Knopflöchern, zum Beispiel an Anzug- und Kostümjacken und Mänteln wird das sogenannte Schneiderknopfloch gearbeitet.

Schneiderknopfloch

Es hat am vorderen Knopflochende, wo später der Knopf sitzt, eine Rundung. Sie läßt sich durch strahlenförmiges Einstechen arbeiten.

Knopfloch mit der Nähmaschine nähen

Während handgearbeitete Knopflöcher Zeit und Mühe kosten, lassen sie sich auf modernen Nähmaschinen einfach und schnell fertigen.

Die meisten Nähmaschinen sind mit einer Knopflochautomatik ausgestattet. Beim Nähen sollte man sich exakt an die Bedienungsanweisung halten. Dies betrifft sowohl die Einstellungen an der Maschine als auch das Einsetzen eines speziellen, meist durchsichtigen Nähfußes.

am Ende der 1. Raupe Nadel im Stoff stehen lassen und wenden. Riegel nähen, dann 2. Raupe und 2. Riegel

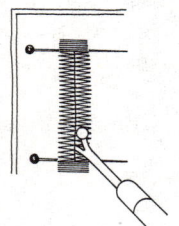

Es ist hilfreich, zunächst auf einem Stück des vorgesehenen Stoffes einige Probeknopflöcher zu nähen. Hierzu sollte das gleiche Garn wie zum Nähen der Knopflöcher verwendet werden, also farblich abgestimmtes Stick- und Stopfgarn oder normales Nähgarn.

Die Knopflöcher werden genau wie handgenähte stets in doppelt liegenden Stoff gearbeitet. Allerdings werden sie nach dem Markieren (siehe Seite 181) nicht eingeschnitten, sondern vor dem Einschneiden genäht.

Begonnen wird an der Seite, wo später der Knopf sitzen soll. Zuerst wird eine Raupe genäht, dann der Riegel, die zweite Raupe und zuletzt der zweite Riegel.

Es ist wichtig, daß die beidseitigen Versäuberungen des Knopfloches, die beiden sogenannten Raupen, nicht zu nah nebeneinander verlaufen.

182

Am besten sollten zwei Fäden in der Mitte verbleiben, die nicht übernäht werden, um beim späteren Aufschneiden keine Fäden zu beschädigen.

Zum Aufschneiden des Knopfloches eignet sich sehr gut der Pfeiltrenner.

Knopfloch nähen mit Zickzackstich

Manche Nähmaschinen besitzen keine Automatik zum Nähen von Knopflöchern. In diesen Fällen lassen sich mit Hilfe des Zickzackstiches Knopflöcher herstellen.

Genäht wird mit schmalem Zickzackstich (Stichbreite 2 mm) und kurzer Stichlänge, damit die Raupen dicht werden.

Auf dem Nähgut die Knopflöcher markieren, siehe Seite 181.

Nach erfolgter Einstellung auf einem Stoffrest Probeknopflöcher nähen. Einstellungen bei Bedarf korrigieren.

Begonnen wird an der Seite, an der später der Knopf sitzen soll, dabei wird zuerst die Raupe links der eingezeichneten Markierung genäht.

Am Ende der Raupe die Nadel rechts im Stoff stehen lassen.

Nähfuß anheben und Stoff in Uhrzeigerrichtung um 180° drehen.

Nähfuß senken, Nadel anheben und Breite des Zickzackstiches auf 4–5 mm einstellen.

Einige Querstriche für den Riegel nähen.

Nadel anheben und wieder schmalen Zickzackstich einstellen, um die zweite Raupe zu nähen.

Auch hier ist es wichtig, daß die beidseitigen Versäuberungen des Knopfloches, die beiden sogenannten Raupen, nicht zu nah nebeneinander verlaufen und zwei Fäden in der Mitte verbleiben, die nicht übernäht werden, um beim späteren Aufschneiden keine Fäden zu beschädigen.

Am Ende der zweiten Raupe die Nadel wieder anheben und die Zickzackbreite auf 4–5 mm einstellen, zweiten Riegel nähen.

Riegel zum Schluß mit einigen Stichen befestigen, dann Knopfloch mit dem Pfeiltrenner aufschneiden.

Übrigens...

Beschädigungen der Riegel lassen sich vermeiden, wenn das Knopfloch jeweils von der Riegelseite zur Mitte hin aufgeschnitten oder wenn vor die Riegel eine Stecknadel eingesteckt wird.

Bei dehnbaren Stoffen läßt sich das Ausweiten der Knopflöcher verhindern, wenn ein Einlauffaden beim Nähen mitgeführt wird.

Knöpfe

Knöpfe können sowohl von Hand als auch mit der Nähmaschine angenäht werden. Im allgemeinen wird man einen abgerissenen Knopf schnell von Hand annähen. Sind dagegen bei Neuanfertigung von Kleidungs- oder Wäschestücken mehrere Knöpfe anzunähen, leistet die Maschine gute Dienste.

Grundsätzlich werden Knöpfe auf doppelt liegendem Stoff angenäht.

Markieren der Knopflage

Soll ein Knopf ersetzt werden, läßt sich meistens noch die Annähstelle ausmachen. Ist das nicht der Fall oder muß bei Neuanfertigung die Position erst festgelegt werden, so gilt folgendes:

Knöpfe werden auf der Knopfleiste angenäht, dem Untertritt, bei Damenkleidung die linke Seite, bei Herrenkleidung die rechte Seite der Verschlußkante.

Zum Markieren werden die Verschlußkanten (Knopfleiste und Knopflochleiste) genau übereinandergelegt. Mit Hilfe einer Stecknadel wird die Position des Knopfes markiert:

Bei Knopflöchern in senkrechter Richtung im oberen Bereich des Knopfloches, bei Knopflöchern in waagerechter Richtung (Zugrichtung) im vorderen Ende des Knopfloches zur Stoffkante hin (auf dem Untertritt als vordere Mitte bezeichnet).

Knopf annähen von Hand

Farblich passenden, doppelten Nähfaden oder – bei groben Stoffen – Zwirn verwenden.

Fadenende verknoten oder vernähen.

Die Nadel von unten durch beide Stofflagen und ein Loch des Knopfes nach oben, durch das zweite Loch nach unten führen.

Beim Knopf mit 4 Löchern wird die Nadel anschließend durch das dritte Loch nach oben und das vierte nach unten geführt.

Vorgang 3–5 mal wiederholen, je nach Stärke des Stoffes, des Nähgarnes und Dicke des Knopfes.

Die Stiche sollten auf der Stoffunterseite auf einem engen Punkt zusammentreffen.

Bei etwas dickeren Stoffen sollte der Knopf mit Stiel angenäht werden, damit die Knopflochleiste beim Schließen des Knopfes nicht unschön gedrückt wird.

Die Höhe des Stiels ist der Stärke des Stoffes anzupassen, das heißt, dickere Stoffe benötigen einen längeren Stiel.

einen Stiel erhält man, indem man zunächst ein Hölzchen mit einnäht

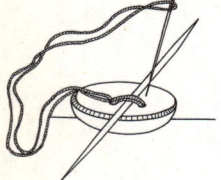

Um einen Stiel zu erhalten, während des Nähens eine Stecknadel, einen Zahnstocher oder ein Streichholz unter oder über dem Knopf festhalten und mit annähen. Oder den Knopf mit Fingerspitzengefühl beim Annähen so festhalten, daß ein Stiel entsteht.

Vor dem Vernähen Hilfsmittel entfernen und den Faden mehrmals fest um den Stiel wickeln.

Faden unauffällig im Stiel oder im Stoff vernähen, eventuell Faden mehrmals durch eine Schlinge ziehen.

Wäscheknopf annähen (nach der Refa-Methode)

Nähfaden am vorher markierten Standort des Knopfes befestigen.
Stoff umlegen, so daß sich die Annähstelle im Stoffbruch befindet.
Den Knopf mit der Unterseite nach vorn hinter die Bruchkante legen, so daß ein Loch des Knopfes zu sehen ist.
Von vorn die Nadel durch den Stoffbruch und gleichzeitig durch das untere Knopfloch führen, dann von hinten durch das obere Knopfloch zurückstechen.
Den Vorgang 3–5 mal wiederholen, dabei auf genügend Abstand für den Stiel achten.
Anschließend Nähfaden mehrmals um den Stiel wickeln.
Zum Schluß den Faden unauffällig befestigen, indem er auf der rechten Seite mehrmals durch eine Schlinge gezogen wird.

Knopf mit der Nähmaschine annähen

Bei manchen Maschinen wird ein spezieller Nähfuß verwendet, deshalb Bedienungsanleitung beachten.
Transporteur versenken.
Stoff mit der vorgesehenen Annähstelle unter den Nähfuß legen und den Knopf darauf positionieren. Näßfuß senken.
Zickzackstich einstellen: Durch vorsichtiges Drehen am Handrad ausprobieren, ob die Nadel zuerst in das eine und dann in das andere Knopfloch trifft. Eventuell korrigieren; die Zickzackbreite muß exakt mit dem Abstand der beiden Knopflöcher übereinstimmen.
Wenn die Zickzackbreite angepaßt ist, das Fußpedal treten und mit 5–10 Stichen den Knopf annähen.
Bei Knöpfen mit 4 Löchern den Vorgang wiederholen.
Zum Schluß Zickzackstich aus- und Normalnähstich einschalten. Die Stichlage der Nadel auf ein Knopfloch festlegen und einige Stiche zur Befestigung nähen. Oder die Endfäden nach dem Nähen auf die linke Stoffseite ziehen und verknoten.

Druckknöpfe

Druckknöpfe werden überwiegend für kleinere Öffnungen verwendet, um zwei übereinanderliegende Stoffkanten zu schließen.

Druckknöpfe annähen

Es gibt Druckknöpfe in verschiedensten Größen, aus Metall für kräftige und aus Kunststoff für feine Stoffe. Letztere sind leicht und durchsichtig und passen sich daher farblich stets an.
Zum Annähen wird normales Nähgarn mit doppeltem Faden verwendet.
Grundsätzlich wird das Oberteil (mit Dorn) auf der Innenseite des Übertrittes, das Unterteil auf der Außenseite des Untertrittes befestigt.

Druckknöpfe werden stets auf doppelten Stoff oder an eine mit Einlage verstärkte Stofflage angenäht. Der Abstand zur Stoffkante sollte mindestens 0,5 cm betragen.

Zunächst wird die mit Dorn versehene, obere Druckknopfhälfte auf der Innenseite des Übertrittes befestigt, indem in jedes Loch vier- bis fünfmal eingestochen wird. Beim Annähen mit überwendlichen Stichen ist darauf zu achten, daß die Stiche auf der Außenseite des Kleidungsstückes nicht sichtbar sind.

Um die richtige Position für die untere Druckknopfhälfte zu finden, wird der Dorn mit Schneiderkreide bestrichen und auf dem Untertritt ein Abdruck gemacht, oder eine Stecknadel durch das Paßloch in der Mitte gesteckt, dann ergibt sich ebenfalls die Annähstelle für die zweite Druckknopfhälfte.

Markieren der Stelle für die zweite Druckknopfhälfte

Der Punkt wird mit zwei kreuzweise gesteckten Nadeln markiert. Damit sich die untere Hälfte nicht verschiebt, wird eine Stecknadel senkrecht durch die Mitte gesteckt, bis die ersten Stiche genäht sind. Die Stiche dürfen beim Untertritt durch beide Stoffschichten führen.

Haken und Ösen

Haken und Ösen sind je nach Verwendungszweck in unterschiedlichen Größen und Formen erhältlich. Der Stoff sollte doppelt liegen oder mit einer Einlage versehen sein, da die Stiche auf der Außenseite nicht sichtbar sein dürfen.

Haken und Ösen werden verwendet, um zwei Arten von Stoffkanten zu verbinden:
– übereinanderliegende Verschlußkanten,
– nebeneinanderliegende Verschlußkanten.
Je nach Verschluß unterscheidet sich die Technik beim Annähen.

links übereinander liegende, rechts nebeneinander liegende Verschlußkanten

 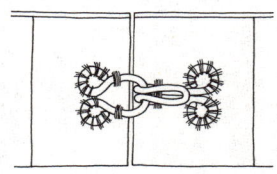

Übereinanderliegende Verschlußkanten

Der Haken wird auf der Unterseite des Übertritts befestigt. Er ist so weit von der Stoffkante entfernt anzubringen, daß er nicht mehr auf der rechten Stoffseite herausschaut (Abb. links).

Beide Löcher des Hakens werden mit doppeltem Nähfaden umstochen (Überwendlings-, Schlingen- oder Knopflochstiche) und der Hals zusätzlich mit einigen Stichen befestigt.

Für übereinanderliegende Verschlußkanten sind die geraden Stegösen zweckmäßig. Sie werden passend zum Haken so angenäht, daß die Öse genau in der Hakenrundung liegt.

Man kann auch selbst eine sogenannte geschürzte Öse herstellen. Die Verfahrensweise ist ähnlich wie beim handgenähten Knopflochriegel: Einige Querfäden spannen und diese dicht mit Knopflochstichen umnähen. Zur besseren Haltbarkeit kein normales Nähgarn, sondern Knopflochgarn oder Stickgarn verwenden.

Nebeneinanderliegende Verschlußkanten

Bei nebeneinanderliegenden Stoffkanten wird meist eine runde Öse verwendet. Sie wird auf der Innenseite des doppelt liegenden Stoffumschlages so angenäht, daß der Bogen knapp über die Stoffkante hinausragt (Abb. Seite 186 rechts).

Die Öse wird nicht nur an den beiden dafür vorgesehenen, kleinen Rundungen angenäht, sondern zusätzlich noch beidseitig am Bogen befestigt.

Passend zur Öse wird der Haken so angenäht, daß der Ösenbogen sich genau in der Hakenrundung befindet.

Der Haken wird ebenfalls an beiden Rundungen angenäht und zusätzlich der Hals mit ein paar Stichen befestigt.

Reißverschlüsse

Reißverschlüsse dienen dazu, zwei Stoffkanten miteinander zu verbinden, dabei bleibt aber die Möglichkeit der Trennung bestehen. Anders als beim Knopfverschluß ist die Verbindung hierbei eben und lückenlos.

Beim Kauf eines Reißverschlusses ist es wichtig zu wissen, daß sich die auf der Verpackung angegebene Länge auf die gezahnte Verschlußkette bezieht. Das beiderseitige Band ist gut 2 cm länger. Es darf nie abgeschnitten werden, sondern wird umgelegt oder verschwindet unter Besätzen, Bund oder dergleichen.

Zum Aufsteppen von Reißverschlüssen wird der Reißverschlußfuß verwendet, der zum Zubehör einer jeden Nähmaschine gehört. Beim Annähen von Hand wird mit kleinen Rückstichen gearbeitet.

Die Schnittkanten müssen stets vorher versäubert werden.

Es gibt verschiedene Arten, einen Reißverschluß einzunähen.

– Beidseitig verdeckt, ohne Untertritt.

Der Reißverschluß befindet sich mitten unter dem Schlitz.

– Einseitig verdeckt.

Der Reißverschluß wird vom Übertritt verdeckt.

Der beidseitig verdeckte Reißverschluß findet Verwendung an Kissen und vielerlei Kleidungsstücken.

Der einseitig verdeckte Reißverschluß wird überwiegend verwendet an Hosen und sportlichen Röcken.

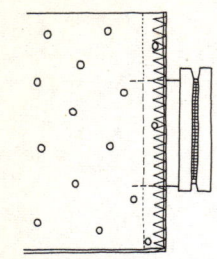

Reißverschluß markieren
und Naht schließen

Beidseitig (gleichseitig) verdeckter Reißverschluß

Die beiden Stoffteile, die durch den Reißverschluß verbunden werden sollen, rechts auf rechts legen. Die versäuberten Stoffkanten liegen exakt aufeinander.

Durch Auflegen des Reißverschlusses die Länge des Schlitzes feststellen und diese auf dem Stoff markieren.

Beachten, daß die Nahtzugaben 2 cm betragen sollten.

Bei Kissen zunächst bis zum ersten Markierungspunkt (Reißverschlußanfang) eine Naht mit Normalstich ausführen und verriegeln. Ab der Markierung mit größter Stichweite nähen.

Bei Verschlußkanten von Kleidungsstücken, bei denen der Reißverschluß am oberen Ende beginnt, kann die Naht sofort mit großen Stichen geschlossen werden; sie wird später wieder aufgetrennt.

Ab der Markierung für das Reißverschlußende die Naht wieder mit Normalstich schließen, Nahtanfang und -ende mit einigen Vor- und Rückstichen gut befestigen.

Die fertige Naht von links gut ausbügeln.

Den Reißverschluß mit der rechten Seite nach unten auf die linke Seite der Naht legen und exakt auf der Nahtmitte festheften, dabei links oben mit dem Heften beginnen.

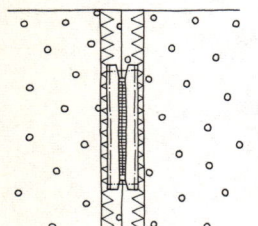

Reißverschluß von
links heften

Zum Einnähen mit dem Reißverschlußfuß wird das Nähgut auf die rechte Stoffseite gedreht.

Mit dem Annähen des Reißverschlusses links oben beginnen, einige Rückstiche nähen. Sollte der Schieber beim Nähen behindern, die Naht am oberen Ende mehrere Zentimeter öffnen und den Schieber zu Anfang etwas aufziehen.

Den Reißverschluß in gleichmäßigem Abstand zur Naht (0,5 cm) feststeppen. Unten angelangt, die Nadel im Nähgut lassen, Näßfuß heben und das Nähgut um 90° wenden, den Nähfuß senken und in Querrichtung steppen. Die Nadel stecken lassen, den Nähfuß anheben und wieder um 90° wenden, den Nähfuß senken. Die zweite Seite im gleichen Abstand feststeppen. Kurz vor Nahtende den Schieber wieder öffnen, damit er nicht behindert. Die Naht verriegeln.

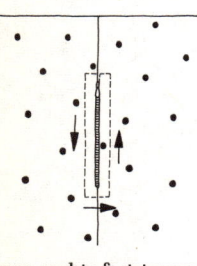

von rechts feststeppen

Die Naht über dem Reißverschlußschlitz mit einem Pfeiltrenner oder der Schere auftrennen, Heftfaden entfernen.

Variante

(auch anzuwenden, wenn ein Reißverschluß ersetzt werden muß).

Den geschlossenen Reißverschluß unter dem Schlitz festreihen. Die Mitte der Zähnchenreihe befindet sich unter der Mitte des Schlitzes.

Oder den geöffneten Reißverschluß so unter dem Schlitz festreihen, daß an beiden Seiten die Zahnreihen etwas herausstehen.

Zum Einnähen den Reißverschluß öffnen und links oben mit Nähen beginnen. Nach etwa 5 cm den Nähfuß anheben, die Nadel bleibt im Stoff, und den Schieber zuziehen.

Bis zum unteren Ende nähen, Nadel stecken lassen, Nähfuß anheben

188

und Nähgut um 90° drehen. Fuß senken, quer steppen, dann Nähgut drehen und die zweite Seite festnähen.

Kurz vor Ende den Schieber wieder öffnen, so daß bis zum oberen Ende genäht werden kann.

Auf gleichmäßigen Abstand zum Schlitz achten.

Einseitig verdeckter Reißverschluß

Die beiden Stoffteile, die durch den Reißverschluß verbunden werden sollen, rechts auf rechts kantengleich aufeinanderlegen. Die Schnittkanten vorher versäubern.

Den Reißverschluß auflegen und die Länge des Schlitzes feststellen und auf dem Stoff markieren.

Es ist unbedingt darauf zu achten, daß die Nahtzugaben mindestens 2,5–3 cm betragen.

Beim Nähen wird der Schlitz selbst ausgespart. Die Naht wird mit Normalstich bis zum Reißverschlußschlitz gesteppt und mit einigen Rückstichen befestigt.

Die Naht von links ausbügeln, auch im Schlitz die Stoffkanten für die Nahtzugabe fortlaufend umbügeln.

Stoff wenden, so daß die rechte Seite oben liegt.

Die Stoffkante, die als Übertritt vorgesehen ist, nach vorn (auf sich zu) umschlagen.

Bei der unteren Stoffkante auf der gesamten Schlitzlänge den Stoffbruch 3–5 mm (eventuell auch mehr) nach innen verlegen, überbügeln.

Den Reißverschluß geschlossen unter die innere Stoffkante heften. Die Zähnchenreihe darf nur wenige Millimeter von der Kante zu liegen kommen. Knappkantig von unten nach oben feststeppen.

Den Übertritt auf dem geschlossenen Reißverschluß festheften und darauf achten, daß der Reißverschluß mit der Rückseite gleichmäßig auf dem Band geheftet wird.

Von unten beginnend, etwa 2 cm unterhalb des Reißverschlußendes an der Mittelnaht mit Nähen beginnen. Der Übertritt soll die untere Naht verdecken.

Schräg zur Seite nähen und etwa 1,5–2 cm von der Stoffkante des Übertritts den Reißverschluß feststeppen.

Kurz vor Reißverschlußende die Nadel im Stoff stehen lassen, den Nähfuß anheben und den Reißverschluß öffnen, damit der Schieber nicht stört. Die Naht fertigstellen und verriegeln. Den Heftfaden entfernen.

Übrigens...

Besonders praktisch und vielseitig sind Kunststoff-Reißverschlüsse. Selbst wenn einmal nicht die passende Größe vorrätig sein sollte, kann ein längerer Reißverschluß genommen werden, der sich ohne weiteres kürzen läßt. Das abgeschnittene Ende wird durch einen Riegel gesichert.

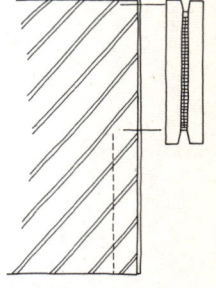

Reißverschluß markieren

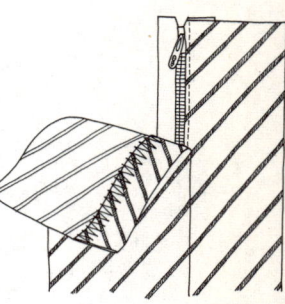

Am Untertritt feststeppen

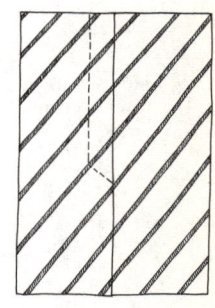

Übertritt heften und steppen

Aufhänger

Es kommt häufig vor, daß an Küchen- oder Handtüchern, aber auch an Kleidungsstücken, Aufhänger angenäht werden müssen. Sie reißen ab, weil sie den Strapazen nicht gewachsen sind. Außerdem sind sie oft bei Neuanfertigungen unentbehrlich, und Handtücher verschleißen gleichmäßiger, wenn sich am oberen und unteren Ende ein Aufhänger befindet.

Aufhänger für Tücher werden am einfachsten aus fertigem Wäscheband hergestellt, lediglich bei Kleidungsstücken sollte das Material genau abgestimmt sein.

Um Band selbst herzustellen, wird ein Streifen entsprechend der Stoffart und der gewünschten Breite an einer oder beiden Seiten der Länge nach umgebügelt und einfach oder doppelt gelegt genäht. Je nach Art wird das Band nach dem Nähen gestülpt, damit die Naht nach innen kommt, oder die schmale Naht bleibt sichtbar.

Zur Herstellung eines Aufhängers aus dem gleichen Stoff wie das Kleidungsstück (oder aus dem gleichen Futterstoff) wird ein Stoffstreifen von ca. 2,5 cm Breite und ca. 10–15 cm Länge benötigt. Die Schnittkanten werden beiderseits gut 0,5 cm zur Mitte eingeschlagen, der Streifen nochmals gefaltet und knappkantig gesteppt. Durch die 4fache Stofflage, die eventuell mit einer durchgezogenen Kordel verstärkt werden kann, ist eine gewisse Strapazierfähigkeit gewährleistet. Bei guten Kleidungsstücken werden die Enden des Aufhängers auf die Zugabe der Kragenansatznaht oder Bundnaht genäht und durch das Futter verdeckt.

Bei einfachen Kleidungsstücken, wie Bademänteln, wird der Aufhänger nur aufgenäht oder eingenäht.

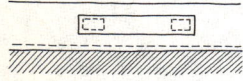

Aufhänger parallel zur Stoffkante

Aufgenähter Aufhänger

Das Aufnähen kommt in Frage bei einfachen Tüchern, zum Beispiel Spül-, Wisch-, Staub- und Putztüchern, aber auch bei älteren Hand- und Küchentüchern, wo sich die Mühe des Einnähens nicht mehr lohnt.

1. Möglichkeit

Das Wäscheband wird an jeder Seite etwa 1 cm nach innen geknickt und parallel zur Stoffkante quadrat- oder rechteckförmig mit kleinen Hand- oder Maschinenstichen aufgenäht.

2. Möglichkeit

Aus einem 10–15 cm langen Wäscheband eine Schlaufe bilden und diese entweder senkrecht zur Stoffkante oder an einer Ecke mit Normal- oder kleinen Zickzackstichen annähen.

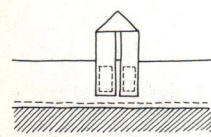

Schlaufe senkrecht zur Stoffkante

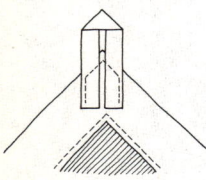

Schlaufe an einer Ecke

Eingenähter Aufhänger

Eingenähte Aufhänger kommen – außer bei Kleidungsstücken – bei Geschirr- und Handtüchern zu Anwendung.

Soll der Aufhänger ersetzt werden, wird der Saum an den betreffenden

Stellen aufgetrennt, falls noch erforderlich. Aufhänger unter den aufgetrennten Saum schieben und mit dem Saum festnähen.

Bei Neuanfertigung die Enden des Aufhängers unter den Saumumschlag (eventuell bis unter den Saumeinschlag) schieben und beim Säumen des Tuches mit einnähen.

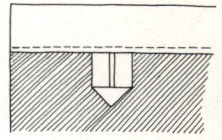

eingenähter Aufhänger

Stopfen und Flicken

Während die bisher beschriebenen Nähtechniken sowohl bei der Neuanfertigung als auch beim Ausbessern anzuwenden sind, kommen die nun beschriebenen Maßnahmen nur für beschädigte Textilien in Frage. Wichtig ist, daß Ausbesserungsarbeiten möglichst frühzeitig nach Entdecken des Schadens ausgeführt werden, um ihn möglichst klein zu halten. Aus diesem Grund ist es oft besser, wenn beim Gebrauch beschädigte Textilien noch vor dem Waschen geflickt werden, weil durch die Mechanik der Waschmaschine Maschen stärker »laufen« können und Löcher stärker ausfransen.

Stopfen von Hand

Strickwaren und gröbere Wirkwaren werden auch im Zeitalter der Nähmaschine am vorteilhaftesten von Hand gestopft. Durch das Handstopfen entsteht eine weiche, elastische Stopfstelle, die zudem recht unauffällig ist, wenn das gleiche Garnmaterial verwendet wird. Deshalb ist eine Grundbedingung, daß Stopfgarn nicht nur materialmäßig, sondern auch in Farbe und Stärke dem auszubessernden Teil entsprechen sollte.

Stopfnadel mit Faden vorbereiten, Fadenende nicht verknoten. Stopfpilz unter der reparaturbedürftigen Stelle plazieren.

Fadenende unauffällig vernähen und zunächst neue Kettfäden (in Längsrichtung) einziehen. Über die schadhafte Stelle hinaus in den unbeschädigten Rand stopfen. Beim Wenden den Faden nicht zu sehr anziehen, besser winzig kleine, flache Schlingen stehen lassen. Für die neue Kette Faden an Faden einziehen. Darauf achten, daß die Wendestellen am Rand ungleichmäßig verlaufen, sonst reißen um die Schadstelle die Maschen schneller ein.

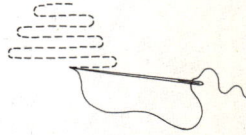

Erst die Kettfäden ...

Nach dem Spannen der Kettfäden werden rechtwinklig in Schußrichtung neue Fäden eingezogen, so daß eine Leinwandbindung entsteht. Dazu die Nadel wechselweise über und unter den gespannten Fäden durchführen.

Zum Schluß das Fadenende mit kleinen Stichen vernähen.

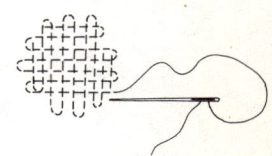

dann die Schußfäden in Leinwandbindung einziehen.
Stopffaden in Leinwandbindung verweben

Stopfen mit der Nähmaschine

Diese Stopfart eignet sich für Küchentücher, Handtücher, Servietten, Tischtücher, Gardinen und grundsätzlich für alle festen Stoffe, z. B. Arbeitskleidung.

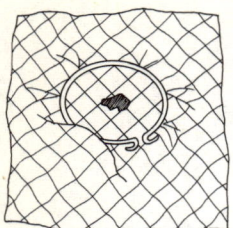

schadhafte Stelle
in Stopfrahmen
spannen

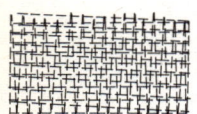

falsch: spitz aus-
laufende Stichreihe

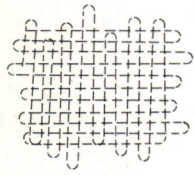

richtig: runde
Stichführung

gerader Riß

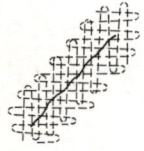

schräger Riß

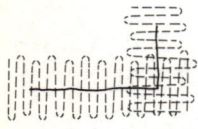

Winkelriß

Mit der Nähmaschine lassen sich schnell und dauerhaft dünne, durchgescheuerte Stellen stopfen.

Stopfgut vorbereiten.

Es ist empfehlenswert, die schadhafte Stelle zum Stopfen in einen ausreichend großen Rahmen zu spannen. Dadurch ergibt sich ein besserer Halt beim Stopfen; der Stoff zieht sich nicht so leicht zusammen und kann sich weniger dehnen, was besonders wichtig bei nicht ganz so festen Stoffen ist. Die Schadstelle muß sich in der Mitte des Rahmens befinden; die schadhafte Stelle darf weder auseinandergezogen werden noch dürfen sich Falten bilden.

Nähmaschine vorbereiten

Nähfuß abnehmen und speziellen Stopffuß einsetzen. Bei manchen Maschinen wird ohne Nähfuß gestopft.

Transporteur versenken.

Stichlänge auf 0 stellen.

Maschinen-Stick- und Stopfgarn verwenden, bei Bedarf spulen.

Fadenspannung eventuell etwas verringern.

Stopfen

Auf einem Probestück Einstellung der Maschine prüfen; Probe-Flicken anschließend von beiden Seiten anschauen.

Das eingespannte Stopfgut so unter die Maschine legen, daß in Fadenrichtung gearbeitet werden kann. Im allgemeinen erst in Längsrichtung, dann quer dazu stopfen.

Stopfdrückerhebel senken und mit dem Stopfen am linken oberen Ende beginnen.

Den Unterfaden durch die Stopfstelle nach oben holen, festhalten, einige Stiche nach vorn nähen und die Fadenenden abschneiden.

Beim Nähen den Rahmen mit beiden Händen halten. Durch dieses Führen können Besonderheiten der Schadstelle besser berücksichtigt werden, zum Beispiel gerader Riß, Winkel.

Am Ende jeder Stichreihe ausreichend weit in das unbeschädigte Gewebe hineinstopfen. Die Stichreihe nicht spitz auslaufen lassen, sondern einen leichten Bogen nähen.

Den Rahmen langsam vor und zurück bewegen. Unbedingt auf unterschiedlich lange Stopflinien achten, damit das Gewebe um die Stopfstelle später nicht so schnell einreißt. Außerdem verläuft der Übergang zum umgebenden Gewebe fließender.

Nach dem Stopfen in einer Richtung wird der Stoff um 90° gedreht und in Gegenrichtung gestopft. Dies kann bei guter Übung auch durch seitliches Hin- und Herführen des Stoffes geschehen.

Stopfstelle überbügeln.

Übrigens ...

Niemals die Schadstelle ausschneiden, sondern vielmehr die noch vorhandenen Fäden in die Stopfstelle miteinbinden. Wenn die beschädigte Stelle sehr löcherig ist, kann man zum Gewebe passende Fäden nebeneinander oder etwas Mull auflegen. Diese gegen das Verrutschen zuerst mit wenigen Stichreihen festnähen, bevor sie vorschriftsmäßig überstopft werden.

Bei Arbeitskleidung kann auch ein Stück Stoff aus dem gleichen Material unterlegt werden. Nach dem Stopfen eventuell abstehende Ränder des Stoffstückes von links etwas beschneiden.

fadengerade markieren

Zickzack-Flicken

(Trikotflicken, gekurbelter Flicken)

Zum Ausbessern größerer Beschädigungen ist der Zickzackflicken eine empfehlenswerte Lösung. Er ist schnell und einfach anzufertigen und vielseitig anwendbar, etwa bei Haushalts- und Bettwäsche sowie Berufskleidung.

Als Flicken sollte stets das gleiche Stoffmaterial in gleicher oder ähnlicher Musterung wie das Wäschestück in Frage kommen.

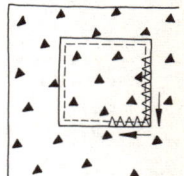

Flicken aufnähen

Vorbereiten des Flickens

Wichtig ist, daß neue Flickstücke erst gewaschen werden, damit sie später bei der ersten Wäsche nicht einlaufen.

Es erleichtert das Ausmessen des Flickens, wenn die Schadstelle fadengerade markiert wird. Die Schadstelle selbst noch nicht ausschneiden. Flicken fadengerade und in ausreichender Größe ausschneiden, das heißt an allen Stellen etwa 2 cm größer als die Schadstelle.

Ecke vergrößert

Flicken

Den Flicken auf die rechte Seite der markierten Schadstelle legen, stecken, eventuell heften.

Mit engen Zickzackstichen aufnähen. Nicht an einer Ecke mit Nähen beginnen, sondern seitlich. Darauf achten, daß die Nadel wie abgebildet einsticht. Ecken doppelt nähen.

Schadstelle von links knapp entlang der Zickzacknaht ausschneiden, Flickstelle überbügeln.

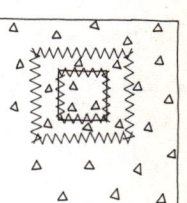

fertiger Flicken von links

Übrigens . . .

Haltbarer wird der Flicken durch ein zweite Zickzacknaht, die etwa 1–1,5 cm innen neben der ersten Naht verläuft. In diesem Fall erst nach dem Anfertigen der zweiten Zickzacknaht die Schadstelle ausschneiden.

Bei Maschenwaren, zum Beispiel Trikot, aber auch allen anderen Stoffen kann statt normalem Zickzackstich der Elastikstich oder der Überwendlingsstich der Nähmaschine gewählt werden.

Zum Aufnähen des Trikotflickens von Hand empfiehlt sich ein enger Hexenstich. Schadstelle nach dem Nähen dicht neben der Naht herausschneiden.

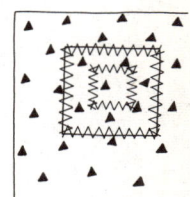

fertiger Flicken von rechts

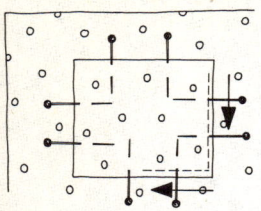

Flicken feststecken
und heften

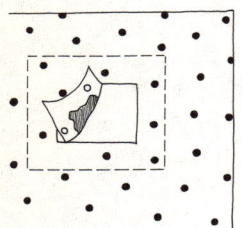

schadhafte Stelle
ausschneiden

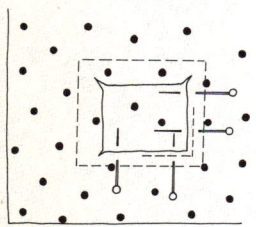

Kanten einschlagen
und feststeppen

Unter- oder aufgesetzter Flicken

Anwendungsbereich: Bett-, Haushalts- und Berufswäsche.

Der unter- oder aufgesetzte Flicken wird vor allem bei größeren Schadstellen verwendet und hier überwiegend bei älteren Wäschestücken.

Er wird als untergesetzter Flicken bezeichnet, wenn er auf der linken
Stoffseite gearbeitet wird, als aufgesetzter Flicken, wenn die Verarbeitung auf der rechten Stoffseite erfolgt.

Als untergesetzter Flicken ist der Übergang zum umgebenden Stoff
durch die Flachnaht ebener, deshalb wird hier die Anfertigung von der
linken Stoffseite beschrieben.

Neue Flickstücke vor Gebrauch waschen, damit sie später nicht einlaufen.

Flicken vorbereiten

Schadstelle fadengerade und ausreichend groß auf der linken Seite des
Wäschestücks markieren, dünne Stellen rundum miteinbeziehen.

Flicken mit einer kleinen, spitzen Schere ausschneiden. Er sollte an
allen Seiten 2–3 cm größer als die markierte Schadstelle sein.

Am Flicken 0,5–0,7 cm als Nahtzugabe auf die rechte Seite umbiegen
und überbügeln.

Flicken

Den Flicken mit der rechten Seite nach unten auf der linken Seite des
Wäschestückes fadengerade feststecken und heften. Knappkantig aufsteppen, dabei an einer Längsseite mit Nähen beginnen.

Das Wäschestück auf die rechte Stoffseite wenden. Die schadhafte Stelle
1,5 cm von der Stepplinie entfernt ausschneiden.

An den Ecken etwa 5–7 mm einschneiden, die Kanten einschlagen,
stecken oder heften und schmalkantig feststeppen. Ecken dabei eventuell mit Hilfe einer Nadel nach innen umlegen.

Die Flickstelle überbügeln.

Übrigens...

Wenn Sie einen aufgesetzten Flicken arbeiten wollen, tauschen Sie nur
die Begriffe »rechts« und »links« aus.

Eingesetzter Flicken

Diese Flicktechnik erfordert einiges Können. Im Gegensatz zu den
übrigen Flickarten wird hierbei die Schadstelle vor dem Einarbeiten
des Flickens herausgeschnitten.

Flicken vorbereiten

Beschädigte Stelle fadengerade und ausreichend groß markieren und
ausschneiden.

Einen vorgewaschenen Flicken fadengerade ausschneiden, an jeder
Seite 2–2,5 cm größer als die ausgeschnittene Schadstelle bzw. die
entstandene Öffnung.

194

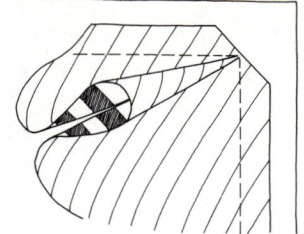

Flicken

Die Öffnung in jeder Ecke 0,5 cm schräg einschneiden.

Den Flicken unter die Öffnung des Wäschestückes legen, beide mit der rechten Seite nach oben.

Stoff nach links umschlagen, so daß zuunterst die Nahtzugabe des Flickens heraussteht, darüber die 0,5 cm breite Nahtzugabe der Öffnung fadengerade rechts auf rechts liegt.

Die Nahtzugabe des Flickens soll insgesamt 1–1,5 cm betragen. Darauf achten, daß an allen vier Seiten gleich viel Stoff für Nahtzugaben bleibt.

An der Seite mit Nähen beginnen und bis zur Ecke des Einschnittes nähen, die Nadel sollte aber noch im Stoff stehen bleiben.

Nähfuß anheben und die Flickarbeit um 90° drehen. Nähfuß senken und die zweite Naht ebenso ausführen, dann die dritte und vierte, zuletzt noch den Anfang der ersten Naht.

Nähte gut ausstreichen oder bügeln.

Wäschestück auf die linke Seite wenden. Die überstehende Nahtzugabe (1–1,5 cm) einschlagen und knappkantig feststeppen. Sollte die Nahtzugabe zu breit sein, bei Bedarf vorher etwas schmäler schneiden.

Den fertigen Flicken überbügeln.

Übrigens...

Um ein passendes Flickstück zu erhalten, kann man die ordentlich ausgeschnittene Schadstelle als Maß nahmen und auf den Flickstoff legen. Dann mit entsprechenden Zugaben ausschneiden.

Wer noch nicht so geübt mit dieser Flickarbeit ist, sollte am besten den Flicken noch etwas größer als angegeben ausschneiden.

Verzeichnisse

Literaturverzeichnis

ALTMANN-GÄDKE G. und GREVING C.: Haushaltsführung und Haushaltspflege. Verlag Handwerk und Technik, Hamburg 1985.

Arbeitsgemeinschaft der Verbraucher (AgV) e. V.: Textilien. Bonn 1982

BRITTAIN, J.: Die große Enzyklopädie, Handarbeiten leicht gemacht.
Thomus-Verlag, München 1982

BROCKERT H.: 1000 ganz konkrete Umwelt-Tips. Droemersche Verlagsanstalt Knaur, München 1987

Bundesminister für Umwelt, Naturschutz und Reaktorsicherheit
(Hrsg.): Was Sie schon immer über Umweltchemikalien wissen
wollten (erarbeitet vom Umweltbundesamt, Berlin), Verlag W. Kohl-
hammer, Stuttgart–Berlin–Köln–Mainz 1980

Burda: Das große Lehrbuch Nähen. Verlag Aenne Burda, Offenburg
1990

Burda: perfekt selbstschneidern. Verlag Aenne Burda, Offenburg 1976

BUSCHMANN M., KEHR, B., SCHABACKER, M. und SPITLBAUER, G.: Markt-
und Verbraucherkunde. BLV-Verlagsgesellschaft, München 1979

DETJEN, R. und HOLLMANN, R.: Grundbegriffe des Nähens. Verlag
H. Stam, Köln 1986

DOBRICK, T., GEBHARDT B., HEIMBERGER, B. und SPINDLER, J.: Werkstoff-
lehre für die Hauswirtschaft. Verlag H. Stam, Köln 1985

DOERING, A. L.: Haus- und Textilpflege, Textilarbeit. Verlag Handwerk
und Technik, Hamburg 1986

ELKINGTON, J. und HAILES, J.: Umweltfreundlich einkaufen. Droemersche Verlagsanstalt Th. Knaur Nachf., München 1990

FAXEL, S., KNAPP, I., LÜGHAUSEN, W. und PULM, D.: Hauswirtschafts-
technischer Betriebshelfer. Verlag Handwerk und Technik, Hamburg 1985

FREESE, E., DE GROOT-BÖHLHOFF, H. und JANSEN, A.: Unser Haushalt,
Praxis der Haus- und Wäschepflege. Verlag Europa-Lehrmittel, Wuppertal 19876

FRÖMSDORF, O.: Erfolgsbuch für die hauswirtschaftliche Berufsbildung.
H. Holzmann Verlag, Bad Wörishofen 1985

HENKEL, NATHAN: Richtige Wäschepflege (Firmenschrift). Nathan Verlag, München 1985

KOCH, E. R.: Umweltschutz zu Hause. Mosaik-Verlag, München 1984

LANGHOFF, A.: Arbeitsgestaltung und Unfallverhütung. Verlag Handwerk und Technik, Hamburg 1987

MARCKWORT, M.: Wir nähen. Verlag Europa-Lehrmittel, Wuppertal 1987

Matthes, M.: Textil-Fachwörterbuch. Verlag Schiele & Schön, Berlin 1985

Nowak, M. und Forkel, G.: Wolle vom Schaf. Verlag Eugen Ulmer, Stuttgart 1989

Öko-Institut Freiburg, Katalyse Umweltgruppe, Verein für Umwelt- und Arbeitsschutz, Bund für Umwelt- und Naturschutz e. V. (Hrsg.): Chemie im Haushalt. Rowohlt Verlag, Reinbek 1988

Brodersen, I. und Duve, F. (Hrsg.): Öko-Test Ratgeber Waschen und Putzen, Rowohlt Taschenbuch Verlag, Reinbek 1989

Puchta, R. und Grünewalder, W.: Textilpflege, Waschen und Chemischreinigen. Verlag Schiele & Schön, Berlin 1973

Pütz, J. und Wundram, D.: Wäsche waschen – sanft und sauber (Hobbythek). vgs Verlagsgesellschaft, Köln 1990

Ried, M.: Chemie im Kleiderschrank. Rowohlt Verlag, Reinbek 1989

Rosenkranz, B. und Castello, E.: Leitfaden für gesunde Textilien. Rowohlt-Taschenbuch Verlag, Reinbek 1989

Schneider, D. und Jutzi, H.: Näh- und Schneiderpraxis. BLV Verlagsgesellschaft, München–Wien–Zürich. LV Lehr- und Fachbuch-Verlag, Münster-Hiltrup 1987

Sinn, A., Reiter, H. und Wieter, G.: Wäschepflege im Haushalt. Verlag Handwerk und Technik, Hamburg 1988

Speichert, H. und Brettschneider, F.: Öko-Rat von A–Z. Cornelsen Verlag Scriptor, Frankfurt/Main 1990

Stiftung Warentest: Küche und Haushalt. Stiftung Warentest, Berlin 1989

Stock, B.: Erfolgsbuch – Arbeitsanleitungen für die Hauswirtschaft. Hans Holzmann Verlag, Bad Wörishofen 1989

Vollmer G. und Franz, M.: Chemische Produkte im Alltag. Thieme Verlag, Stuttgart–New York 1985

Wagner, Ch: abc der Werkstoffe, der Reinigungs- und Pflegemittel im Haushalt. Verlag Handwerk und Technik, Hamburg 1981

Waniorek, L. und A.: Umweltfreundlich Saubermachen. Windpferd Verlagsgesellschaft mbH, Durach 1989

Wildbrett, G.: Technologie der Reinigung im Haushalt. Verlag Eugen Ulmer, Stuttgart 1981

Periodika

test, Stiftung Warentest (Hrsg.), Berlin
Rationelle Hauswirtschaft, Verlag Neuer Merkur, München

Bildquellen

Register

200

Wenn Ihnen der Sinn nach mehr steht...

Gesunde Ernährung – was ist Ernährung, und was ist gesund? Worauf kommt es an? Was benötigt der Körper, um gesund zu bleiben? Woraus bestehen unsere Lebensmittel, welche Nährstoffe und welche Schadstoffe enthalten sie? Dies zu wissen ist wichtig für die tägliche Ernährung, für den Einkauf von Lebensmitteln, für die Nahrungszubereitung und für die Vorratshaltung. Bücher über Ernährung gibt es in großer Zahl. Die meisten befassen sich mit bestimmten Diäten. Andere wiederum sind sehr wissenschaftlich abgefaßt. Dieses Buch dagegen informiert Anfänger im Haushalt – vor allem junge Leute, die erstmals sich und eine Wohn- oder Familiengemeinschaft verköstigen müssen – verständlich, interessant und gründlich.

Haushaltspflege ist nötig aus ästhetischen, hygienischen und aus finanziellen Gründen. Deshalb müssen Räume, Möbel, Geräte, gereinigt und gepflegt werden. Um Zeit und Arbeit zu sparen, wird nur geputzt, was nötig ist. Um die Umwelt zu schonen, sollten umweltgerechte Mittel verwendet werden. Das Buch gibt detailliert Auskunft darüber, wie und womit man Böden, Fenster, Möbel, Geräte, aber auch alle Materialien wie Kunststoff, Holz, Metalle reinigt und pflegt. Auch zur Sicherheit gibt es eine ganze Reihe von Vorsichtsmaßnahmen zu beachten. Die Buchreihe »Gut haushalten« wendet sich vor allem an alle Anfänger im Haushalt, an junge Leute, sie soll aber auch eine Hilfe sein für die Ausbildung im Haushalt.

Gesunde Ernährung. Von Silke Geest-Rack. 1992. 248 Seiten, 200 Zeichn., zahlr. Tabellen. ISBN 3-8001-2142-5.

Haushaltspflege. Von Rita Behrends. 1992. 239 Seiten, 140 Zeichn., zahlr. Tabellen. ISBN 3-8001-2141-7.